丛书编委会

（以姓氏笔画为序）

本书编委会

（以姓氏笔画为序）

总 序

中国新一代领导集体提出“一带一路”倡议，对我们的近邻南亚各国将产生重要影响。首先将改善南亚地区的基础设施建设，不仅使不丹、尼泊尔、阿富汗等内陆国家变成互联互通的前沿和“中转站”，而且将促进印度、巴基斯坦等南亚其他国家的对外开放；“丝路基金”、“亚投行”以及“货币相通”的政策，无疑有助于南亚一些国家解决发展资金问题；人流物流的加强将缓和民族宗教矛盾，促进南亚区域联盟合作的加强；最重要的是有利于促进中国与南亚的合作，使南亚邻国搭乘中国经济发展的快车，分享中国经济发展的“红利”和公共产品。同样，南亚对“一带一路”建设也具有举足轻重的作用。从地缘上看，南亚八国中的五国——阿富汗、巴基斯坦、印度、尼泊尔和不丹分别从北向南分布于中国西部边境，边境线长达5000多公里，这一地区既是中东的侧翼，也是中国“向西开放”的“门户”、西进“通道建设”的起点，东西连接欧亚，南北连接俄罗斯和东南亚、澳大利亚等国家和地区；而且中国与南亚各国同属发展中国家，有着相同或相近的治国目标和理念，希望通过开展区域、次区域合作发展经济来改善民生；此外双方拥有丰富多样且相互弥补的自然资源和互补的经济结构优势……但不可忽视的是，南亚各国政治、经济、文化存在较大的差异，还存在极端民族宗教势力和暴力恐怖活动等不安定因素，加之中国与南亚最大国家印度缺乏政治互信，区域外大国的介入使相互合作更加复杂化……面对诸多问题，为了进一步加强国内各界对南亚的认识和理解，促进中国与南亚各国的交流，作为教育部人文社会科学重点研究基地的四川大学南亚研究所组织全所科研人员，并协同全国南亚研究专家共同努力推出这套南亚国别热点研究丛书，以飨大方。

李　涛

四川大学南亚研究所常务副所长

2015 年 4 月 20 日

序　言

斯里兰卡民主社会主义共和国，南亚次大陆南端印度洋上的岛国，西北隔保克海峡与印度半岛相望；接近赤道，终年如夏，年平均气温28℃，各地年均降水量1283—3321毫米；风景秀丽，素有“印度洋上的珍珠”之称；首都科伦坡，素有“东方十字路口”之称；面积6.561万平方公里；人口2132万（2012年），其中僧伽罗族占74%，泰米尔族占18%，摩尔族占7%，其他占1%；僧伽罗语、泰米尔语同为官方语言和全国语言，上层社会通用英语；居民69%信奉佛教，15%信奉印度教，8%信奉基督教，7%信奉伊斯兰教。

“斯里兰卡”来自梵语古名Simhalauipa，意为驯狮人。《汉书·地理志》称已程不国，《梁书》称狮子国，《大唐西域记》称僧伽罗，即梵语古名Simhalauipa的音译。斯里兰卡古阿拉伯语Sirandib，宋代音译为“细兰”，明代称“锡兰”。2011年，斯政府宣布禁用其旧国名“锡兰”。公元前5世纪，僧伽罗人从印度迁移到斯。公元前247年，印度孔雀王朝的阿育王派其子来岛，从此僧伽罗人摒弃婆罗门教而改信佛教。公元前2世纪前后，南印度泰米尔人也开始迁入。从公元5世纪直至16世纪，僧伽罗王国和泰米尔王国间征战不断，直至1521年葡萄牙船队在科伦坡附近登陆。1656年5月12日，荷兰军队攻克科伦坡。1796 年 2 月 15 日，英军占领科伦坡，荷兰人统治时期结束。1802 年，英法两国签订《亚眠条约》，斯被正式宣布为英国殖民地。1948 年 2 月 4 日，斯正式宣布独立，成为英联邦自治领，定国名为锡兰；1972 年 5 月 22 日改国名为斯里兰卡共和国。1978 年 8 月 16 日新宪法颁布，改国名为斯里兰卡民主社会主义共和国。

1830 年，英国将印度南部泰米尔人大批迁至斯，并扶持其占据了斯各方面的主导地位，由此与当地主要民族僧伽罗人结怨。斯独立后，北部泰米尔人于 1972 年成立猛虎组织（1976 年改称“泰米尔伊拉姆猛虎解放组织”），走上“独立建国”的道路。1983 年，猛虎组织与斯政府开战，战火一度蔓延至科伦坡。1987 年，印度出兵协助斯政府清剿猛虎组织，迫使其签订停火协议。1990 年印军撤离后，猛虎组织重新反攻并迅速控制北部广大地区，在贾夫纳半岛建立起“泰米尔政权”，此后双方战争不断。在挪威等国的斡旋下，2000 年起双方开始和谈。2002 年 2 月，猛虎组织与斯政府在斯德哥尔摩签署永久性停火协议，斯政府于当年 9 月 4 日解除对猛虎组织的禁令，使其成为合法组织。同年 9 月 16—18 日，斯政府与猛虎组织在泰国东南部春武里府的梭桃邑海军基地举行首次和谈。尽管双方先后进行了 8 轮直接谈判，但双方间的武装冲突一直不断，停火协议已名存实亡。2006 年 7 月，斯政府军开始向猛虎组织控制区发动大规模军事进攻，在两年多时间里收复了约 1.5 万平方公里猛虎组织控制区。2008 年 3 月，斯政府指控猛虎组织领导人普拉巴卡兰犯有谋杀罪。2009 年 1 月 7 日，斯政府决定重新禁止猛虎组织活动，不再把猛虎组织作为谈判对手，并再次向其盘踞的北部和东部发起进攻。5 月 16 日，斯政府军收复斯反政府武装猛虎组织控制的最后一段海岸线。5 月 17 日，猛虎组织承认与斯政府军长达 26 年的战争失败，宣布放下武器。5 月 18 日，斯政府军在穆莱蒂武区击毙猛虎组织最高领导人普拉巴卡兰后，宣布斯内战结束。

内战结束后，斯面临的主要任务是重建和恢复经济发展。长期以来，斯奉行独立和不结盟的外交政策，支持和平共处五项原则，反对各种形式的帝国主义、殖民主义、种族主义和大国霸权主义，维护斯独立、主权和领土完整，不允许外国对斯内政和外交事务进行干涉。关心国际和地区安全，主张全面彻底裁军，包括全球核裁军以及建立国际政治、经济新秩序。坚决反对国际恐怖主义，1998年1月签署了《联合国反恐怖爆炸公约》，成为该公约的第一个签字国。积极推动南亚区域合作，积极发展与世界各国的关系，已同130多个国家建立了外交关系。2013年3月，联合国通过美国等西方国家提出关于斯内战期间人道主义和人权问题的议案，影响了斯与西方国家的关系，为此斯积极发展与包括中国在内的亚洲国家的关系。

斯中友好交往历史悠久。中国史称斯里兰卡为师（狮）子国或僧伽罗。公元410年，中国晋代高僧法显从印度赴斯游学两年，取回佛教经典并著有《佛国记》一书。明代航海家郑和曾多次抵斯。15世纪，斯一王子出使中国，后因种种原因定居福建泉州，其后代现仍居住在泉州和台湾地区。斯沦为西方殖民地后，斯中关系一度中断。1950年，斯政府承认新中国。1957年2月7日，两国建交。此后，斯中一直保持着友好关系，高层往来不断。斯政府一贯奉行对华友好政策，长期以来在台湾、西藏、人权等问题上给予中国支持。两国在许多重大国际和地区问题上拥有共识，合作良好。1952年，斯在未与中国建交的情况下，不顾美国等西方国家对中国的封锁，同中国签订《米胶协定》，开创了斯中两国友好经贸合作史。1953—1982年，斯中贸易为记账贸易。1983年，两国贸易开始以现汇方式结算。2012年，中国在印度之后成为斯第二大贸易伙伴和第二大进口来源国。

在教育部国别研究基地基金的资助下，研究项目《内战结束后的斯里兰卡》开始启动。研究工作由文富德牵头，杨文武、张立和唐鹏琪等专职科研人员参加，他们分别承担相关部分研究工作，并同时承担著作《内战结束后的斯里兰卡》相应部分书稿的撰写。本著作由文富德撰写提纲，并由唐鹏琪撰写第一至三章，张立撰写第四至八章，杨文武撰写第九至十三章（其中第十章由杨文武、刘立民和谢向伟撰写，第十一章由杨文武和梁正广撰写，第十二章由杨文武和刘立民撰写，第十三章由杨文武和谢向伟撰写），文富德撰写第十四至十七章，最后由文富德统一修改定稿。

文富德

2015 年 3 月于四川大学

目 录
CONTENTS

上篇 斯里兰卡内战：原因和影响

中篇 内战结束后的斯里兰卡：政治经济发展

下篇 内战结束后的斯里兰卡：对外关系

上篇

斯里兰卡内战：原因和影响

第一章
斯里兰卡概况

斯里兰卡民主社会主义共和国，简称斯里兰卡，旧称锡兰。其位于南亚次大陆南端，印度洋北部，是个热带岛国，形如印度半岛的一滴眼泪，镶嵌在广阔的印度洋海面上。中国古代曾称其为狮子国、师子国、僧伽罗。1972 年 5 月 22 日，其更改国名为斯里兰卡共和国，并加入英联邦；1978 年定名为斯里兰卡民主社会主义共和国。“斯里兰卡”在僧伽罗语中意为“乐土”或“光明富庶的土地”。其因为有“宝石王国”、“印度洋上的珍珠”的美称，还有美丽绝伦的海滨、神秘莫测的古城、丰富的自然遗产以及独特迷人的历史与文化，而被马可波罗认为是最美丽的岛屿。

第一节　地理环境

斯里兰卡地理位置特殊，具有重要的战略意义。此外，特殊的地理位置还赋予其特殊的气候条件、丰富的自然资源、独特的自然风光、独特的风土人情和悠久的历史文化遗产使斯里兰卡成为世界各国人民向往的旅游胜地。

一、战略地位

斯里兰卡为南亚次大陆南端印度洋北部的岛国，西北隔保克海峡与印度半岛相望，在印度洋具有重要的战略地位。印度洋连接太平洋和大西洋，是贯通亚洲、非洲、大洋洲的交通纽带。斯里兰卡扼西太平洋地区与西亚、欧洲、非洲间的海上交通要冲，从能源战略的角度来看，它是中东和非洲的石油输送到亚洲腹地——南亚、东南亚和中国及东北亚的纽带和“中继站”。有学者指出：印度洋将取代太平洋和大西洋成为21世纪的全球中心。世界90%的货物贸易和65%的石油通过海洋进行运输，其中，印度洋是物流中枢，承担着50%的集装箱货物及70%的石油产品的运输（美国国际安全专家罗伯特·卡普兰在最新一期美国《外交事务》中的观点）。还有这样的观点：谁控制了印度洋，谁就能支配印度和印度洋的沿海国家，也就能控制地中海和太平洋之间的广大区域；谁控制了印度洋，谁就统治了亚洲。印度洋是通向世界七大海域的钥匙，21世纪世界的命运将在印度洋上见分晓，而斯里兰卡独特的地理位置使之成为印度洋上的新利益中心。可以说，斯里兰卡在印度洋中处于核心战略位置，是印度洋航运线的咽喉。对于美国来说，控制了斯里兰卡就控制了印度洋航运线的咽喉。

二、自然资源

斯里兰卡国土面积约为65610平方公里，海岸线长约1340公里；岛南北长约434公里，东西宽约225公里；其地形多为低洼平地，沿海平原在全岛作环状分布；中部为平原地区，南部为山区；

中部偏南的中央山区最高，约占全国面积的1/5；最低海拔为印度洋海平面0米，最高海拔皮杜鲁塔拉格勒山为2524米。

由于接近赤道，斯里兰卡终年如夏，年平均气温28℃。沿海地区平均最高气温31.3℃，平均最低气温23.8℃。山区平均最高气温26.1℃，平均最低气温16.5℃。各地年平均降水量1283—3321毫米。热带季风性气候，其中东北季风大致为12月至次年3月，西南季风大约为6月至10月。无四季之分，只有雨季和旱季的差别，雨季为每年5月至8月和11月至次年2月，即西南季风和东北季风经过斯里兰卡时。全年降雨量西南部为2540—5080毫米，西北部和东南部则少于1250毫米。

斯里兰卡首都科伦坡素有“东方十字路口”之称，从中世纪起，这里就是世界上重要的商港之一，在世界上享有盛誉的兰卡宝石便是从这里源源不断地输往海外。

三、民族宗教

根据美国人口普查局2012年全球各国人口排名数据，斯里兰卡人口达到2132万，其中僧伽罗族占74%，泰米尔族占18%，摩尔族占7%，其他1%。斯里兰卡人口混杂，宗教众多，语言多样。其中，僧伽罗族和泰米尔族为其主要民族，僧伽罗语、泰米尔语同为官方语言和全国语言，上层社会通用英语。

（一）僧伽罗族

僧伽罗人的祖先是印度雅利安人，公元前5世纪，他们从印度迁移到斯里兰卡，在岛上繁衍延续成为今天的僧伽罗人。公元前247年，印度孔雀王朝的阿育王派其子来岛，从此僧伽罗人摒弃婆罗门教而改信佛教。公元311年左右，佛牙从印度传入斯。僧伽罗族是斯里兰卡最大的民族，他们大多数人信奉佛教。僧伽罗是斯里兰卡古代的名称，来自梵语 Simhalauipa（驯狮人），《梁书》称狮子国。玄奘在《大唐西域记》中称其为僧伽罗，即梵语古名 Simhalauipa 的音译。宋代赵汝适在《诸蕃志》中音译为“细兰”，明代马欢作《瀛涯胜览》时称“锡兰”。

僧伽罗族人的主要节日有：僧伽罗新年、维莎迦节、波宋节和阿塞拉节。每年的 4 月 14 日是僧伽罗族人的新年，他们认为这天是太阳神的生日，隆重地供奉太阳神可以使自己得到平安和幸福。同时，按照佛历，每年 3 月中旬至 4 月中旬是“巴克月”（巴克为吉利的意思），因此在此期间欢度新年，对僧伽罗族僧俗二众来说，更加有意义。

僧伽罗语（Sinhala/Sinhalese）是斯里兰卡主体民族僧伽罗族的语言，也是斯里兰卡的主要官方语言。僧伽罗语属印欧语系印度伊朗语族印度语支，形成于公元前 6 世纪。其在发展过程中受梵语、巴利语的影响很深，近代以来又从葡萄牙语、荷兰语尤其是英语中吸取了大量的词汇，从而变得更加丰富和完善。

（二）泰米尔族

泰米尔族是来自南亚次大陆的民族之一。公元前 2 世纪前后，南印度泰米尔人开始迁入斯里兰卡，因此斯里兰卡泰米尔人有记录的历史近乎 2000 年。最古老的泰米尔社区分布在南印度和斯里兰卡东北部。世界上还分散着一些泰米尔移民社区，特别是在马来西亚、新加坡、斐济、毛里求斯和南非，最近发现的移民还有在澳大利亚、加拿大和欧洲的部分地区。

斯里兰卡泰米尔人在数量上大大少于僧伽罗人，但在长期英国殖民统治时期，由于英殖民者对斯里兰卡实行“分而治之”的政策，利用泰米尔人为殖民政府服务，泰米尔人在斯政治生活中的地位却明显高于僧伽罗人，从而加剧了二者之间的矛盾。1945 年斯里兰卡政治独立后，在历届斯政府中，僧伽罗人占据了绝对支配地位，这在一定程度上持续了殖民时期的民族矛盾，引起了泰米尔人的不满，并逐渐形成若干反政府泰米尔组织。泰米尔伊拉姆猛虎解放组织又称猛虎组织、泰米尔之虎，是斯里兰卡泰米尔族的反政府武装组织，20 世纪 80 年代兴起，擅长游击战术。2009 年 5 月 18 日，猛虎组织最高领导人普拉巴卡兰在北部穆莱蒂武地区被政府军杀死，从而使得斯里兰卡长达 26 年的内战宣告结束。

（三）宗教信仰

在斯里兰卡 2000 多万居民中，99.9% 的国民都有自己的宗教信仰，其中 69% 信奉佛教，15% 信奉印度教，8% 信奉基督教，7% 信奉伊斯兰教。在斯里兰卡，绝大多数僧伽罗人都信奉佛教，绝大多数泰米尔人都信奉印度教。

斯里兰卡佛教（Buddhism in Sri Lanka）为南传上座部佛教之一。公元前 247 年，印度孔雀王朝的阿育王派遣其子摩哂陀把佛教传入斯里兰卡，斯里兰卡的国王天爱帝须受摩哂陀影响而信奉佛教。随着佛教在印度衰落，斯里兰卡成为南传佛教的中心。由于其经典都用巴利语传承，故近代又常称其为巴利语系佛教。斯里兰卡上座部佛教分为三派：（1）罗曼那派，即 11 世纪从缅甸迎请的佛教长老所建的系统；（2）暹罗派，也称优婆哩派，为 18 世纪从暹罗迎请的佛教系统；（3）阿摩罗普罗派，为一部分斯里兰卡人因社会地位较低，本国僧人不愿给予授戒而于 1802 年去缅甸的罗摩罗罗从当地长老处受戒后返回斯里兰卡所形成的佛教系统。三派虽戒律稍有不同，但在教理上无甚相违，因此和睦相处，直至今日。在斯里兰卡，佛教对政治、文化、艺术和建筑的影响都是不可忽视的。

19 世纪末，斯里兰卡掀起了佛教改革和复兴运动。在斯里兰卡的居士团体中，创立于1898年的“青年佛教会”目前已发展为主要的佛教团体组织；“斯里兰卡佛教徒议会”由全国各佛教团体代表组成，讨论整个佛教界的大事；“斯里兰卡佛教联盟”由各佛教团体代表组成，是佛教徒的守护团体，在保护佛教权益方面扮演了极其重要的角色。此外，创立于1891年的“斯里兰卡摩诃菩提学会”也致力于弘扬佛法，甚至远及国外，并发行《新哈腊佛教》期刊。1880年，美国的奥尔考特少校和苏联的勃拉瓦斯基夫人首先在科伦坡建立了神智学会，推动佛教的复兴。达摩波罗继而创立摩诃菩提会，发掘和保护佛教遗迹，编纂佛典，出版刊物，在国内外宣传佛教，建立分支，使摩诃菩提会的活动成为一个广泛的佛教复兴运动。1945年斯里兰卡独立后，政府把复兴佛教看作恢复民族文化的一项重要内容，建立了具有世俗性质的各种佛教社团，并且创办佛教大学，编辑出版《佛教百科全书》等。在斯里兰卡僧伽罗人中，佛教徒约占94%。

第二节　政治体制

1972年，斯里兰卡将国名由锡兰更改为斯里兰卡共和国，1978年又改为斯里兰卡民主社会主义共和国。斯里兰卡全国分为9个省和25个县，9个省分别为西方省、中央省、南方省、西北省、北方省、北中央省、东方省、乌瓦省和萨巴拉加穆瓦省。根据现行宪法规定，总统为国家元首。

一、宪法

斯里兰卡于1972年实行共和国宪法，现行宪法从1978年开始实行。法律体系为英国习惯法、罗马荷兰法、穆斯林法、僧伽罗法和习惯法的综合体。斯里兰卡实行西方式议会民主制，三权分立，多党竞争。1982 年后曾多次修改宪法，将议会任期由 6 年改为任满时可通过公民投票决定是否延长。现行宪法于 1978 年 9 月 7 日生效，为斯历史上第四部宪法，改议会制为总统制。宪法规定，斯所有官员，包括议员在内，必须宣誓反对分裂主义，维护国家统一。

二、国家体制

（一）国家元首

根据现行宪法规定，斯里兰卡民主社会主义共和国为总统制。总统集国家元首、政府首脑和武装部队总司令于一身，享有任命总理和内阁其他成员以及解散议会的权力。总统由民选产生，任期 6 年，可连选连任，最多不得超过两届。2012 年 9 月，斯里兰卡议会通过了宪法第 18 条修正案，取消对斯总统任期的限制。2010 年 1 月，斯里兰卡举行第六届总统选举，执政的自由党候选人拉贾帕克萨赢得连任。2011 年 11 月，拉开始第二个总统任期，任期 6 年。4 月 21 日，拉贾帕克萨总统任命迪萨纳亚克·贾亚拉特纳（Dissanayake Mudiyanselage Jayaratne）为政府总理，贾同日宣誓就职。

（二）议会

根据宪法规定，斯议会为一院制，由 225 名议员组成。议员按照比例通过民主选举方式产生，任期 6 年。本届议会于 2010 年 4 月选出，席位分布情况为：统一人民自由联盟获 144 席，统一国民阵线获 60 席，泰米尔民族联盟获 14 席，民主全国联盟获 7 席。现任议长为恰马尔·拉贾帕克萨，自由党党员，于 2010 年 4 月 22 日宣誓就职。

（三）司法

根据宪法规定，斯里兰卡司法机构由三部分组成：法院，包括最高法院、上诉法院、高级法院和地方法院等；司法部，负责司法行政工作；司法委员会，负责法院人事和纪律检查。最高法院首席法官德·席尔瓦（J. A. De Silva）于2009年6月就任。

（四）政府机构

2010年11月，斯新一届内阁成立，政府由61个部组成，包括：政策制定、执行部，电力、能源部，运输、公路和航空部，财政部，国防部，农业、畜牧业部，企业发展、工业政策和投资促进部，宪法事务部，外交部等。政府主要成员有：总统兼国防部长、财政与计划部长、港口与航空部长、公路部长拉贾帕克萨，总理兼佛教和宗教事务部长贾亚拉特纳，人力资源部长古纳塞克拉（D. E. W. Gunasekera），农村事务部长阿图达·塞纳维拉特纳（Athauda Seneviratne），食品与营养部长达亚拉特纳（P. Dayaratne），城市事务部长法齐（A. H. M. Fowzie），消费者福利部长纳维尼（S. B. Navinne），国有资产部长皮亚塞纳·加马吉（Piyasena Gamage），科学事务部长蒂萨·维塔拉纳（Tissa Vitharana），国际货币合作部萨拉特·阿穆努加马（Sarath Amunugama），灌溉和水利资源发展部长尼马尔·西里帕拉（Nimal Siripala De Silva），卫生部长迈特里帕拉·西里塞纳（Maithripala Sirisena），石油工业部长苏西尔·普雷马贾彦塔（Susil Premajayantha），外交部长佩里斯（G. L. Peiris）。

三、政党

斯里兰卡宪法允许公民自由组建政党，因此斯政党较多。目前，斯里兰卡的主要政党有如下几个：

（一）斯里兰卡自由党（Sri Lanka Freedom Party）

1951年9月由所罗门·班达拉奈克创建，现有党员约65万。该党奉行开放的市场经济政策和不结盟的外交政策，曾于1956年、1961年和1970年三次执政，1981年、1984年和1993年先后三次分裂。1993年起联合其他小党组成人民联盟，在1994年和2000年议会选举中获胜。2004年和2011年，该党与人民解放阵线组成统一人民自由联盟在议会选举中获得多数席位，连续上台执政。目前，主席为斯现任总统拉贾帕克萨，总书记为迈特里帕拉·西里塞纳（Maithripala Sirisena）。

（二）人民解放阵线（Janatha Vimukthi Peramuna，People's Liberation Front）

成立于1970年，主要成员来自当时的锡兰共产党。直至20世纪90年代初，该党一直坚持武装斗争。之后其调整政策，选择议会斗争道路，主张"建立社会主义政府"、"运用人民赋予的权力为人民谋福利"、"追求经济平等"，外交上主张改善和发展与邻国的关系，反对别国干涉斯内部事务。领袖为阿马拉辛哈（Somawansa Amarasinghe），总书记为蒂尔文·席尔瓦（Tilvin Silva）。

（三）统一国民党（United National Party）

1946年9月6日成立，拥有党员约140万，主张自由竞争、对外开放的经济政策和不结盟的外交政策。领袖为拉尼尔·维克拉马辛哈，主席为马立克·萨马拉维克拉马（Malik Samarawickrema），总书记为蒂萨·阿塔纳雅克（Tissa Attanayake）。

其他政党和组织还有：全国僧伽罗僧侣党、锡兰工人大会党、穆斯林大会党、全国统一联盟、高地人民阵线、伊拉姆人民民主党和斯里兰卡共产党等。

第三节 经济概况

独立后，斯里兰卡历届政府注意经济发展，促使斯经济快速增长，经济结构发生重要变化，人民生活水平不断提高。

一、经济结构变化

独立前，斯里兰卡经济以农业为基础，以生产和出口肉桂等香料、橡胶等工业原料和茶叶等饮料而闻名。独立后，斯里兰卡经济长期以种植园经济为主，工业基础薄弱。主要矿藏有石墨、宝石、钛铁、锆石、云母等，石墨、宝石、云母等已开采。渔业、林业和水力资源也比较丰富。农业可耕地面积400万公顷，已利用200万公顷，主要作物为茶叶、橡胶、椰子等。农业人口（包括林、牧、渔业）占全国总人口的72.2%。2006年，斯里兰卡农业产值为56亿美元，目前农业产值约占国内生产总值的20%。斯里兰卡工业主要有纺织、服装、皮革、食品、饮料、烟草、造纸、木材、化工、石油加工、橡胶、塑料和金属加工及机器装配等，大多集中于科伦坡地区，目前工业产值约占国内生产总值的16%。旅游、金融、商业、运输、通信、对外贸易等第三产业占国内生产总值中比重超过60%。内战结束后，由于政府大力支持基础设施建设的重建和发展，促使斯基础设施获得极大改善，并进一步推动服务业持续发展。特别是全球2/3的海上运输经过斯里兰卡，这给其服务业提供了巨大的发展机会。斯里兰卡全国有公路2.8万公里，铁路1944公里。主要港口有科伦坡、高尔和亭可马里。科伦坡机场为国际机场，兰卡航空公司经营国际航空业务。

二、经济增长加速

独立后，从1948年到1977年，社会主义思想在斯里兰卡政府经济政策中占主导地位，其产生的主要问题是，缺乏外国投资，造成经济效率低下和经济增长缓慢。为此，从1977年起，斯里兰卡统一国民党政府在南亚国家中率先实行经济自由化政策，对国有经济实行私有化，鼓励私营部门发展经济，积极引进外国投资等。经过30多年经济改革，斯里兰卡国有化经济管理模式已被打破，市场经济格局基本形成。同时，斯里兰卡实行自由外贸政策，除政府控制石油外，其他商品均可自由进口。主要出口商品有纺织品、服装、茶叶、橡胶、椰子和石油产品。近年来，出口贸易结构发生根本变化，由过去的以农产品为主转变为以工业产品为主。主要出口对象是美国、英国、印度、德国、比利时、日本等，主要进口对象是印度、新加坡、香港、伊朗等。斯里兰卡还实行保护和吸引外资的政策，全国已建立4个自由贸易区，外资主要来自日本、澳大利亚、德国、挪威、瑞典和中国台湾，2006年外国直接投资约4.5亿美元。2014年前6个月，进入斯的外国直接投资超过8.17美元。[①] 外援在斯里兰卡经济发展中作用突出，斯几乎所有大型项目均依靠外援兴建。向斯提供援助的国家和国际组织有30多个，主要有日本、德国、美国、英国、挪威、加拿大、荷兰及世界银行和亚洲开发银行等。经济改革以来，斯里兰卡在继续发展初级农产品出口的同时，

---

① "FDIs surpass US $ 817 million during first six months", Wednesday, August 27, 2014 - 05.27 GMT, http://www.priu.gov.lk/news update/current Affairs/ca 201408/20140827fdis surpass US $817 million during first six months, htm.

把方向转向工业化经济，发展食品加工、纺织、通信和金融。旅游业是斯经济的重要组成部分，游客主要来自欧洲、印度、东南亚等国家和地区。斯内战曾一度影响旅游业，但自和平进程取得进展以来，游客人数有所回升，2003—2005 年斯里兰卡连续 3 年年到访外国游客数量突破 50 万人。自 2005 年底，斯政府军与猛虎组织的冲突对旅游业造成一定冲击。

2009 年，斯政府军打败猛虎组织，结束了 26 年的内战。斯里兰卡经济从战争桎梏中解放出来后，在美国等西方发达国家经济陷入危机的情况下，向世界展示了其惊人的发展景况与快速增长势头。2010 年和 2011 年，斯里兰卡经济增长率连续两年达到 8%；国内生产总值超过 590 亿美元；通货膨胀率从战争结束时的 28% 下降到一位数，保持在 5% 左右；贫困线下降至 7%；外国直接投资达到 10 亿美元；有 85 万游客来到斯里兰卡，旅游业的增长率为 30. 8%。2010 年 12 月 30 日，斯外汇储备为 66 亿美元，2011 年 8 月中旬就达到 82 亿美元，2011 年国际储备达到历史高点。2012 年，斯里兰卡经济发展态势良好，投资者信心增强，斯有望成为地区经济发展中心。斯央行对斯全国及每个省的繁荣状况进行的评估指标也显示，斯正在走向繁荣。西部省继续占繁荣指数的首位，是唯一高于平均数的省份；南部省居第二，中央省居第三。北部省的增长率最高，排名从 2009 年的第 9 位上升至 2011 年的第 6 位。港口建设成绩显著，斯里兰卡正在成为空运和海运中心。2013 年，斯国内生产总值增长率超过 7%。国内工业、旅游业、服务业与对外贸易发展势头良好，失业率下降。贸易逆差从 2009 年以来第一次下降，2012 年前 9 个月斯贸易逆差下降 0. 3 个百分点。

三、人民生活改善

随着经济逐渐增长，斯里兰卡人民收入水平也不断提高。长期以来，斯里兰卡的人均国民收入在南亚国家中都是较高的，2004 年为 1068 美元，2007 年增加到 1617 美元。内战结束后，斯里兰卡经济加速增长，有力地推动了其人均国民收入的增加。到 2011 年，斯人均国民收入增加到 2830 美元左右，在众南亚国家中的排名第一。经济增长和人民收入增加，为增加社会福利创造了重要条件。长期以来，斯里兰卡的社会福利条件也较好，公民可享受各种福利，政府实行大米补贴、免费教育和全民免费医疗等项福利措施。从幼儿园教育到研究生教育都实行免费教育，不仅免学费，政府还免费提供课本、午餐和校服。当然，斯里兰卡的富家子弟多到英、美等国读书。由于私立医院费用昂贵，斯里兰卡免费医疗仅限于政府医院，患者无需支付医疗费、药费、住院费和伙食费。全国有医院 500 多所，床位 5.5 万多个。医疗开支占国民生产总值的 1.69%，占政府总开支的 7.2%。社会福利条件的改善也延长了人民的寿命，目前斯人均寿命男性为 71.7 岁，女性为 76.4 岁。

第二章 殖民统治与斯里兰卡民族问题

目前，在斯里兰卡2000多万人口中，僧伽罗人约占74%，泰米尔人约占18%。在漫长的历史进程中，僧伽罗人和泰米尔人之间一直就存在某些矛盾，因此斯里兰卡的民族问题主要表现为僧伽罗人和泰米尔人之间的问题。近代以来，西方殖民者特别是英国殖民者的入侵和对斯的殖民统治，长期实行偏袒泰米尔人的“分而治之”殖民政策，大大加剧了僧伽罗人与泰米尔人之间的矛盾和冲突，为独立后斯里兰卡民族冲突的加剧和内战的爆发制造了某些重要的条件。

第一节 英殖民统治前的斯里兰卡政治格局

在西方殖民者来到斯里兰卡以前，斯里兰卡岛上三国并立——僧伽罗人建立的两个王国（一个定都在科特，一个定都在康提）和泰米尔人在贾夫纳建立的泰米尔王国。僧伽罗人信奉佛教，泰米尔人信奉印度教。

一、僧伽罗人和泰米尔人都在斯里兰卡建国

僧伽罗人和泰米尔人都是从印度来的移民。公元前 5 世纪，来自北印度的雅利安人移民至斯里兰卡，建立了僧伽罗王朝。大约在公元前 3 世纪中期，印度孔雀王朝的阿育王用武力统一了印度北部后皈依佛教，成为佛教的重要护法，并将佛法弘扬传播到世界各地。阿育王派他的儿子——精通佛法的摩哂陀到斯里兰卡传教，受到僧伽罗国王的欢迎，从此，僧伽罗人摒弃了婆罗门教而改信佛教，并使佛教一直处于国教的地位。中国东晋高僧法显在其著作《佛国记》中称斯里兰卡为“佛国”、“狮子国”，也能证明当时岛上的主体民族或统治民族是僧伽罗人，国家是佛教国家。

公元前 2 世纪前后，南印度的泰米尔人也开始迁徙并定居斯里兰卡，信仰印度教的他们把印度教带入岛上。后来，泰米尔人大量涌入，他们主要居住在斯里兰卡的北部和东部，从此印度教也在斯里兰卡扎根下来。公元 7 世纪，南印度又有大批泰米尔人移居斯里兰卡。到 13 世纪后期，泰米尔人已经控制了斯北部，并于 14 世纪建立了泰米尔王国。

16 世纪初，当西方第一批殖民者葡萄牙人到达斯里兰卡时，该岛已经是三国并立：一个是由泰米尔人在北部贾夫纳半岛建立的泰米尔王国；另外两个皆为僧伽罗人建立的国家，一个以科特为首都，一个定都在康提。

二、英国殖民者改变斯里兰卡政治格局

在英殖民者统治斯里兰卡之前，泰米尔人一直相对独立。自 13 世纪以来，泰米尔王国就已存在，到 14 世纪中期“贾夫纳王国已经

有效地控制着一直延伸至普塔兰的西北部海岸，在其后20年中，他们又深入到马塔拉地区，其海上势力也曾一度向南延伸至帕纳度拉地区，他们似乎要在斯里兰卡确立泰米尔人的统治地位”。[①] 从13世纪到16世纪，僧伽罗人建立的王国与泰米尔王国为统治权力而争斗不断。1619年葡萄牙人入侵贾夫纳地区，1658年打败末代国王甘吉利二世，独立的泰米尔王国从此终结。继葡萄牙之后，荷兰也确立了在斯里兰卡的殖民统治。但在葡萄牙人和荷兰人的殖民统治时期，殖民者的主要兴趣与利益在贸易方面，他们仅仅将注意力集中在控制斯里兰卡沿海具有战略意义的海港地区，并没有改变岛上的政治格局，因此贾夫纳地区一直保持着相对独立的地位。这一局面一直到英国入侵之后才有所改变。18世纪末，英国取代荷兰确立了在斯里兰卡的殖民统治，在此后的200年间，斯里兰卡的政治格局一直深受英国的影响。

第二节　英殖民统治前斯里兰卡民族和睦共处

英殖民统治前，斯里兰卡岛上的僧伽罗人和泰米尔人之间虽存在分歧，但没有发展至严重的冲突，也不具政治色彩，两个民族基本长期共处。这主要体现在以下两个方面：

一、斯里兰卡佛教反映出印度教的种姓制度

在英殖民者到来之前，斯里兰卡的佛教徒和印度教徒是互相适

---

① 穆罕默德·伊姆提亚兹、王勇：“斯里兰卡民族冲突析论”，《南京大学学报（哲学、人文科学、社会科学版）》2000年第5期。

应、和睦相处的。研究斯里兰卡佛教信仰问题的专家乌尔米拉·法德尼斯指出："与缅甸和泰国这样一些小乘佛教国家相比，斯里兰卡的佛教僧团是以种姓关系和亲属纽带为标志的。僧伽罗佛教教规方面的这一特征，是斯里兰卡社会政治制度的一个反映。在这种社会政治制度下，尽管佛教占有优势地位，种姓制度仍然盛行不衰。"①这就是说，虽然印度教讲究种姓关系，即等级关系，但是斯里兰卡佛教也讲究等级，因此斯里兰卡佛教和印度教在教规方面一定程度上是相通的，致使斯里兰卡佛教徒和印度教徒能够和睦相处，也在一定程度上使僧伽罗人和泰米尔人之间的矛盾得到缓和。

二、语言也不是僧泰两个民族隔阂与冲突的因素

威尔戈达村是一个靠近科伦坡海边的渔村，全村信奉天主教，大多数村民依靠渔业为生，自称属于渔民或农民阶层。人类学者R. L. 斯蒂拉特曾经在该村做过一项调查研究，主要研究僧伽罗种姓等级和天主教之间的关系。根据斯蒂拉特提供的资料，甚至一直到20世纪90年代，不同祖先的、来自不同地区的操泰米尔语和操僧伽罗语的人都是威尔戈达村的居民。这表明，当时语言方面的因素并没有妨碍这两类"分离和对立的人"和谐地生活在一起。而只是在后来，语言因素才逐渐成为僧伽罗人和泰米尔人矛盾与冲突的最强有力的因素。从某种意义上说，葡萄牙人并没有做任何煽动种族摩擦的事。斯蒂拉特曾在书中这样描述道："整个沿海地带有许多以种姓为基础的教堂，这些教堂相隔仅数码之遥。""各个不同的种姓有其不同的教仪主持者。"可见，僧伽罗佛教与泰米尔印度教在葡萄牙统治时期都不同程度地接近了天主教。

---

① 乌尔米拉·法德尼斯：《斯里兰卡的宗教和政治》，伦敦，1976年，第300页。

第三节　英殖民统治造成斯里兰卡民族冲突

英殖民统治之前，斯里兰卡岛上僧伽罗人与泰米尔人基本能和平共处，矛盾与摩擦并不显著，也没有上升为政治斗争。僧泰两个民族的矛盾升级是在英殖民统治之后，统一中央集权制统治下对两个民族采取“分而治之”的政策，英语教育的不均衡发展，殖民统治下佛教的复兴，英殖民者把大量南印度泰米尔人迁移到斯里兰卡等因素，为斯里兰卡僧泰两个民族埋下了冲突与斗争的隐患。1830年，英国殖民统治者将印度南部泰米尔人大批迁至斯里兰卡，并扶持泰米尔人占据了斯各方面的主导地位，由此与当地主要民族僧伽罗人结怨，并加剧了斯里兰卡的民族矛盾。

一、英殖民者统一中央集权统治严重影响僧伽罗族和泰米尔族之间的关系

英殖民者到达斯里兰卡之前，斯岛上长期并存着三个王国——僧伽罗人建立的两个王国和泰米尔王国。1815 年，英国征服了斯里兰卡全境，在斯建立了统一的中央集权政府。这种体制一方面促进了僧泰两个民族的交往，有利于国家统一和民族融合；另一方面，种植园经济的发展也使僧泰关系在土地纷争之外又多了新的矛盾因素。

1831 年，英殖民者推出科尔布鲁克—卡梅隆报告，提出在斯全岛建立统一行政管理的设想。尽管英国在此之前已实现对全岛的控制，但三个王国所在地区仍保持彼此分立的状态，斯里兰卡仅是一

个地理概念。由殖民当局成立的科尔布鲁克—卡梅隆委员会首次提出建立单一制的中央集权体制，在全岛实现政治统一的主张。[①] 19世纪，民族运动风起云涌，拉美、非洲和亚洲都出现了大规模的反殖民主义运动，民族主义者的目的是掀起广泛的群众运动，以削弱殖民者的统治。斯里兰卡也出现了民族主义者的解放运动，英殖民者意识到局势的严重性，因此提出了统一斯里兰卡的主张。

虽然是统一的中央集权，但英国殖民当局却采取“分而治之”原则，有意承认各个种族，在不同时期利用不同种族，从而加深了斯里兰卡各民族间的隔阂。英殖民者对其殖民地的统治通常是“以夷制夷”，具体方法有多种，“分而治之”就是常用的政策，即通过对不同民族、宗教等进行差别对待，蓄意破坏各民族之间的团结，让各民族相互对立，以达到有效控制殖民地的目的，因为一个内部团结的国家往往不利于其殖民统治。

斯里兰卡的两大民族是僧伽罗族和泰米尔族，英殖民者唯恐两个民族团结起来反抗其殖民统治，因此故意提拔泰米尔人，不让僧伽罗人在政府中占据太多席位；让泰米尔人等少数民族在政治、文化、教育上得到比大民族僧伽罗人较优惠的待遇；泰米尔人在政府机关、自由职业和大学中的比例超过了其在全国人口中的比例，这使得僧伽罗人不安和不满。到1947年，占全国人口18%的泰米尔人却占据了政府官员总职位的40%。[②] 这当然引起了占全国人口74%的僧伽罗人的极度不满，成为斯里兰卡独立后民族矛盾激化的直接诱因。更为重要的是，斯里兰卡独立时，英殖民者却将国家政权完全交给了僧伽罗人。长期受到压制的僧伽罗人一上台执政，便把对

---

① 穆罕默德·伊姆提亚兹、王勇：“斯里兰卡民族冲突析论”，《南京大学学报（哲学、人文科学、社会科学版）》2000年第5期。

② 金涛、孙运来主编：《世界民族关系概论》，中央民族大学出版社1996年版，第243页。

英国的怨恨一并算到了泰米尔人头上。英殖民者这种民族离间、“分而治之”的统治为日后斯里兰卡的长期民族矛盾埋下了祸根。

二、英殖民统治下英语教育也使两大民族的矛盾加深

首先，泰米尔人因受益于英语教育而成为社会上层精英。在英殖民统治下，基督教开办的教会学校得到殖民者教育政策的保护，同时，教会学校也促进了教育的欧洲化和基督教化。从葡萄牙统治下的17世纪上半叶起，贾夫纳半岛信仰基督教的居民远远多于其他地区。到1938年，贾夫纳半岛和马纳尔岛的大多数居民都受了洗礼，科特地区大约半数居民也皈依了基督教。但是佛教和印度教依然顽强地扎根于瓦尼、康提王国和科特的一些边远地区。教会学校起初都集中在贾夫纳地区，泰米尔人因此受益于英语教育。1870年以后，教会学校体制得到发展，到1879年政府设立的学校和私立学校的总数与1870年相比已增加3倍，学生入学人数也大大增加。但是，学校的普及并没有使各个地区的教育机构得到均衡发展，有大批泰米尔人始终在享受教育特权方面保持着领先地位。由于早期接受英语教育，泰米尔族青年不仅成功地进入专业人员和知识分子行列，而且还成功地进入政界。虽然贾夫纳地区在经济发展所需的物质条件方面并不得天独厚，但教育却成为其“主要经济资源”。不同的社会集团所受的不平衡的英语教育，必然要在成人识字率和就业这两个方面明显地反映出来。1911年，斯里兰卡泰米尔人、低地僧伽罗人和山地僧伽罗人中的男性识字率分别为4.9%、3.5%和0.7%。关于1921年从事各种专门职业（医生、律师、工程师、土地调查人员和鉴定员）的男性公民的统计资料表明，泰米尔人在成年男性总数中占13.3%，从事上述专门职业者却占31.9%；而僧伽罗人在成年男性总数中占76%，从事上述专门职业的仅占46%。教

育和职业方面的这种不均衡状况直到英国统治接近结束时才有较大改变。

其次，英语教育的不均衡导致当时社会集团之间的紧张和不协调。19 世纪，交通运输广泛而迅速的发展为人口在更大的地区间流动提供了可能。北部的许多泰米尔人开始移居到南部僧伽罗语区去寻求职业，由于他们曾受过良好的英语教育，因而有许多人成为地方行政机构的各级官员。泰米尔人的迁移和特殊的社会地位加剧了斯里兰卡对立社会集团之间的紧张和不协调。许多泰米尔青年不仅成为专业知识分子，而且还进入政界，成为地方行政机构的各级官员。独立初期，泰米尔人占政府职员的 30% 以上和自由职业的 60%，而当时泰米尔人只占全国总人口的 10%。[①] 对此，泰米尔人认为，这是公平竞争的结果；而僧伽罗人则认为，这是根源于英国殖民统治给了泰米尔人过多的特权。

三、英殖民统治下僧伽罗人佛教的复兴加深了僧泰两个民族的矛盾

佛教是公元前 3 世纪从印度传入斯里兰卡的，但很快就成为在斯里兰卡占有统治地位的宗教，僧伽罗统治者利用佛教统一全僧伽罗人的思想意识。僧伽罗人与泰米尔人都是从印度来的移民，僧伽罗人面临的威胁是与斯里兰卡只相隔一条保克海峡的南印度泰米尔人，因此僧伽罗统治者把自己的祖先——印度雅利安人的移民说成是“佛陀的意旨”，把僧伽罗人说成是“神的选民”。僧伽罗人迁到斯里兰卡来完全是出自神意，而斯里兰卡也就是佛陀为僧伽罗民族

① 金涛、孙运来主编：《世界民族关系概论》，中央民族大学出版社 1996 年版，第 243、245—246 页。

选定的住所。由于斯里兰卡的历史文献大肆宣扬这种神话，因此僧伽罗人就逐渐形成了一种领土、民族和宗教相统一的观念，即：楞伽岛是佛法之岛，也就是上座部佛教徒聚居的地方，而上座部佛教徒又与僧伽罗民族为同一概念，因此楞伽岛也就是僧伽罗民族的聚居之所。这种观念几乎贯穿在斯里兰卡的各种历史文献之中。保卫上座部佛教徒的国家不受外来民族和外来宗教的侵犯，就成了僧伽罗人义不容辞的责任，而泰米尔人则被说成佛教的敌人。

俄苏东方学家米纳耶夫认为导致佛教衰落的原因有两个，其一是持有不同信仰的外来者的入侵，其二是英语教育的作用。他写道："在英国人创办的学校里，老师教授的是欧洲历史和地理，学生根本学不到本国的历史和地理，当然也就无从正确地评价他们自己的国家。"① 米纳耶夫所说的"持有不同信仰的外来者的入侵，应当既包括信仰基督教的欧洲殖民主义者的入侵，也包括斯里兰卡历史上所频繁发生的信仰印度教的南印度泰米尔人的入侵。

英殖民者入侵之后，佛教因为是被征服者的宗教而受到外来宗教的歧视、压迫与排挤，失去了原来享有的特权地位。这些诸多因素使僧伽罗人对殖民统治的异族宗教和文化产生强烈不满和仇恨，因此佛教复兴从一开始就带有浓厚的反殖民色彩。1860 年，最早的僧伽罗文报纸《兰卡和平报》和《锡兰阳光报》开始出版。

四、英殖民者将印度泰米尔人移入加剧了斯里兰卡民族对立

从 19 世纪 20 年代起，为了解决种植园劳动力问题以大规模地

① 塔尔木德：《近代斯里兰卡的社会政治思想》，莫斯科科学出版社 1982 年版，第 68 页。

发展斯里兰卡的种植园经济，英殖民者开始招募印度南部的泰米尔人到斯里兰卡。1837 年移民人数为 1 万人，1949 年达到 75.8264 万人，膨胀了几十倍。[①] 这样，在僧伽罗农民的身边，就出现了一大批收入极低的印度泰米尔工人。大量印度泰米尔人的涌入令僧伽罗人十分不满，认为自己受到威胁。一方面，原有的斯里兰卡泰米尔人正以岛的东、北两部分为阵地，与僧伽罗人进行抗衡对峙；另一方面，后来的印度泰米尔人又一天一天地渗入岛的中部、西部沿海地区。更令僧伽罗人担忧的是，斯里兰卡泰米尔人还把印度泰米尔人看成是自己民族的一个组成部分，煽动印度泰米尔人与僧伽罗人为敌。虽说在斯里兰卡僧伽罗人是多数民族，泰米尔人是少数，然而全世界的泰米尔人却有 7000 万之众，且大部分居住在实力强大的印度。僧伽罗人很自然地产生了一种大民族的小民族心理，认为不是泰米尔人而是自己正在被边缘化，因而在与泰米尔人的斗争中决不能再让步。

---

① 王宏纬主编：《南亚区域合作的现状与未来》，四川大学出版社 1993 年版，第 243 页。

第三章 独立后斯里兰卡的民族问题

斯里兰卡是一个多民族国家。僧伽罗族是其最大的民族，大多数人信奉佛教，佛教徒约占该族总人口的94%，约占全国总人口的69%；最大的少数民族为泰米尔族，他们主要信奉印度教。僧伽罗人主要居住在人口最密集、经济最发达的西部、西南部和中部高山地区；泰米尔人则集中在北部的贾夫纳半岛和东部的行政区。在斯里兰卡漫长的历史过程中形成的僧伽罗人与泰米尔人之间因为语言、信仰等问题产生的矛盾本来就比较突出，近代英殖民者的入侵和对斯里兰卡的长期殖民统治，加上偏袒泰米尔人的“分而治之”的殖民政策，又加剧了二者之间的矛盾和冲突。独立后，斯里兰卡政府实行的民族政策不仅没有使两族之间的矛盾得到合理解决，反而在一定程度上促使民族冲突更加激烈，并最终酿成长达26年的内战。

第一节 政府政策有利于僧伽罗人

独立以来，斯里兰卡历届政府都制定和采取了以下明显有利于僧伽罗人的政策。

一、规定僧伽罗语为唯一官方语言

（一）要求将僧伽罗语定为国语

斯里兰卡居民主要使用两种民族语言：僧伽罗语和泰米尔语。英语是随着殖民主义传入的，在斯里兰卡独立前是官方语言。独立前，斯里兰卡人民就有恢复和发展本国文化、用当地语言替代英语的要求。1944 年，国务会议决定用僧伽罗语和泰米尔语替代英语作为官方语言。独立后的几年里，多数政党和上层人物仍坚持这一主张。1955 年大选前夕情况发生了变化，僧伽罗人（尤其是僧人和政治头面人物）向政府施压，要求改变这一主张，将僧伽罗语定为国语，把佛教定为国教。为此，他们在全国掀起了宣传鼓动运动。

（二）政府规定僧伽罗语为唯一国语

1956 年，班达拉奈克的人民联合阵线在大选中获胜，斯里兰卡政治历史上出现了一个转折点。班达拉奈克出身于一个基督教徒家庭，他在牛津大学学习期间几乎不会讲僧伽罗语，但从 20 世纪 30 年代以来，他一直在维护斯里兰卡僧伽罗多数人的利益。1956 年，人们同往常一样纪念佛陀涅盘 2500 周年，这一活动在真正的佛教之国斯里兰卡产生了巨大的反响。事实证明，“只要僧伽罗”和“把僧伽罗语定为唯一国语并把锡兰作为佛教圣地”这两个口号在选民中深得人心。斯政府通过了废除英语为官方语言，变僧伽罗语为唯一官方语言的法案，这样就打破了泰米尔人在政府机关和其他高级职业中占优势的状况。正如一位历史学家所说：“直到 1956 年仍然最有影响的受英语教育的阶层已被推翻，受僧伽罗语教育的阶层已取而代之。”①

---

① G. C. 受迪斯：《锡兰：昨天和今天》，锡兰报纸有限公司 1963 年版，第 188 页。

“僧伽罗语唯一”政策给僧伽罗语以首要的地位，得到多数人的赞同。这样语言成为各民族竞争政府部门职务的条件，从 20 世纪 50 年代起，政府职员被广泛僧伽罗人化。僧伽罗人在议会中占有 79%—81% 的席位，这一状况对泰米尔人非常不利。班达拉奈克的这一政策有效地切断了泰米尔人通往政府中专业职位的渠道，任何人如果不掌握僧伽罗语就只有失业，失业也就意味着失去地位。

（三）政府规定影响泰米尔人利益

1956 年以前，泰米尔人在政府机关、自由职业方面占有一定的优势。“泰米尔人中的惠拉拉种姓上层人物早在英国统治时期就取得了大大超过其人口比例的财富和影响。”[①] 据统计，独立初期，泰米尔人占全国人口的 10%，但在政府职员中却占 30% 以上，在自由职业方面占 60%。实施“僧伽罗语唯一”政策后，泰米尔人在政府机关、军界、警界以及工商企业中的占比发生了显著改变。20 世纪 70 年代，在政府机关和公营企业中任职的泰米尔人的比例从过去的 50% 降至 10%，在私营企业中的比例从 35% 降至 15%，在军界中的比例从 40% 降至 1%，在警界中则只占 3%。

1958 年，在把僧伽罗语定为官方语言以后，斯国内爆发了第一次大规模的骚动。班达拉奈克发现自己走得太远，于是允许“适当地”使用泰米尔语。这样做在某种程度上迎合了泰米尔人的利益，但却引起了党内极端主义派别的强烈反对。一年后，班达拉奈克遇刺身亡，他的遗孀西丽玛沃·班达拉奈克接管政权，继续执行去世丈夫的政策。

① ［斯］《每日新闻》1979 年 7 月 26 日。

二、宪法规定佛教为国教

（一）宪法规定佛教为国教

1972 年颁布的宪法规定佛教为国教，从此，泰米尔人信奉的印度教不再受到国家的重视，泰米尔人也随之被视为地位低下的人。佛教革命开始于 1956 年，是佛教复兴运动的继续或恢复。到 19 世纪 60 年代后期，该运动已经有了相当大的力量和战斗性，已发展成为僧俗共同参与的群众性运动。这场复兴运动的目的是反抗西方文化影响，净化佛教和僧团，也反映了具有文化素养的斯中等阶层的崛起。也就是说，英殖民者不仅在斯里兰卡培养了“褐色老爷”，同时也在那里培养了西方化的早期“掘墓人”，因为这场复兴运动的许多领导人都是低地人，他们出身于高种姓和中等阶级世俗知识界，毕业于西南地区的基督教教会学校，而且参与过沿海地区日益明显的社会和经济变革。佛教复兴运动不仅宣扬佛法，而且有力地抨击了殖民统治，极力主张节欲和社会复兴，鼓吹扩大教育，谴责外国人对斯的经济剥削，严厉批评西方对斯实行政治控制。佛教复兴运动认为西方对斯里兰卡的政治控制导致了僧伽罗人精神上和物质上的衰落。

（二）僧伽罗人支持佛教为国教

在班达拉奈克政权以前，统一国民党确实未曾有效地把群众动员起来，甚至它领导的独立运动也未能在小小的、孤傲的上层分子集团以外激起什么热情。然而，班达拉奈克却得到了受僧伽罗语教育、对泰米尔人极为不满的佛教徒的拥护。为了达到其政治目的，他还把不同社会集团中的一些人动员起来。他所强调的“宗教、语言、民族”口号在广大僧伽罗人聚居的农村地区激起了强烈的共鸣。

僧伽罗农村的一部分居民在这场革命中扮演了重要的角色，他们主要是佛教僧侣、农村店主、放债人、小地主、乡村教师以及土著医生。他们都是佛教徒，在殖民统治时期曾经居住在落后地区或康提山区。在独立以前，尽管这些“村领导人”没有受过英语教育，但他们却都享受过高水平的土语教育。然而这仍然意味着，由于受过英语教育的上层分子的垄断，他们社会地位的提高受到了阻碍。他们发现，如果不向英语的优势地位和受英语教育的上层分子发起挑战的话，对他们来说，要得到可靠的报酬、较好的工作或者通过考试谋求公职是相当困难或根本不可能的。显然，在 1948 年以后的头 10 年里，僧伽罗人在政治和经济上均处于不利的地位，因而受过教育的上层分子与广大群众之间的矛盾便转化成为操僧伽罗语的多数派与操泰米尔语的少数派之间的斗争，并使这个岛国上两个主要种族集团之间产生了深深的裂痕。表面上，语言问题是种族或教派冲突的核心，其实更有说服力的解释是，僧伽罗人与泰米尔人的冲突并不是简单的语言问题，而是殖民主义造成的结果。这里包含着一个平等主义的立场：操僧伽罗语的普通民众在参与政治活动中应该得到更多的机会和更充分的权利。这就是民众积极参加班达拉奈克领导的、1956 年发动的僧伽罗佛教革命的基本动力和性质。

（三）佛教为国教的规定削弱了泰米尔人的势力

1972 年的宪法除了重申僧伽罗语为唯一官方语言外，还赋予佛教以特殊地位，并且宣布“斯里兰卡共和国将赋予佛教最重要的位置，因此保护和促进佛教为国家的职责”。这个新规定使得泰米尔人担心政府的资金和权力会被用于促进不可接触种姓的泰米尔人皈依佛教，而政府在北方为不可接触种姓的儿童开办一些学习佛教和僧伽罗语的学校更是加重了这种恐惧心理。泰米尔人所关切的是由政府资助的佛教教育活动将被用来促使不可接触者同化于僧伽罗社会，这样就会使许多人与泰米尔人失去联系，泰米尔人在这个岛国的政治势力就会受到削弱。

三、改革教育制度

（一）要求改革教育制度

在斯里兰卡，佛教徒反对基督教教会学校是由来已久的事，他们早就感到这些学校于己不利。独立之初，“一个基督教徒的孩子进入大学的机会大概是200 比 1，一个印度教徒孩子的机会是500 比 1，一个佛教徒孩子的机会是 1000 比 1，而对于穆斯林来说这个比例是2000 比 1”。[①] 佛教徒就以这些事实为理由攻击这种教育制度是殖民主义残余，是破坏本国文化的制度。因此，一系列建立本国教育体制的措施便一一付诸实施。

（二）实行教育国有化

1960 年 12 月，2623 所私立学校（几乎相当于斯里兰卡的全部私立学校）被政府接管。这个行动旨在保证所有儿童都能获得同等的教育机会，而不论其种族、宗教、经济条件或者社会地位如何。1961 年，政府通过立法打破了基督教在教育方面的优势。教育国有化确实获得了决定性的成功，这主要表现在教育特权从基督教上层分子手中转移到广大佛教徒手中。大批佛教徒已能进入大学，1960 年到 1965 年间佛教徒大学生所占的比例从 55. 9% 上升到 71% 。

（三）定额分配制和标准分制度对泰米尔人不利

尽管教育国有化获得了成功，但是僧伽罗佛教徒特别是居住在

---

① 米查尔・罗伯茨：《现代斯里兰卡的集团民族主义和抗争》，科伦坡道德研究所 1974 年版，第 482 页。

山地地区的仍然被排斥于技术教育和行政机构之外，因为在这些关键性的领域内泰米尔人依然处于领先地位。因此，随后教育部门建议实行的地区定额分配制并不使人感到意外。这种分配制就是根据各地区居住人口在人口数中所占的百分比将各大学的名额分配给各地区。斯里兰卡佛教大会还要求行政机构和军队根据各宗教集团的人数按比例从各宗教集团录用人员。在其他南亚和东南亚国家，实行定额分配制通常是为了维护少数人集团的利益，而在斯里兰卡却是为了保护多数人的利益。显然，定额分配制度对泰米尔人并没有好处，而是对僧伽罗佛教徒有利，因为大部分泰米尔族学生都集中在贾夫纳地区，按人口统计，这个地区所分配的大学生名额仅能占5.54%。此外，地区定额分配制极大地限制了泰米尔人的入学人数。获准攻读理工科的泰米尔人的比例从1970年的35.3%不断下降至1974年的20.9%；与此相反，僧伽罗人在理工科入学率中所占的比例却由1974年的74.5%上升到1975年的80%。另外，1972年政府在大学招生中还实行标准分制度，规定泰米尔学生的录取分数必须高于僧伽罗学生，这样许多成绩良好的泰米尔学生就被拒之门外。总的说来，僧伽罗佛教徒的胜利不可避免地引起了泰米尔人极大的愤慨。

此外，独立后，斯里兰卡政府还通过立法剥夺印度泰米尔劳工的公民权。19世纪英国人在斯里兰卡大力发展种植园经济，并从南印度招募了大批泰米尔劳工以解决劳动力问题。至独立时，印度泰米尔劳工数已接近100万。19世纪形成的人口增长压力在大多数僧伽罗人聚居的“潮湿地区”显得更加严重。种植园不断扩大，兼并了许多过去属于僧伽罗农民的土地用来种植经济作物，“潮湿地区”和山区的耕地因而所剩无几，致使单位面积农田上从事农业劳动的人数增加，其直接后果是僧伽罗人中无地雇农和佃农人数的增加以及实际失业率的上升。僧伽罗人认为这些印度泰米尔人占领了自己的传统家园，他们就像一把插入自己心脏的刀子。上述问题对斯里兰卡独立后民族矛盾的产生、发展是有很大影响的。1948 年 2 月斯里兰卡获得独立，独立后斯政府的第一个立法就是剥夺印度泰米尔劳工的公民权，使大批种植园工人成了“无国籍的人”，这也使泰米尔人大为不满。

第二节　政府政策加剧民族矛盾

独立后，斯里兰卡政党逐渐民族化，联合阵线政府的执政加深了社会矛盾，统一国民党的宪法实施更进一步强化了僧泰冲突。

一、推行僧伽罗语的政策加剧民族冲突

促使种族冲突恶化的另一个重要因素是受过教育的泰米尔青年爆发出来的强烈义愤。英殖民统治期间，大多数泰米尔人由于精通英语并受过良好的教育而在政府机构中任职或从事专业工作，但 1956 年以后，由于政府在教育部门和全国大部分地区的行政机构中推广僧伽罗语，越来越多受过英语教育的泰米尔青年难以得到雇用。这样对泰米尔人来说就出现了严重的经济问题，许多青年不得不回乡务农，在贾夫纳半岛上人口稠密的乡村里，对土地的压力也随之增大。由于泰米尔青年接受高等教育和受雇于政府部门的道路被主张使用僧伽罗语的新的考试制度所堵死，所以他们主张分治的要求也就最为强烈。

因此，由泰米尔大会党、锡兰工人大会和联邦党组成的泰米尔联合阵线于 1972 年宣告成立。该党想以行动来证明操泰米尔语的人决心要求使用自己的语言，保护自己的公民权和种族特性。泰米尔

族政治领导人随即开始逐步而迅速地提出分治的主张，到 1976 年 5 月终于明确地提出成立独立的泰米尔国的要求。总之，在规定僧伽罗语为斯里兰卡唯一官方语言的第一个法案通过 20 年之后，僧伽罗多数民族与泰米尔少数民族之间的关系已进入一个新的不良时期。

二、政党政治加剧民族冲突

（一）斯里兰卡是政党政治国家

1948 年独立以来，斯里兰卡实行了多党民主制，其政体先是照搬了英国的议会制，1978 年后改为总统制。斯里兰卡政党政治的重要特征是两党制下的多党竞争格局，政府长期由统一国民党或自由党控制，但两党都无力单独在竞选中达到多数，必须与其他小党组成竞选联盟，选举胜出后再联合执政。

（二）斯里兰卡是多政党国家

斯里兰卡的政党是在 20 世纪初反殖民主义的运动中发展起来的。僧伽罗人和泰米尔人的精英在 1919 年联合成立了锡兰国民大会党，共同反对英国殖民主义。但是，随着民族运动的发展，僧伽罗与泰米尔精英之间的冲突越来越严重。特别是英殖民者采取“分而治之”的殖民政策，实行普选制、区域选举制等，更引发了两族间激烈的政治斗争。20 世纪 20 年代后，锡兰国民大会党分裂，泰米尔人相继成立了泰米尔人民大会党、贾夫纳青年联盟等维护本民族权益的政党，僧伽罗人则独自成立了僧伽罗大会党等民族政党。如今，斯里兰卡政党仍主要是以民族为主体建立的，大致可以分为三类：僧伽罗人的政党、泰米尔人的政党和其他民族的政党。僧伽罗人的政党在斯里兰卡国家政治生活中占据统治地位，主要包括统一国民党和斯里兰卡自由党两个大党，这两个大党都以争取执掌国家政权为目标；其他一些僧伽罗人的小党则民族主义色彩较为浓厚。泰米尔人的政党基本上都是以争取民族权利为宗旨的政党，主要包括泰米尔联合解放阵线等温和民族主义政党，猛虎组织则是泰米尔人的激进组织。

（三）政党政治加剧民族冲突

斯里兰卡政党政治的鲜明特点是民族政党制，政党、民族、宗教、地域具有高度的同一性。这种分野在僧泰两族里表现得最为明显。政党与民族的高度同一性使得以民族利益为基础的僧泰党派竞争白热化；政党的宗教基础使得僧泰两族政党的争斗具有了深层次的宗教文化色彩而难以调和；而政党的地域性又使得政党间的尖锐对立演变为地域对立，进而发展为少数民族地区的分离主义。

三、主要政党执政期间的主要矛盾与冲突

斯里兰卡自由党（Sri Lanka Freedom Party）1951 年 9 月由所罗门·班达拉奈克创建，现有党员约 65 万，奉行开放的市场经济政策和不结盟的外交政策。曾于 1956 年、1961 年和 1970 年三次执政，1981 年、1984 年和 1993 年先后三次分裂，1993 年起联合其他小党组成人民联盟，在 1994 和 2000 年议会选举中获胜，2004 年与人民解放阵线组成统一人民自由联盟在议会选举中获得多数席位，再次上台执政。目前，代主席为马欣达·拉贾帕克萨（Mahinda Rajapaksa），总书记为迈特里帕拉·西里塞纳（Maithripala Sirisena）。

1956—1976 年期间，斯里兰卡自由党在斯政治中处于支配地位。1970 年大选后，联合阵线政府组成了新政权，即由斯里兰卡自由党和另外两个党——锡兰平等社会党和共产党在“共同纲领”基础上组成的联盟。在其执政期间，经济状况持续恶化，失业率不断增高，

越来越多受过教育的青年感到失望和不满。最令人失望的高失业率一直是20世纪70年代联合阵线政府的主要社会矛盾，而这正是班达拉奈克夫人答应过要解决的主要问题。根据1976年的估计数字，斯国内失业人数为106万，相当于全部可就业人口的24%。[①] 1971年4月，“人民解放阵线”领导了突然暴动，暴动的主要支持者是农村地区没有西方化的僧伽罗青年，他们要求政府实现社会经济目标，特别是解决经济和就业问题。

泰米尔青年对联合阵线政府的敌意更甚，因为他们认为在新宪法之下自己是最受歧视的，新宪法使自己在文化、宗教和教育方面的社会地位受到极大损害。因此，当泰米尔人声称要为他们的“独立国家”起草另一部宪法时，他们组织了自己的政治党派泰米尔联合阵线（之后改为泰米尔联合解放阵线），以便之后成立一个独立的国家。

第三节　1978年宪法加深民族冲突

1977年大选后，统一国民党取代了联合阵线，斯里兰卡现代史上开始了另一个明显的政治转折。斯里兰卡新总统J. R. 贾亚瓦德纳和统一国民党首先提出一个新的理论——“一个强有力的行政体制更加适合于一个发展中国家的状况”，这一理论构成了其政府在1978年颁布的宪法的理论基础。[②]

---

① P. V. J. 贾亚斯克拉：“1976年的斯里兰卡：变化的策略和对抗”，《亚洲调查》1977年第2期，第211页。

② 维斯瓦·瓦尔纳派拉：“1978年的斯里兰卡：政策和策略的逆转”，《亚洲调查》1979年第2期，第178—170页。

一、统一国民党与 1978 年新宪法

1978 年宪法的实行，特别是选举制的改变加深了僧泰两个民族的冲突。在这一时期，以统一国民党为首的民族联合团结阵线在国会 225 个议席中占据 87 个议席，是国会第二大党。统一国民党曾在 1947—1956 年、1965—1970 年、1977—1994 年和 2001—2004 年四度上台执政，在斯独立 60 多年的历史中共执政 33 年。统一国民党是一个民主社会主义党，但它通常被认为比主要竞争对手斯里兰卡自由党更为保守，主张新自由主义市场为导向的经济政策。统一国民党是国际民主联盟的成员。

二、新宪法改变政治体制

1978 年宪法在许多方面完全改变了斯里兰卡的政治体制：第一，宪法确定实行总统制以保证行使行政权力的绝对需要。第二，宪法将选举制的多数票原则改为比例代表制，这就意味着所有小党派，特别是小的共产主义党派和泰米尔人政治组织可能失去进入政府的机会，而大的政治党派将可能长期占据斯里兰卡的政治舞台。第三，由于原有的选举制已被新的以地区为基础的选举制所替代，在本地区有强大影响的地方党派便成了比例代表制的主要受益者。这样，在泰米尔族的政治发展过程中，泰米尔政治家第一次感到信心十足，认为他们一定能够实现自己的政治目标，成立一个独立的泰米尔国。这部分是由于他们现在能够充分利用比例代表制在北部地区鼓动民众的情绪，并且向中央政府施加政治压力要求独立，部分是由于 1978 年宪法准许在北部和东部将泰米尔语作为政府机构书写公文档案和机关团体处理一切公务的语言，这样就至少在局部地区使泰米

尔语得到与僧伽罗语同等的地位。这些规定引起僧伽罗人和泰米尔人之间的冲突，导致他们的关系恶化。

三、新宪法导致民族冲突恶化

僧泰两族间的暴力行为迅速在斯境内蔓延开来，1975 年 6 月开始出现、主要由武装的泰米尔青年组成的泰米尔独立“解放之虎运动”则使暴力行动达到高潮。1978 年起，猛虎组织发起多起恐怖袭击。

为了遏止日益增长的恐怖罪行和“解放之虎运动”，斯政府在 1979 年 7 月通过了《恐怖行为预防法案（暂行规定）》，并在 1981 年 7 月成立了新的地区开发委员会，把斯里兰卡划分成 24 个行政区作为基层政治和经济单位，[①] 其目的是解决泰米尔人不满的问题。自 1981 年以来，贾亚瓦德纳政府与泰米尔联合解放阵线举行了一系列非正式协商会议，寻求最终解决僧泰两族冲突的办法。

1983 年 7 月，猛虎组织在贾夫纳伏击政府军，造成 13 名政府军士兵死亡，这标志着斯里兰卡内战正式爆发。

---

① 布·斯·马修斯：“斯里兰卡的地区发展委员会”，《亚洲调查》1982 年第 11 期，第 1117—1134 页。

第四章 斯里兰卡内战的蔓延

独立后斯里兰卡政府推行的民族政策，特别是 1978 年实行的新宪法加剧了斯民族矛盾，导致 1983 年 7 月内战爆发。泰米尔反政府武装猛虎组织以暗杀和自杀式炸弹袭击等暴力活动与政府军抗衡。1985 年起，斯里兰卡政府开始与猛虎组织进行谈判，但都以失败告终，僧伽罗与泰米尔这两个民族之间的冲突仍不断蔓延升级。随着斯里兰卡内战持续蔓延，印度派出维持和平部队进入斯里兰卡，但却未能平息猛虎组织的暴乱。印度军队撤出斯里兰卡后，斯政府与猛虎组织之间展开漫长的和平谈判过程。历届政府一直试图通过和谈或强硬的军事手段来结束这场内战，但均未成功，猛虎组织始终以贾夫纳半岛为大本营，不断扩充力量，与政府军抗衡。该组织曾一度发展到 1.1 万人的规模，并控制斯北部和东部约 1.5 万平方公里的地区。1999 年起，挪威政府曾主动申请在冲突双方之间进行调解，但受种种因素影响，多次和谈努力均以失败告终。2009 年，斯里兰卡政府军终于打败猛虎组织，持续 26 年的斯里兰卡内战终于结束。

第一节 20 世纪 80 年代内战爆发与印度出兵

独立后，政治上处于劣势的泰米尔人对由僧伽罗人掌权的政府在语言、就业、教育和宗教等方面的政策深感不满，长期对立导致两个民族之间的矛盾日益激化，并多次发生流血冲突。1976 年，18 个泰米尔政党组成联合解放阵线，一些激进分子后分裂出来组成泰米尔伊拉姆猛虎解放组织，最高领导人为韦卢皮莱·普拉巴卡兰。猛虎组织成立后即开始从事反政府武装活动，并谋求在泰米尔人聚居的东部和北部地区建立独立的泰米尔国。1975 年，猛虎组织暗杀贾夫纳市长；1977 年暗杀一泰米尔议员。这在一定程度上影响了印度利益，促使印出兵斯维持和平，但却遭到重大挫折，最终被迫撤出斯里兰卡。

一、斯里兰卡内战的爆发

进入 20 世纪 80 年代后，僧伽罗族和泰米尔族之间的冲突愈演愈烈。1983 年 7 月，猛虎组织在贾夫纳半岛发动致命军事攻击，打死 13 名政府军警察，从而引发斯里兰卡内战。1985 年，在印度撮合下，斯政府与猛虎组织在不丹首都廷布举行和平谈判，但由于双方意见相左，谈判很快破裂。

（一）猛虎组织发起“第一场伊拉姆战争”

1983 年 7 月 23 日夜，一辆载着猛虎组织成员的小货车在贾夫纳大学附近伏击一辆载有斯政府警察的巡逻车，车上 15 名警察有 13 名当场毙命，另外 2 名重伤，而这些警察均为僧伽罗人。该事件马上点燃了僧伽罗族和泰米尔族间的仇恨烈火。次日，科伦坡的僧伽罗人便大举向当地泰米尔人报复，焚烧其住宅，掠夺其财产。这场民族仇杀毁坏房屋约 1.8 万所，成百上千人死于非命，大量泰米尔人逃亡。泰米尔人把这个月称为“黑色七月”，猛虎组织所宣称的“第一场伊拉姆战争”由此爆发，这一民族仇杀事件亦被视为斯里兰卡内战全面爆发的开端。① 在这场大屠杀中，400—3000 名泰米尔人被杀害，数千人逃亡，斯内战也由此蔓延，促使许多泰米尔人逃离僧伽罗人占多数的地区。内战开始不久，猛虎组织有目的地在斯东北部进行种族清洗。1984 年 11 月 30 日，在穆莱蒂武地区两个僧伽罗人小村庄遭到种族清洗。猛虎组织声称，东北部是斯泰米尔人的专属家园。僧伽罗人在北方省和东方省遭受到严重的生命威胁和财产损失。1985 年 5 月 14 日的阿努拉德普勒大屠杀中，146 名僧伽罗族男子、妇女和儿童被猛虎组织杀害。当日，猛虎组织劫持一辆公共汽车进入阿努拉德普勒，不分青红皂白地开枪射击，打死打伤许多在等待公共汽车的平民。阿努拉德普勒大屠杀是为报复同月政府军杀害至少 23 名泰米尔人，事件的目的是要挑起两个种族间的大屠杀。1986 年，平民被屠杀成为战争的一部分。1987 年，政府军与猛虎组织展开激烈战斗。4 月 21 日，猛虎组织使用炸弹袭击斯首都科伦坡的中央车站，当场造成 113 名平民、2 名警察和 1 名士兵死亡。5—6 月间，斯政府军发动代号“解放行动”的攻势，收复被猛虎组织控制的贾夫纳半岛。7 月，猛虎组织进行第一次自杀式袭击：“米勒上尉”驾驶一辆装满炸药的小型卡车强行冲入一个政府军军营，据说炸死 40 名士兵。自此，他们进行了 170 多次自杀式袭击，自杀式炸弹袭击已成为猛虎组织在内战中的一个显著特点。

---

① 任彦：“持续内战不堪回首”，《人民日报》2009 年 6 月 26 日。

（二）印度支持斯泰米尔武装组织

斯里兰卡国内暴力冲突事件频频发生，促使印度加快介入调解。1983年8月，印度时任总理英·甘地即派特使赴斯斡旋。1983—1987年间，印度一直充当斯政府和泰米尔武装分子之间的“调解人”，并多次派特使赴斯调解，但都未能缓解局势恶化。20世纪80年代印度卷入这场冲突有许多原因，包括其领导人期望印度展现地区大国的姿态以及担心印度的泰米尔人也会寻求独立，这种情况尤其表现在印度南部的泰米尔纳德邦。20世纪80年代开始，印度通过其情报机构研究分析局向一些斯泰米尔武装组织提供武器，给以训练和货币支持，其中包括猛虎组织。印度政府希望泰米尔独立运动处于分裂状态，以方便其控制。1987年6月5日，印度空军向被斯政府军包围的贾夫纳空投食品和药品包裹。同时，斯里兰卡表示，他们本已接近击败猛虎组织，但印度空投的25吨食品和药品却直接支持了反政府武装。实际上，内战开始以后，由于受到印度南部泰米尔人的支持，斯泰米尔武装得以以印度南部泰米尔纳德邦为基地，并得到印度武器装备和其他物资援助，促使以猛虎组织为代表的泰米尔武装不断发展壮大。①

（三）斯政府军处于被动地位

由于印度政府和印度南部泰米尔人的支持，到1986年底斯里兰卡猛虎组织实际上已经控制了贾夫纳半岛并在该半岛上行使了许多行政权，斯政府的权力已缩小到只是组织食品配给的程度。此后，猛虎组织又继续对东方省的政府军、警察和僧伽罗人展开新一轮的

---

① 罗祖栋：“一九八七年的斯里兰卡形势”，《南亚研究季刊》1988年第2期，第43—47页。

攻势。为了恢复国内和平，斯里兰卡政府与泰米尔武装组织曾进行多次谈判，并作出一系列让步，但由于泰米尔武装组织要价太高，如要求合并北方省和东方省为泰米尔人“单一的家园”，在合并后的省实行自治，以及承认泰米尔人的自决权等，这在斯政府看来无异于同意其搞分裂，因此双方的谈判屡屡归于失败。1987 年初，猛虎组织公开宣布其要建立对贾夫纳半岛的直接行政管理，这导致斯政府的强烈反击。斯政府除对贾夫纳半岛实施燃料油等一些重要战略物资的禁运外，还对猛虎组织展开大规模军事攻势。就在政府有望重新取得对北部贾夫纳半岛的控制权时，印度却出面干涉。1987 年 6 月 5 日，印度空军向被斯里兰卡政府军包围的贾夫纳空投 25 吨的食品和药品包裹，直接支持了反政府武装，为几近弹尽粮绝的猛虎组织提供了生机。自此，印度政府对斯里兰卡的干预正式走上前台。

二、印度出兵斯里兰卡

内战的久拖不决和印度的出面干涉让斯里兰卡政府感受到了寻求与印度合作的重要性，印度政府也在一定程度上感到支持斯泰米尔反政府武装的危险性。因此，经过一个多月的秘密谈判，斯里兰卡总统贾亚瓦德纳和时任印度总理拉·甘地终于在 1987 年 7 月 29 日签署了《斯印和平协议》。

（一）印度决定向斯里兰卡派兵

根据《斯印和平协议》的规定，允许印度向斯里兰卡派出维和部队来帮助平定这场冲突，解除泰米尔分裂分子武装，满足泰米尔人建立自治区的要求，并遣返在印泰米尔人。斯里兰卡政府则根据泰米尔人的要求作出一些让步，其中包括权力下放给各省，在之后的全民投票中将北部和东部省份纳入单一的省份，将泰米尔语定为官方语言。印度同意停止协助泰米尔武装分子，并向斯里兰卡北部和东部派出维和部队，以保持当地的和平与稳定。虽然斯里兰卡激进团体包括猛虎组织起初并不愿意，但最后还是同意将武器交给印度维和部队。斯里兰卡政府军从北方地区撤出其部队派往南部，去对付人民解放阵线的叛乱。

（二）印度出兵斯里兰卡的原因

印度出兵斯里兰卡的原因非常复杂，因为斯里兰卡泰米尔人同印度泰米尔纳德邦的6000万泰米尔人同族同宗，在血缘、语言和文化方面有着广泛的联系。过去，为了获得印度泰米尔人对政府的支持，印度政府默许印度泰米尔人给斯猛虎组织运送物资，输送武器，提供训练基地；同时，印度政府也参与向斯泰米尔反政府武装空运食品和药品等物资。但是，印度政府的做法使斯政府十分被动，其曾向印度政府提出抗议，称此做法严重影响两国关系。同时，印度政府也怕斯泰米尔人战胜斯政府军后从斯独立出来，在斯境内建立单独的泰米尔国，这将极大地鼓动印度泰米人加紧与印度政府的对抗，并最终脱离印度，在印度建立单独的泰米尔国。为此，印度政府愿意放弃对斯泰米尔反政府武装的支持，并于1987年与斯里兰卡政府签订和平协议，同意派遣军队进驻斯东北部，以维持斯东北部的安全与稳定。

（三）印度军队陷入斯内战泥潭

和平协议签署后，印度以维和部队的名义向斯派出了军人开赴斯泰米尔人聚居的东部和北部地区，人数最多的时侯高达7万多人，以保证协议的执行。印军进入斯里兰卡后，虽然大多数泰米尔武装组织放下武器，并同意寻求和平解决冲突，但猛虎组织却拒绝解除武装。在临时省议会的谈判中，猛虎组织采取了越来越强硬的态度。

当印度维和部队试图限制猛虎组织时，冲突全面爆发，双方首先在贾夫纳展开激烈战斗。1987 年 10 月，一起猛虎组织的军火偷运事件导致了其与印度维和部队的直接交火。此后，印军实际上变成了交战的一方，其取代斯政府军同猛虎组织作战，冲突愈演愈烈。由于猛虎组织拒绝接受和平协议，也不交出武器，印军便连续向其发动了大规模的军事攻势。到 1989 年底，印军已在军事行动中付出了巨大代价，死亡 1000 多人，伤 3000 多人。① 由于拉・甘地政府对介入斯内政缺乏长期目标，只把维和作为权宜之计，低估了斯里兰卡民族冲突的程度和复杂性，对自身能力评估过高，结果导致印度军队在遭受持续重大伤亡后也未能挫败猛虎组织。

三、印度调整对斯政策

在之后的冲突中，许多人权团体及一些在印度的媒体指控印度维和部队在斯侵犯人权。同时，斯民族主义情绪导致许多僧伽罗人反对印度军队继续在斯留存，斯政府权衡利弊后也要求印度撤军。

（一）斯里兰卡要求印度撤军

印度出兵斯里兰卡后，印军在斯的军事干涉行动不断受到斯和国际舆论的谴责。和平协议签署后，也未能从根本上扭转斯里兰卡国内对立形势。事实上，斯僧伽罗人和国内反对党等都激烈抗议该协议的签署，认为协议对泰米尔武装组织和印度的让步太大，甚至有损国家的主权，斯时任总理普雷马达萨也公开表示反对。猛虎组织则声明，他们没有在协议上签字，所以不受协议上的停火条款等约束。由于印军进入两年多来并未给斯带来和平，加上斯国内反对

① 陈树培：“印度撤军与斯里兰卡局势”，《瞭望周刊》1990 年第 15 期，第 39 页。

协议的情绪日益高涨，因此对印度持强硬态度的普雷马达萨总理在1989年1月新当选斯总统后，立即要求印度维和部队撤出斯里兰卡，两国关系由此陷入紧张。

（二）印度出兵斯里兰卡得不偿失

事实上，印度一些舆论仍在支持斯泰米尔人的分裂活动。有印刊物称："如果印度政府和其他国家不便支持（斯）泰米尔要求自治的斗争，印度南方即使不能在物质上至少可以在道义上给予他们支持。"① 斯政府在贾夫纳采取军事行动后，印度泰米尔纳德邦首席部长贾亚拉姆·贾亚拉里塔曾呼吁印度联邦政府促使斯政府"停止杀害贾夫纳的无辜平民"。② 此外，印军出兵原是帮助斯政府平息猛虎组织的叛乱，结果却同猛虎组织发生军事冲突并且愈演愈烈，最后不得不全部撤离。印军在斯驻扎2年8个月，耗资巨大，官兵伤亡近万人，但如此巨大的代价却未能平息猛虎组织的叛乱，反而使它得以喘息，不断壮大力量。因此，冷战结束后，印度调整了对斯政策，表示要采取不干涉斯民族冲突的立场。

（三）印度从斯里兰卡撤军

印度政府总理拉·甘地最初不愿意撤回军队，但是其在1989年12月的议会选举中落选，新总理维什瓦纳特·普拉塔普·辛格下令撤回印度维和部队。1990年3月24日，印度维和部队全部撤离斯里兰卡，结束其在斯总共968天的"维持和平"使命。印军的撤离被认为是印度对斯军事干预的结束，同时也使两国紧张的关系得以缓和，斯政府得以在没有外来直接干涉的情况下解决国内的民族纠纷。

---

① ［印］《思潮》周刊1995年12月9—15日。

② ［香港］《亚洲周刊》1995年11月17日。

第二节　20 世纪 90 年代内战持续与和谈失败

尽管猛虎组织在与印军的交战中遭受重创，但其利用与斯政府长达一年多的和谈时机赢得喘息之机，得以重振旗鼓。

一、内战持续，总统身亡

（一）猛虎组织发动“第二场伊拉姆战争”

1990 年 3 月印军撤离斯里兰卡后，同年 6 月猛虎组织突然中断与斯政府的和谈，开始不断袭击政府军，并控制北部城市贾夫纳，“第二场伊拉姆战争”打响，斯内战持续进行。猛虎组织宣布中断谈判的当天，就向斯政府军营和警察局发动了猛烈进攻，占领了 30 多个警局并抓走了 800 多名警察。[①] 为制造民族间不和，同年 8 月，猛虎组织还在东部地区相继制造了几起屠杀穆斯林人和僧伽罗人的血案。面对猛虎组织的挑衅，斯政府虽多次努力试图重开谈判，但由于停火协议均遭猛虎组织破坏，于是斯政府也发动了全面反击。同年 8 月，政府向北部和东部地区大举增兵，海陆空三军一齐出动，向猛虎组织的主要基地展开了大规模的军事攻势。尽管政府军兵力数倍于猛虎组织，但猛虎组织有数千名训练有素、装备精良的游击队，并做好了长期打游击的准备，因此斯政府要想速战速决结束内战根本难以实现。

---

① 梅竹：“斯里兰卡：‘种族战争再起’”，《世界知识》1990 年第 19 期，第 15—16 页。

（二）总统遇袭身亡

1993 年 5 月，当政 4 年的斯总统普雷马达萨在一场政治集会中遭泰米尔反政府武装的人弹袭击身亡，此后泰米尔激进分子频繁发动针对平民的恐怖袭击，受到国际社会的广泛批评和谴责。1991 年和 1997 年，印度和美国分别将该组织定性为恐怖组织。1998 年 1 月，猛虎组织试图炸毁古都康提市著名的佛牙庙，为此斯政府宣布猛虎组织为非法组织。2001 年 3 月，英国也宣布猛虎组织为恐怖组织。

（三）发起和平攻势

连年战乱给斯带来沉重损失：3 万余人在战乱中丧生，数亿斯卢比财产毁于战火，斯政府军费开支高达 4 亿多美元，财政不堪负担，经济发展缺少稳定的环境。1994 年 11 月，库马拉通加夫人当选斯总统，她发誓要在任期内“结束民族冲突”，向猛虎组织发起和平攻势。为促进谈判，斯政府主动作出一系列让步：库马拉通加表示如果猛虎组织领导人普拉巴卡兰参加和谈，政府对其恐怖罪行一概既往不咎，保证不会将其逮捕入狱；解除对斯北方长达 4 年之久的物资禁运，给泰米尔人运去两船粮食、药品等生活必需品；政府提出总额 400 亿斯卢比的贾夫纳半岛计划，由政府派技术人员，泰米尔方面出劳工修复被战火破坏的电力、交通等基础设施，同时分三阶段安置数十万泰米尔难民；政府应猛虎组织要求释放在押 12 名该组织成员。① 经过 4 轮和谈，双方于 1995 年 1 月达成停火协议。当时人们认为斯出现了一线和平曙光，然而 4 月 19 日，猛虎组织却以政

---

① 李友龙：“斯里兰卡政府与泰虎签署临时停火协议”，《国际资料信息》1995 年第 4 期。

府未满足其全部条件为由退出和平进程，引发了新一轮流血冲突。

二、和谈破裂，内战升级

（一）猛虎组织发动“第三场伊拉姆战争”

和平的到来并不容易。就在和谈期间，猛虎组织仍然在策划恐怖活动，其敢死队成员身带自杀炸弹在 1994 年 10 月炸死统一国民党总统候选人迪萨纳亚克后，又于 1995 年初杀害民主人民解放阵线领导人。同时，由于双方在泰米尔人独立这一实质性问题上分歧严重，1995 年 4 月 19 日凌晨，猛虎组织以政府在谈判中未能满足其全部要求为借口，撕毁已执行 3 个月之久的停火协议，突然向政府东北部的亭可马里海军基地实行偷袭，击沉政府军两艘炮艇，造成 12 名海军军官丧生。接着，其又发起一连串袭击，造成政府军人员和设施的大量损失。[①]“第三场伊拉姆战争”就此打响。

（二）斯里兰卡政府军事回击

1995 年 4 月下旬，猛虎组织先后打死数十名政府军官兵，炸毁大陆通往马纳尔岛的一座桥梁，首次使用地空导弹击落政府军 2 架运输机，导致机上 97 人全部丧生；同时政府军也相应地出动海军、战斗机和特种部队，向猛虎组织据点进攻。[①]5 月 25 日，猛虎组织杀害 1 名僧伽罗高僧和 85 名居民，使冲突进一步升级。7 月 9 日，为扭转前期应战仓促、准备不足的局面，并达到“以战促和”的目标，政府军调集 10 万军队和飞机、火箭、坦克，对猛虎组织发起代号为“跃进”的军事进攻，收复大片土地，摧毁游击队部分据点，给猛虎

---

① 刘秀英：“斯里兰卡战火缘何再起”，《现代国际关系》1995 年第 9 期，第 29—31 页。

组织以沉重打击。8 月，库马拉通加总统提出解决民族问题的“分治方案”，通过重新划分省界和权力下放，给北部和东部的泰米尔人以更大的管辖权和自决权，但这一方案又遭到猛虎组织的拒绝。10 月 17 日，斯陆海空三军发起代号为“阳光”的强大军事攻势。政府军从贾夫纳半岛最北端出发，在飞机和大炮的掩护下，出动 2.1 万名士兵，经过一个多月的战斗，打死猛虎游击军 1700 人，伤 3000 人；政府军方面 400 人死亡，1500 人负伤，收复被猛虎组织占领的贾夫纳城，控制军事要塞“大象通道”。1996 年，斯政府又发动几次重大军事进攻，夺回半岛控制权，并在同年 9 月迫使猛虎组织退出城市，进入北部山区的丛林地带。

（三）斯里兰卡政府寻求政治解决

在加强军事应对的同时，斯里兰卡政府也在同其他泰米尔政党寻求政治解决民族问题的方案。1995 年 8 月，库马拉通加总统提出修改宪法，赋予泰米尔人更大的自治权，以赢得温和派泰米尔人的支持，迫使猛虎组织放弃独立的要求。在这一方案中，泰米尔人集中居住的北方省和东方省将通过重新划分地界成立“东北地区”，从而扩大泰米尔人的管辖范围。为表诚意，政府还主动撤出军事进攻中占领的一些地方。但由于僧侣集团和反对党的反对，斯议会无限期推迟了对新宪法草案的表决。而猛虎组织也对该计划并不满足，声称要继续为在斯里兰卡北部和东部建立独立家园而战，且表示要在政府解决北方人民的经济生活问题之后，才可能讨论政治解决民族问题的方案，这就意味着持续的内战仍将不可避免。

三、猛虎受挫，实力犹存

（一）猛虎组织实力犹存

1995 年败走贾夫纳后，猛虎组织虽然一度受挫，军事上处于劣势，但仍有相当实力。在政府军攻克贾夫纳之前，猛虎组织的主力和最高领导机构就已撤离到比较安全的北部丛林和东部地区，并且还有 1 万多名游击队员，准备为实现其独立建国目标而打一场持久战争。由于猛虎组织的有生力量依然存在，因此在经过一段时间的休养生息后，其又卷土重来，继续采取武装袭击和恐怖爆炸的手段与政府对抗，在战场上与政府军展开了新的较量。

同时，猛虎组织仍从国外获取物资和武器支援。1996 年 2 月 14 日，斯海军在空军的配合下击沉了一艘猛虎游击队员押送的军火船，船上装有大炮和大量枪支弹药，这说明斯政府军要切断猛虎组织同外国的联系是困难的。为制止猛虎组织在国际上的活动，1996 年 2 月斯政府向英国政府提出要求，希望英国关闭猛虎组织在伦敦的办事处。

（二）猛虎组织发起袭击

由于在兵力上处于弱势，猛虎组织主要采取偷袭、伏击等战术和实施自杀性袭击。1996 年 1 月，猛虎组织对位于首都科伦坡的中央银行发动袭击，造成 76 人死亡和 1000 多人受伤。同年，猛虎组织从政府军手中重新夺回了沿海重镇穆莱蒂武，并以此为基地开展对抗政府军的游击活动。

（三）猛虎组织重夺地盘

1998 年，猛虎组织又攻陷基利诺奇，迫使斯政府取消了一场历时18个月、旨在打通一条通往北部半岛道路的军事行动。[①] 1999年11月，经过几年养精蓄锐的泰米尔游击队开始新一轮“决定性”进攻。[②] 为避开人少劣势，他们采取各个击破战术，集中兵力，一处处围困政府军驻地，切断政府军给养与弹药供应线。到11月底，除贾夫纳城外，猛虎组织已重新掌控政府军1995年夺取的所有地盘。12月，时任总统库马拉通加在科伦坡遭遇自杀式炸弹袭击，一只眼睛失明，还有至少34人在此次袭击中丧生。

第三节 2000年后内战蔓延与“猛虎”毁灭

从内战爆发以来，斯政府对猛虎组织一直采取“打谈结合，以战迫和”的方针，虽始终未能奏效，却从未放弃努力。但由于各自立场差异太大，双方始终是谈谈打打，内战的硝烟依然不断。进入21世纪以来，斯里兰卡再次陷入内战的战火之中。斯政府在接受挪威斡旋与猛虎组织继续谈判的同时，加大对其打击力度，并于2009年5月彻底消灭了猛虎组织，宣告长达26年的内战结束。

一、坚持和平谈判

刚进入21世纪，斯里兰卡仿佛出现了和平的曙光。长期的内战让双方都损失惨重，并且认识到在较长一段时间内谁都难以从军事上彻底消灭另一方。对猛虎组织来讲，印度和美国早在1991年和1996年就将其定性为恐怖组织，英国也将其划为恐怖主义组织，美

---

① 胡仕胜：“斯里兰卡民族冲突的渊源及现状”，《国际资料信息》2000年第8期，第9—13页。

② 李文云：“斯里兰卡呼唤和平”，《人民日报》2000年7月13日。

国“9·11”事件发生后，其在全球反恐名单上名列前茅，很多国家冻结了该组织的海外资产，其已难以承受昂贵的战争费用，加上其控制区也相当贫困，因此和谈便成了猛虎组织最好的出路。① 而从斯政府的角度来看，求和解、反内战，谋和谈、促和平也是斯里兰卡绝大多数民众的共同心愿。在此背景之下，双方都开始朝着政治对话的方向迈进。

（一）猛虎组织继续进攻政府军

2000 年 4 月 22 日，斯内地通往贾夫纳半岛的咽喉地区——“大象通道”被猛虎组织攻占，两三万政府军被困于贾夫纳城。猛虎组织还以凌厉、迅猛的攻势，直奔对政府军生死攸关的帕拉里空军基地。库马拉通加总统于 5 月 3 日召开内阁紧急会议，宣布全国进入战争状态；实施公共安全法，严禁一切扰乱公众生活的活动；把国家非急需发展工程暂停 3 个月，原定的政府官员加薪计划也暂缓执行，将国家有限财力用于紧急采购战斗机、武器弹药等。

（二）政府与猛虎组织达成和平协议

国际社会普遍支持斯和平进程。多年来，虽冲突双方曾为和谈与停火而努力，但两个民族间冲突仍不断升级。从 1999 年起，挪威政府开始进行斡旋。2000 年 11 月 27 日，猛虎组织领导人普拉巴卡兰提出同政府无条件恢复和谈与单方面停火，以结束长达 17 年的民族冲突。他要求政府在北部和东部武装冲突地区为恢复和谈创造合适的气氛，但强调这不应被视为和谈的先决条件。猛虎组织还在伦敦发表声明，呼吁国际社会说服斯政府放弃采取“强硬的军事办法”，通过谈判寻求政治解决民族冲突的途径。斯外长卡迪尔加马尔

---

① “猛虎招安末路”，http：//gb. cri. cn/321/2003/12/10/151@17215. htm。

在12月12日宣布，政府准备与猛虎组织举行会谈，但不会在会谈时实行停火，只会在和谈能够朝着解决民族冲突的方向迈进时才会考虑在北部和东部武装冲突地区逐步停火。因此，斯政府与猛虎组织的和谈告吹。2001年12月上台的维克勒马辛哈新政府积极回应猛虎组织单方面停火要求，采取包括放松对猛虎组织控制地区经济禁运及取消对公民到北部旅行限制等措施，为实现永久停火创造有利条件。2002年2月，在挪威的斡旋下，猛虎组织与斯政府终于在斯德哥尔摩签署了一份永久性停火协议。挪威方面宣布将组织一个由挪威和北欧其他国家人员组成的国际监督团前往斯监督停火。4月8日，斯政府重新开放首都科伦坡至贾夫纳的A9号公路，猛虎组织也首次准许记者进入其以前划定的禁区，双方都表示出和平诚意。8月15日，斯政府发言人宣布，由于已经同猛虎组织达成和谈协议，政府决定在9月和谈正式开始前10天正式解除对该组织的禁令，宣布其为合法政治组织，但政府不会同意猛虎组织成立独立国家，也不会就此问题进行谈判。① 猛虎组织此前曾多次声明，只有解除禁令他们才会同意参加和谈。9月，双方又在泰国东南部春武里府的梭桃邑海军基地举行具有历史意义的首次和谈，就维护停火协议和继续推进和平进程达成共识，标志着斯走上新的和平征程。② 12月5日，双方在挪威首都奥斯陆举行的第三轮和谈中同意建立一个联邦制国家，并在泰米尔地区实行高度自治。

（三）和平进程陷入停滞状态

进入2003年后，斯政府与猛虎组织自停火以来已举行6轮谈判，猛虎组织宣布放弃独立建国主张，转而寻求在联邦制国家内的

---

① http：//www. southcn. com/news/international/gjgjk/200208250328. htm.

② 琅讪：“斯里兰卡和谈迈出关键一步”，《人民日报》（海外版）2002年11月26日。

高度自治。但 4 月下旬，其却以政府未能履行承诺为由退出和谈，斯和平进程再次中断。11 月初，猛虎组织对政府提出的在北部和东部地区建立临时行政机构的建议提出重大修改意见，要求在上述地区行使完全独立的安全、司法管辖权和财政支配权。政府表示愿意与其讨论该建议。在挪威政府的继续斡旋下，双方同意启动工作层谈判。但在野党和僧伽罗民众却对此严重不满，纷纷指责政府对猛虎组织让步过多，危及国家统一。11 月 4 日，库马拉通加总统解除与和平进程有重要关系的国防、内政和大众传媒三部部长职务，指责他们在与猛虎组织谈判过程中让步太多。此举使斯政府出现政治危机，并导致充当和谈调解人的挪威政府宣布暂停和平斡旋活动。2004 年 2 月 7 日，斯总统宣布解散议会，重新大选。新政府上台后，重新邀请挪威政府继续斡旋并得到挪威的同意。虽然新政府和猛虎组织均表示愿遵守停火协议，继续和谈，但双方未能就和谈议程等关键问题达成一致，如猛虎组织提出，恢复和谈必须在其提出的在斯北部和东部地区成立临时自治权力机构的建议基础上进行，但斯政府却不接受这一条件。因此，斯里兰卡刚刚起步的和平进程又陷于停滞状态。

二、消灭猛虎组织

2004 年 3 月 3 日，猛虎组织东部地区武装指挥官穆拉利撒朗上校与该组织主流分离，并指控该组织主流在准备进行战争。他带走猛虎组织 6000 人，使猛虎组织实力大为削弱，而政府军卡鲁纳上校对猛虎组织神秘的内部运作不断深入了解，使政府行动更加正确有效。猛虎组织分裂行动史无前例，使人担心国家会再次陷入战争，而这种担心在随后两年逐渐成为现实。

（一）和平进程面临威胁

2005 年以来，斯北部和东部的暴力冲突事件激增，同年 8 月，时任斯里兰卡外长卡迪尔加马尔遇刺身亡，斯政府怀疑猛虎组织涉嫌此案，双方关系再次降至谷底。2005 年 11 月 17 日，斯原总理马欣达·拉贾帕克萨以微弱优势战胜反对派领袖拉尼尔·维克勒马辛哈，当选总统。拉贾帕克萨主张使用强硬手段对抗猛虎组织，上任后即起用与他同样持强硬观点的维克勒马纳亚克出任总理。同时，有消息显示猛虎组织正在海外秘密募款，准备决战。[①] 当时的舆论普遍认为，斯里兰卡和平进程正面临巨大挑战。

（二）猛虎组织退出和平谈判

2006 年 4 月初，猛虎组织宣布无限期地退出与政府的和平谈判。当月下旬即发生一起针对斯政府陆军参谋长的袭击事件，该事件再次使斯上空浮现内战阴影。当时一名被怀疑是猛虎组织自杀突击队成员的女性自杀式炸弹袭击者化装成孕妇混入科伦坡的陆军总部，并在陆军参谋长弗瑟加中将车队经过时引爆身上的炸弹，8 人在袭击事件中丧生，另有 27 人受伤，其中包括弗瑟加中将。该事件引起斯政府军随后对猛虎组织游击队阵地进行的报复性空袭和炮击，这也是政府军自 2002 年停火协议后首次对游击队采取正式的军事行动。[②] 虽然斯政府称这并不意味着内战再次爆发，但实际上斯军队与猛虎组织之间的暴力冲突已呈不断升级态势。双方原定于 2006 年 6 月在挪威首都奥斯陆举行的和谈也因猛虎组织以种种理由拒绝而未能如期举行。

---

① 沐杰："斯里兰卡总理'有点硬'"，《广州日报》2005 年 11 月 30 日。

② "斯里兰卡当局报复性空袭猛虎组织　内战阴影渐现"，http：//www. chinanews. com/news/2006/2006 -04 -26/8/722898. shtml。

（三）政府军消灭猛虎组织

2006 年 7 月，斯政府与猛虎组织和谈破裂后，斯政府军立即向猛虎组织发动新一轮军事打击，“第四场伊拉姆战争”爆发。经过一年多的战斗，2007 年 7 月，政府军收复东部省并向北部猛虎组织控制区推进。政府军占领猛虎组织在东方省的最后一个重要据点托皮加拉镇，实现对东方省的控制，将猛虎组织分割成东部和北部两截。随后，政府军将军事打击重点转向北部省。2008 年 1 月 2 日，斯政府宣布退出永久性停火协议，称猛虎组织早已使该协议名存实亡。之后，政府军动用重型武器，对猛虎组织穷追猛打。在猛虎组织力量因穆拉利撒朗上校出走而大幅削弱的情况下，政府军力量却在加强，如 2008 年斯军队人数增加到 30 万，此外还拥有大量多筒式火箭发射器、武装直升机、无人驾驶飞行器等，猛虎组织无法匹敌。这种实力消涨的变化一步步导致猛虎组织最终覆亡。

2009 年 1 月，斯政府军先后占领猛虎组织政治总部基利诺奇和军事总部穆莱蒂武。4 月初，政府军攻占猛虎组织在北部的最后一个据点，终于收复所有猛虎组织控制区，并歼灭几乎所有猛虎组织领导。4 月 26 日，猛虎组织宣布单方面停火，但政府拒绝停火，要求猛虎组织投降。5 月 17 日，政府军将猛虎组织围困在不足两平方公里的地域内，然后从空中和陆地对其进行猛烈攻击。当天，猛虎组织国际发言人帕特马纳坦发表紧急声明，称“战争已经痛苦地结束，我们决定放下武器”。5 月 18 日，政府军攻下猛虎组织最后一个据点，并宣告对猛虎组织的军事行动结束。5 月 19 日，斯总统拉贾帕克萨正式宣布，政府军终于取得对猛虎组织的军事胜利，内战结束，同时还宣布猛虎组织头目普拉巴卡兰被击毙。持续 26 年的战争终于画上了句号。

三、斯里兰卡内战的性质

猛虎组织成立于 1976 年，为斯里兰卡最大的反政府武装组织，大本营设在北部的贾夫纳。猛虎组织成员中一半是女性，长期在斯里兰卡进行恐怖活动。

（一）猛虎组织进行大量恐怖活动

斯里兰卡的民族矛盾肇始于英殖民统治时期。英殖民者在斯里兰卡采取分治和挑拨的手段，在僧伽罗族和泰米尔族之间播下矛盾和仇恨的种子。1976 年，18 个泰米尔人政党组成联合解放阵线，要求在泰米尔人聚居的北部和东部地区实行自治，建立独立的泰米尔国。一些激进分子后分裂出来组成泰米尔伊拉姆猛虎解放组织，开始独立运动，北部贾夫纳半岛是其大本营。1983 年 7 月，猛虎组织成员在贾夫纳半岛打死 13 名政府军士兵，随后僧伽罗人在首都科伦坡对泰米尔人进行报复并引发大规模骚乱，政府军与猛虎组织之间随即爆发战争。猛虎组织采取暴力手段企图在斯北部和东部地区建立一个独立的泰米尔国家，他们反对《斯印和平协议》，要求撤走印军。其主要装备有作战坦克、装甲运输车、远程火炮、防空导弹及用于巡逻的炮艇等。黑虎敢死队是该组织的主要组成部分，专门搜集情报和进行特种作战。猛虎组织对成员要求严格，不能吸烟喝酒，未经允许不得结婚。通常，女性在 24 岁、男性在 28 岁后方可结婚。猛虎组织成员共有 5 千多人，其中约一半是女性，他们没有报酬，完全是自愿。每个猛虎成员为不被活捉而随身携带用于自杀的氰化物胶囊成为该组织区别于全球其他类似组织的主要特点。

（二）猛虎组织破坏和平与安宁

猛虎组织的恐怖活动猖獗，严重破坏斯国内的和平与安宁，特别是黑虎队的暴力暗杀活动骇人听闻，多年来被黑虎队杀害的斯军政要人不下十余人。如 1991 年杀害印度前总理拉·甘地，1993 年杀害斯前总统普雷马达萨，1994 年杀害统一国民党总书记、总统候选人加米尼·迪萨纳亚克。黑虎队恐怖分子通常将炸弹绑在自己身上，随时准备进行自戕式谋杀，这是继第二次世界大战日本投降 50 年之后世界上最典型的“神风特攻队”。[①] 1996 年 1 月 31 日，猛虎组织制造的斯首都科伦坡中央银行大楼爆炸事件是斯内战 13 年来最严重的爆炸案，造成 86 人丧生，1400 人受伤，财产损失数百万美元。这次大爆炸在科伦坡市民心理上造成严重的恐惧情绪，对斯的社会稳定十分不利。

（三）猛虎组织是恐怖组织

鉴于猛虎组织长期进行恐怖活动，1991 年和 1997 年印度与美国分别将该组织定性为恐怖组织。1998 年 1 月，猛虎组织试图炸毁古都康提市著名的佛牙庙，为此斯政府宣布其为非法组织。2001 年 3 月，英国也宣布猛虎组织为恐怖组织。此后，加拿大等国家也将其视为恐怖组织。因此，斯里兰卡内战是斯政府与斯反政府武装恐怖组织之间的战争。

---

① ［印］《思潮》周刊 1995 年 9 月 2—8 日。

第五章 斯里兰卡内战的影响

2009年5月19日，斯里兰卡军方宣布猛虎组织领导人普拉巴卡兰被击毙。5月24日，猛虎组织国际关系负责人赛瓦拉萨·帕特马纳坦发表声明证实，该组织领导人普拉巴卡兰确实已被政府军击毙，猛虎组织剩余成员“愿意放下武器与政府进行对话”。至此，斯里兰卡政府取得了决定性的胜利，持续26年的战争终于画上句号。尽管战争已经宣告结束，但这场战争的创伤却是醒目而巨大的，斯里兰卡人民为此付出了惨痛代价。据联合国等有关方面统计，这场内战造成约10万人丧生，180多万人流离失所，国家的基础设施遭到严重破坏，巨额军费开支也拖累了整个斯里兰卡的经济发展。战争结束后，不仅难民问题和战后重建工作迫在眉睫，民族和解问题也并没有因为这场战争的结束而得到根本解决，如何铲除分裂主义兴起的土壤以防止其卷土重来仍是斯政府需要忧心的问题之一。当然，饱受战火困扰的斯里兰卡人民也会更加珍惜来之不易的和平与稳定。

第一节　内战对斯里兰卡经济发展的影响

这场内战给斯里兰卡经济带来了巨大损失。据统计，斯政府与猛虎组织交战年均耗费6.84亿美元。军事预算的增加又对国民经济造成恶果，导致通货膨胀，失业增加。而斯政府实行的经济制裁和封锁也使猛虎组织控制的瓦尼地区约50万人生活极端贫困。就连猛虎组织自称“代表”的泰米尔人都不堪忍受，纷纷逃跑，沦为难民。2004年，猛虎组织东部指挥官穆拉利撒朗就带着6000多名成员向政府投降。[①] 当然，战争不仅造成斯政府国防开支迅猛增加，其波及效应还很广，如外商投资、旅游业发展、基础设施产业等受到的冲击就比较直接。面积约9000平方公里的东方省曾经是斯里兰卡主要的水稻种植区，但自1983年爆发内战以来，它成了政府军和猛虎组织反复交火的地区之一，水稻产量大幅萎缩。另外，工业、渔业和航运等也受到不利影响。据斯里兰卡中央银行估算，如果没有这场战争，该国经济增长率将比战时状态高出2—3个百分点，这一数字相当惊人。[②]

一、基础设施遭到严重破坏

内战期间，猛虎组织曾多次对包括炼油厂、电站、火车站和中央银行大楼在内的重要设施发动袭击，造成巨大的经济损失。如2001年7月，猛虎组织对斯里兰卡当时唯一的国际机场及毗邻的空

---

① 杨震：“最漫长的内战：泰米尔猛虎解放组织37年兴衰记”，2009年5月22日，http：//epaper. xkb. com. cn/view. php？ id =406835。

② “斯里兰卡内战·26年的创伤”，《都市快报》2009年1月18日。

军基地发动袭击，造成十几架民用和军用飞机被毁，直接经济损失高达10亿美元。基础设施的严重破坏，严重制约了国民经济的整体发展。受战争因素的影响，加上当时世界经济普遍不景气，斯里兰卡2001年的经济增长率出现负增长，是自1948年独立以来经济最糟糕的一年，远远低于预计4.6%的目标。①

二、推动国防支出急剧增加

为了对付装备优良的猛虎组织，斯政府不得不加大年国防开支，由战争初期的每年1000多万美元增至近年的近10亿美元，如此庞大的军费开支严重制约了斯经济发展。受国防开支不断增加的影响，斯国家财政预算也连年减少。20世纪90年代中期，斯里兰卡的财政赤字一直徘徊在8%的高位。军费开支在某些年份竟然高达政府岁入的20%以上。过高的财政赤字会给斯里兰卡政府带来沉重的利息负担，威胁斯宏观经济稳定和可持续发展。而斯政府在国防支出方面的负担并没有随战事的结束而完全消除。斯经济危机肇始于2007年，其间大笔资金被用于针对猛虎组织的军事计划。就在斯政府刚刚宣布内战结束后不久，斯里兰卡陆军司令萨拉特·丰塞卡就宣布，计划征召至少10万名士兵，防止泰米尔伊拉姆猛虎解放组织死灰复燃，这将使斯政府军队由20万人扩充至30万人。② 这当然又是一笔不小的开支。

三、旅游业受到严重冲击

旅游业是斯里兰卡第四大收入产业，仅次于外籍工人汇款、服

---

① 章亚东："斯里兰卡战争何时休"，《瞭望周刊》2002年第6期。

② 韩建军："斯里兰卡扩军10万防猛虎'复生'"，《新闻晨报》2009年5月27日。

装和茶叶出口，同时也为斯挣得了不少外汇，但战争的爆发让旅游业深受其害。由于经常有炸弹袭击事件，尽管这些恐怖事件并不主要针对外来游客，但游客仍然担心受池鱼之殃而谨慎来该岛旅游，一些国家也会警告其国民不要到战事频繁的斯里兰卡旅游。内战爆发前的 1982 年，斯里兰卡的游客人数曾经达到 407230 人，但 1983 年内战全面爆发后，游客人数下降至 182620 人。1990 年以后，斯国内局势一度趋稳，游客人数又迅速回升，1994 年曾达到 407511 人，[①] 但此后随着局势的变化，游客人数又出现波动。如 2008 年 6 月，游客人数由上年同期的 30810 人减至 27960 人。[②]

四、外国援助受到重大影响

由于斯里兰卡总体经济实力较弱，而且工业基础比较薄弱，因此外援在斯经济生活中作用突出，国内几乎所有大型项目均依靠外援兴建，但是内战导致斯在接收外国援助上也受到一定的影响。如联合国工业发展组织曾计划在斯执行总资金约 500 万欧元的贸易能力建设项目，欧盟承诺提供资金，但是由于斯内战，欧盟无限期推迟对项目的供资，致使项目无法开展。而在临近战争结束的时期，由于西方国家指责斯政府军在与猛虎组织的军事行动中造成严重的人道主义灾难，而斯政府又依然坚持自己的做法完成对猛虎组织的最后一击，双方关系变得紧张，一些西方国家为了报复，遂以斯里兰卡存在人权状况问题为由减少援助，或取消以前的一些支持措施，给斯经济带来不利影响。如在 2004 年印度洋大海啸发生后，欧盟曾经对斯里兰卡的纺织业出口给予 GSP 优惠，免去对成衣出口商

① 王兰："斯里兰卡经济格局的变化"，《南亚研究》1999 年第 1 期，第 37—41 页。

② 唐鹏琪："斯里兰卡经济现状与前景"，《南亚经济研究》2009 年第 1 期，第 68—70 页。

12.5%的关税，这使斯里兰卡出口商在与中国出口商同行的竞争中处于有利地位。据斯里兰卡出口推广局统计，自2005年起连续5年，斯成衣出口金额均超过30亿美元。[①] 然而，2010年初，欧盟却以斯里兰卡严重违反人权为由，取消先前给予该国的部分优惠措施，导致国外尤其是来自欧盟的订单大幅减少，斯相关厂商数量也大量减少，许多外资纷纷撤出或转让，造成次年斯成衣出口额出现明显下滑。

事实上，内战结束使斯里兰卡政府去除了内乱这一心头大患，但还来不及过多地为胜利欢呼的斯政府又马上遇到新的难题，那就是日益严峻的经济形势。斯2009年经济增长率为2%—3%，远低于其2008年6%的水平。受财政困难的制约，许多重大基础建设项目不得不暂时中断。由于斯里兰卡的出口贸易持续疲软，央行被迫用其稀缺的美元干预货币市场，以防止其货币卢斯比进一步贬值。常年的军事行动持续消耗斯本不充盈的国库，而当时波及全球的国际金融动荡则让斯外部经济环境更加恶化。至2008年12月，斯外汇储备仅有17亿美元，仅能满足45天进口贸易所需。在向国际货币基金组织求助以获得19亿美元紧急援助的过程中，斯政府还面临对方提出条件所带来的压力。[②]

第二节　内战对斯里兰卡社会发展的影响

持续的内战不仅阻碍斯里兰卡经济发展，也影响整个社会健康

---

① “国际优惠取消　外资成衣厂撤离斯里兰卡”，2012年9月12日，http：//www.tnc.com.cn/info/c－－d－212245.htmlhttp：//www.tnc.com.cn/info/c－－d－212245.html。

② 李佳松：“斯里兰卡战后经济形势不容乐观”，2009年4月23日，http：//www.mofcom.gov.cn/aarticle/i/jyjl/j/200904/20090406195493.html。

运行。内战期间，恐怖事件接连发生、经年不断，除政治人物外，不少无辜平民也成为这场民族冲突的牺牲品；社会基础设施遭到无情破坏，在北部和东部猛虎组织长期盘踞的地区，由于斯政府实行封锁政策，这些地方居民的基本生活医疗条件无法得到保障；为了补充兵源，不少妇女和儿童被猛虎组织征召入伍，被迫加入这场残酷战争；战火不断蔓延造成大量军民死亡和难民产生，许多家庭因此妻离子散、流落四方，许多人的人生际遇发生根本改变。实际上，这场内战不但无助于斯里兰卡民族矛盾的协调解决，无法令社会变得更加和睦融洽，反而令社会中存在的民族裂痕更加醒目和难忘。斯里兰卡内战的影响是如此深刻，也许需要一段非常漫长的时间才能完全抚平战争所带来的这些社会创伤，而这场内战也必将在斯里兰卡社会发展史上留下浓重的一笔。

一、内战造成诸多社会隐患

内战使斯里兰卡这个人口仅有2000余万的小国遭受巨大的人员伤亡，给无数家庭带来不幸。在2002年停火协议签署之前，据斯军方统计，就有6.4万多人被战火夺去生命，数十万人沦为难民。而战争结束后，联合国人道事务协调办公室发言人伊丽莎白·比尔斯表示，“我们预计在26年的冲突中，8万—10万人丧生”。① 持续不断的战争也导致无数个家庭支离破碎，妻子失去丈夫，孩子失去父亲。根据斯政府的规定，在战场上阵亡的军人妻子可以领取较为丰厚的抚恤金，但如果再婚，她们便拿不到分文，于是为了养家糊口，她们只能在年纪轻轻的时候便被迫开始守寡。由于部队待遇欠佳，

---

① 李秋恒：“联合国称斯里兰卡近30年内战致10万人死亡”，《环球时报》2009年5月20日。

政府军中还出现了大量士兵开小差的现象，这些人流落社会，在生活无着落的情况下，有的便开始进行抢劫等违法犯罪活动，对社会治安造成很大的威胁。同时，战争还使交战区的数十万人流离失所，过着居无定所的流浪生活，也给社会稳定带来诸多隐患。①

二、恐怖袭击造成社会恐慌

恐怖事件接连发生，不断造成社会恐慌，扰乱了正常的社会生活秩序。猛虎组织为了达到自己宣称的独立建国的目的，不惜使用各种极端手段，进行暴力恐怖袭击活动，妄图以此来逼迫斯政府低首就范。这些极端民族主义分子或炸毁公共交通工具，或炸毁基础设施，或劫持人质，或刺杀政府高官，给社会带来严重危害。自内战开始以来，猛虎组织仅仅针对斯政府高官就制造了多起骇人听闻的暗杀恐怖事件，其中重要的有：1991 年 3 月，时任国防部长兰詹·维杰拉特纳在首都科伦坡的汽车炸弹袭击中被炸死；1993 年 5 月，时任总统拉纳辛哈·普雷马达萨在参加庆祝“五一”游行时被炸身亡，另有 23 人死亡；1999 年 12 月，时任总统钱德里卡·班达拉奈克·库马拉通加在科伦坡遭遇自杀式炸弹袭击，一只眼睛失明，另有至少 34 人丧生；2000 年 6 月，时任工业发展部长克莱门特·古纳拉特纳在科伦坡的自杀式炸弹袭击中罹难，另有 21 人丧生；2005 年 8 月，时任外交部长拉克什曼·卡迪尔加马尔在科伦坡官邸中被狙击手射中 4 枪，在医院不治身亡；2006 年 12 月，时任国防部常务秘书、现任总统马欣达·拉贾帕克萨的弟弟戈塔巴亚·拉贾帕克萨在科伦坡遭遇自杀式炸弹袭击，所幸没有受伤；2008 年 1 月，建设部长 D. M. 达萨纳亚克在科伦坡以北地区遭路边炸弹袭击，被送往

① 章亚东：“斯里兰卡战争何时休”，《瞭望周刊》2002 年第 6 期。

医院后伤重不治；2008 年 6 月，公路部长杰亚拉杰·费尔南多普莱在科伦坡以北约 27 公里处维利瓦拉亚镇的一起自杀式袭击中身亡，另有至少 11 人死亡，90 余人受伤。[①] 正是这些没有底线的暴力袭击活动，使得猛虎组织相继被国际上多个国家定性为恐怖组织，其在海外所能获得的资助也由此受到较大影响，最终走向覆亡的不归路。

三、妇女儿童权益遭到侵害

由于猛虎组织主张用暴力建立泰米尔国家，为了充实兵员，扩充力量，该组织在其聚居活动的地区还征召了不少妇女和儿童入伍，让其加入到这场本不应该参加的战争中，严重地侵犯了这些妇幼儿童的基本权益。战争结束后，在 1.1 万多名被俘或投降的猛虎组织成员中，有约 3000 人是女性。她们接受了严格的军事训练，但不少人却在战争中丧生或受伤。对她们而言，加入猛虎组织是一个艰难而痛苦的决定，因为猛虎组织强迫其控制区内的每个家庭必须派出一人参加与政府军的战争。战争结束后她们虽然有幸保住了性命，但是要重返社会、恢复正常生活却不那么容易，[②] 因为她们大多在战争中受过伤，家庭生活和工作就业都因此受到影响，所以重返社会面临的挑战更为巨大。另外，许多人对这些前猛虎组织成员没有好感，不少前猛虎组织女性成员甚至难以找到愿意娶她们的人。除了女性成员外，还有不少儿童也被直接卷入这场冲突。在 2009 年 5 月政府军即将赢得最后胜利的前夕，政府军发现，正在撤退的猛虎组织正强迫 11 岁的女童子军“上前线”战斗。据斯政府军指挥官们表示，他们发现猛虎组织中有大批童子军驻守在“停火区”边缘，负

---

① http：//news. xinhuanet. com/newscenter/2008 - 04/07/content_ 7929241. htm.

② 车宏亮、黄海敏：“通讯：讲述斯里兰卡女‘猛虎’的命运”，http：//news. xinhuanet. com/world/2011 - 12/26/c_ 111306960. htm。

责“照看”5000名被猛虎组织围困的斯里兰卡平民。[①] 此前，猛虎组织还把一些十一二岁的女孩招进来，组成暗杀小组，对其进行多年全封闭式的训练，灌输种族仇恨，使她们一个个都成为冷面杀手，如“黑虎”、“自由鸟”等小组就是这样的杀手组织。[②] 而在战争结束后，在泰米尔族战争难民中，已鉴别出200名被猛虎组织强行招募的娃娃兵。据联合国儿童基金会斯里兰卡代表菲利普·杜维梅尔介绍，这些娃娃兵是在其父母冒着极大风险向联合国儿童基金会报告后才被发现的，他们只是被猛虎组织强行招募的娃娃兵中的一小部分而已。[③]

四、大量平民生活艰难

内战还导致大量平民生活艰难，数十万人沦落为居无定所的难民。尤其是在猛虎组织控制的地区，泰米尔人的生活更是凄惨，由于政府对这些地区实施经济封锁，那里的百姓没有电力供应，一到夜晚便生活在一片黑暗之中，食品等日常生活用品供应也十分紧缺。英国《星期日泰晤士报》的女记者玛丽·科尔文2001年曾经走访了猛虎组织控制的地区。在她的眼中，基利诺奇这个拥有30万人口的城市曾经是一片繁荣，可是1996年遭到斯政府军的轰炸后，则变成了萧条冷寂，学校的大楼布满了弹孔，医院长期缺乏所需的药品和手术器械。瓦尼地区的景象也与此类似，“战争使老百姓忍饥挨饿，而国际救援机构的粮食又无法分发。这里没有电力，没有电话，汽

---

① “猛虎组织强迫11岁女童子军上前线　实施魔鬼训练”，http：//www.china.com.cn/news/txt/2009－05/04/content_ 17716625.htm。

② 朱明忠：“印度教与极端主义”，2008年7月15日，http：//yataisuo.cass.cn/xueshuwz/showcontent.asp？ id＝1119。

③ “斯难民中现200猛虎组织娃娃兵”，2009年5月31日，http：//bbs.tiexue.net/post2_ 3596722_ 1.html。

车没有燃料，药品虽能找到，但量少得可怜”。[①] 受战争影响的不仅仅是北部地区的泰米尔人，在首都科伦坡，城市建设也是明显落后，许多道路坑坑洼洼得不到及时修补。因无力建造新的电站，电力供应一直不足，最长时间每天停电长达 8 小时，给人民的生活带来极大不便。而对于绝大多数难民来说，其面临的生活更为艰巨。持久的战争剥夺了多数人上学或就业的机会，北部和东部地区在某种程度上成为这个国家被割裂的一部分。东北部著名城市亭可马里是斯全国最大的天然良港，在战前兴盛的日子里，这里曾是西方人冲浪和裸泳的天堂，而到 2006 年，这里却荒凉凋敝。[②]

总之，这场内战给斯里兰卡人民和社会带来了巨大的伤害。不少人要么伤残，要么失去家庭，要么正常的生活节奏被打乱，甚至还有一些人因为种种不幸的遭遇而对生活感到绝望。一个本可以健康发展的社会被人为地割裂成尖锐对立的集团。因此，战后斯里兰卡面临的不仅仅是物质上的重建问题，还需要很长时间来平复人们的心理创伤，树立人们的生活信心，让社会走上健康运行的轨道。[③]

第三节　内战对斯里兰卡政治发展的影响

内战爆发以来，如何结束内战、实现和平，一直是斯里兰卡政治家关心的主要问题之一。从斯政府的立场来看，其试图借助军事手段“以战促和”的做法一直未能奏效，猛虎组织“打不垮、谈不来”的现状令政府头疼不已，却又无药可解。这种内战持续不断的

---

① 紫藤：“分析：泰米尔猛虎组织为何凶猛”，《北京青年报》2001 年 4 月 26 日。

② 吴琪：“斯里兰卡消灭猛虎组织后面临重建考验”，《三联生活周刊》2009 年 6 月 4 日。

③ 同上。

情况不但凸显、固化和放大了斯里兰卡两大主要民族间的隔阂与矛盾，使斯试图通过政治途径来实现民族和解的愿望一度化为泡影，同时也影响到斯民主政治健康向前发展。

一、内战并没有解决民族问题

从这场内战的根源来看，毫无疑问，僧伽罗族、泰米尔族及其他民族之间的利益冲突是根本原因。这种利益冲突既有历史因素尤其是英殖民者的殖民政策的影响，但更有现实因素，也就是斯里兰卡独立后执政者的政策因素的影响。比如僧伽罗人在国家治理中占据主导地位以后，为了扭转英殖民者时期对泰米尔人的扶持，出台了一系列向僧伽罗人利益倾斜的政策，从而引发了泰米人的不满和反弹，这种不满情绪积累到一定程度，量变引起质变，最终发展成为一股强大的叛乱潮流，让斯陷入内战的深渊。所以，说到底这一问题也还是一个政治问题。要解决这一问题，结合斯国情来看，泰米尔人试图通过武力的方式来建立本族的独立政权，是很不现实的。首先，占有斯里兰卡 2/3 以上人口的僧伽罗人坚决不会同意；换言之，由僧伽罗人主导的、占有斯主要经济军事资源的斯政府绝不会撒手不管，任其发展。其次，泰米尔人聚居的地区经济上比较落后，要想独立缺少坚实的物质基础。此外，印度作为因国内有着大量泰米尔人而对斯泰米尔人扶持有加的邻国，为避免因支持泰米尔人在斯里兰卡的独立而对本国少数民族引发示范效应，也不会支持泰米尔人较为极端的独立建国主张，所以对猛虎组织这样的激进势力来讲，这场战争注定是难以取胜和达到预期目的的，其所持有的独立建国主张也基本上是一种空想。虽然其猛烈的抗争可以让斯执政者认识到其政策的失误，但是其打着民族自治旗号、以武力来试图逼迫斯政府低头的做法，尤其是其采取的大量暴力恐怖措施，却可能加剧僧伽罗人的不满，斯政府即便忙于终结内战，但在僧伽罗人的民意压力下，也无法提出令泰米尔人满意的政治方案。而战争愈益残酷，这种种族间的撕裂就可能变得愈大。事实上，在斯内战中已经可以看到，随着内战的深入，双方都已对对方的和平诚意感到怀疑，和谈似乎变成一种休养生息的借口和缓冲。所以，这场内战从某种意义上讲，非但没有让斯里兰卡的民族矛盾有所缓解，反而令这种矛盾无形中放大，甚至成为了斯永恒的国家记忆中难以磨灭的一部分。

二、内战干扰了斯民主政治进程

从斯里兰卡民主政治的角度来看，战争也干扰到了其正常向前发展的进程。1948 年独立以后，斯里兰卡实行了多党民主制，其政体先是照搬英国的议会制，1978 后改为总统制。尽管在形式上引入了西方的政党民主制，但是斯里兰卡的政党制却与西方国家的政党制有所不同。西方国家政党通常以利益集团为核心，而在斯里兰卡，政党、民族、宗教、地域却具有高度同一性。政党间的这种差别在僧泰两族间表现得最为明显，由此带来的效应却堪称是悲剧性的，如政党与民族的高度同一性就使得以民族利益为基础的僧泰两党竞争白热化；政党宗教基础的不同使得党争具有深层次的宗教色彩而难以调和；政党的地域性则使政党间的对立演变为地域对立，进而发展为少数民族的地区分离主义。① 不仅如此，即便在僧伽罗人内部，为了取得执政地位，两大主要政党即统一国民党和斯里兰卡自由党之间也往往进行不利于国家整体利益的恶性争斗。这两个党多

① 杨恕、李捷："斯里兰卡的民族冲突与多党制下的政党民族化"，《太平洋学报》2008 年第 4 期，第 18—26 页。

年来在斯政坛上轮流坐庄，但在执政时却都缺乏对国家发展的长远规划和解决大问题的胆略，在强大的僧伽罗民族主义的压力下，不敢采取对泰米尔人的一些妥协措施。而在野时，却不惜煽动对泰米尔人的恐惧，以加剧危机，使政府垮台。内战的爆发引发了这两党对民族和平进程主导权更加激烈的竞争，两党在内战中都曾反对另一方与泰米尔人达成协议，使得执政的对手处于十分被动的境地，几次和解的努力失败也与此不无关系。因此，如上所述，对内战的看法对策及如何响应泰米尔人的权利呼吁，成为各政党间制定和阐释自己差异化立场以及策略性投机性地用于夺取执政权的一个基础。这场内战本身并没有在客观上起到促使僧伽罗人各政党增加团结合作以赢得和平的作用，而斯里兰卡的政治家们也没有充分利用好内战这一国家面临的重大危机，有效地推动政党间的政见整合和理性竞争，引导好各民族间的交流沟通，从而实现和平共处。这就意味着斯里兰卡民主政治将有很大的可能继续锁定在原有的状态中，难以朝着更加健康的方向发展。而这也将是内战结束后斯里兰卡政府面临的最大挑战，也即如何进行政治改革，在强大的僧伽罗人民族主义压力和并未得到解决的泰米尔人政治权利诉求之间求得难得的平衡点，从而彻底地铲除斯分离主义势力滋生的土壤，营造长治久安的政治环境。

三、内战对斯政治影响复杂

当然，还应提及的是，这次内战最终得以平定，和平局面终于到来，现任执政党及执政者必将因其不可磨灭的功勋而大大提升威望。斯里兰卡会不会由此而在今后一段时期内步入事实上的“威权”政治，暂时还未可定论，但从内战后斯政局的最新发展情况来看，这种苗头却已经有所显现。马欣达·拉贾帕克萨总统如愿连任总统，并且成功修改了宪法，取消了对总统只能连任两届的限制。从国家发展的意义上讲，也许一个长期执政的政党和首脑有助于避免政令反复，保持国家发展战略和政策的连续性与稳定性，但是从民主政治的角度来看，尤其是结合斯里兰卡的宪制体制来看，这种权力制衡削弱的局面却亦潜藏着诸多隐患，如腐败或滋生，机制或僵化，社会风气或趋于保守，公民权利或受到打压等。因此，总的来看，这场内战对斯里兰卡政治发展所带来的影响将是复杂而深远的。

中 篇

内战结束后的斯里兰卡：政治经济发展

第六章 内战结束后斯里兰卡的政治发展

内战结束后，斯里兰卡政坛发生戏剧性变化。曾经的“打虎英雄”——斯里兰卡前陆军司令丰塞卡竞选总统失利，接着又被关进监狱；而作风强硬、经验丰富的拉贾帕克萨总统则借胜利之势，成功获得连任。在拉贾帕克萨总统的有力带领下，执政党也取得议会和地方选举的压倒性胜利，其政治地位变得相当稳固，为斯里兰卡保持稳定的政局奠定了坚实的基础。

第一节 囚禁“打虎英雄”

时势造英雄。在斯里兰卡“打虎”进程中，也涌现出了这样一位“打虎英雄”，他就是2005年12月至2009年7月期间担任斯陆军司令的丰塞卡。出生于1950年的丰塞卡从军近40年，几乎参与了剿灭猛虎组织的每一次行动。1971年，丰塞卡出任少尉，先后到南亚、美国和英国等地接受军事培训，军职稳步升迁，到2005年终于升任陆军司令。在指挥对猛虎组织的作战中，丰塞卡以勇猛著称，经常亲临作战第一线。而在最后一轮清剿猛虎组织的战斗中，他指挥得当，战绩卓著，率领斯政府军完成了对猛虎组织的最后一击，为这场长达26年之久的内战画上了句号。斯里兰卡人民期盼已久的和平终于到来，而他在这场战争中功不可没，因此人们纷纷将他视为“打虎英雄”。他与现任总统拉贾帕克萨一样，都因为对猛虎组织的最后胜利而赢得了较高的威望。然而，浴血战场所赢得的声誉也给他带来了意想不到的命运，他被卷入到一场新的政治争斗中去。

一、“打虎英雄”参与总统竞选

斯里兰卡现任总统拉贾帕克萨的任期本应到2011年11月结束，但2009年5月彻底击败反政府武装泰米尔伊拉姆猛虎解放组织却让其声望大增，于是决定提前举行总统选举以谋求连任。但是，他昔日的战友和得力助手——丰塞卡此时却成为他的竞争对手，并对他构成有力的挑战。两人关系出现裂痕的原因还不仅限于此。在论到谁是“打虎”第一功臣的问题上，两人也各有看法。丰塞卡认为，击败猛虎组织主要归功于军队；而拉贾帕克萨却认为，击败猛虎组织离不开政府的正确决策。2009年7月，丰塞卡的陆军司令任期还没结束，即被“排挤”担任职位更高但实权很少的国防总参谋长一职。受“委屈”的丰塞卡向总统递交辞呈，他表示斯政府不愿让他继续领兵是对他的“强烈不信任”。其实，内战还在进行的时候，丰塞卡就曾流露过从政的愿望。内战结束后，其从政的愿望更加强烈，他曾在一次讲话中表示，如果斯里兰卡领导人无法利用击败猛虎组织后的有利时机发展经济，他本人愿意脱掉军装，承担“社会工作”。[1] 2009年10月29日，丰塞卡举行退役以来的首次记者招待

① 杜秉文：“斯里兰卡陆军司令被关起来了”，《环球人物》2010年第4期。

会，正式确认将作为反对党联盟的共同候选人参加拟于 2010 年 1 月 26 日举行的总统选举。[①] 丰塞卡向媒体表示，左翼的人民解放阵线、最大反对党统一国民党及由多个反对党组成的统一国民阵线均向他发出邀请参加总统选举。他的竞选承诺包括实施政治改革，如结束总统独掌大权的局面，实现司法、警察、选举机构独立于党派之外，他还表示要消除腐败、重建民主制度、保护新闻自由。此外，他还将组建自己的政党。

二、“打虎英雄”竞选总统失败

2010 年 1 月 27 日，斯里兰卡选举委员会宣布，在全部约 1000 万张有效选票中，拉贾帕克萨的得票率为 57%，丰塞卡的得票率为 40%，拉贾帕克萨如愿当选，连任总统。选举结果公布后，败下阵来的丰塞卡表示不接受这一选举结果，他指责选举中有舞弊行为，称他获得的票数与竞选活动中选民对他的热情不相符，并有意付诸法律途径。然而，竞选总统的失败只是他经历人生新挫折的一部分，接下来的锒铛入狱可能更是他根本不曾料想过的人生大转折。2010 年 2 月 8 日，斯军方发言人萨马拉辛哈宣布，斯前陆军司令丰塞卡因为“军事罪行”已经被宪兵逮捕。据斯国家安全新闻中心主任拉克什曼·胡鲁加勒表示，丰塞卡被指控颠覆政府，将接受军事法庭审判。在丰塞卡被捕的第二天，刚获得连任的拉贾帕克萨总统突然宣布解散议会，由此，斯议会选举将提前两个月展开。根据斯里兰卡议会选举法，议会任期 6 年，本届议会任期原定 2010 年 4 月 22 日结束，而议会选举应该在解散后的 6—8 周内举行。据悉，丰塞卡被

---

① 刘咏秋、陈占杰：“斯里兰卡前陆军司令正式确认参选总统”，《人民日报》2009 年 11 月 30 日。

捕时，正与其他反对党领导人讨论如何参与议会选举。[①] 丰塞卡为此表示，对他的指控和审判是为了阻止他参加即将举行的议会选举。他的审判日期是4月6日，而4月8日是议会投票日。也就是说，无论审判结果如何，都将极大地打击他的参选计划。[②] 尽管被捕后一直遭军事看管，但丰塞卡仍作为民主全国联盟的候选人参加了2010年4月的议会选举，并当选为议员。

三、对“打虎英雄”进行军事审判

斯政府在丰塞卡被捕后组织了两个军事法庭对其进行审判，第一个军事法庭审理的罪名主要是其担任军职期间从事政治活动。丰塞卡于2010年3月16日在第一个军事法庭出庭，他的律师当庭对法庭组成人员提出异议，因为组成该法庭的3名少将中有1名是现任陆军司令的亲属，另外两名曾被指控违反军纪。但该项异议被驳回，法庭审理继续进行。[③] 第二个军事法庭的组成人员与第一个军事法庭的相同，主要审理其军事采购方面的不当行为。因为斯政府方面曾指出其掌握有丰塞卡背叛军队的证据，认为他在军购时以权谋私，照顾其女婿。政府提供的证据表明，丰塞卡把大部分的军购合同交给了与他女婿有关的一家美国公司，这家公司在内战的最后3年里，出售给斯300万斯卢比（约合18万人民币）的军需品。2010年8月13日，第一个军事法庭作出判决，宣布丰塞卡在担任军职期间从事政治活动的罪名成立，并因此作出剥夺其军衔、军阶和其他

---

① 杜鹃：“斯里兰卡总统解散议会 ‘打虎司令’被秘密囚禁”，《北京青年报》2010年2月11日。

② “斯里兰卡内战余烬：陆军司令被审判”，2010年3月19日，http：//news.163.com/10/0319/08/624IBEPP000146BC.html。

③ 刘咏秋、陈占杰：“斯里兰卡推迟对前陆军司令进行审判”，http：//news.ifeng.com/world/201003/0318_16_1579357.shtml。

所有军事荣誉的判决。[1] 斯反对党民主全国联盟对此曾称，该党不能接受对丰塞卡的判决，因为这一判决是在丰塞卡的辩护律师缺席的情况下作出的。

2010 年 9 月 29 日，斯总统拉贾帕克萨根据第二个军事法庭的建议，批准对丰塞卡监禁 30 个月。[2] 次日晚，丰塞卡被送入监狱服刑。2010 年 10 月 4 日，丰塞卡在警察的押解下前往科伦坡高等法院，就关于政府军枪杀投降的反政府武装成员的“白旗案”出庭受审。此案起因于 2009 年底丰塞卡在接受当地一家媒体采访时表示，在斯政府军与猛虎组织战争的最后阶段，一名高级政府官员曾下令政府军枪杀打着白旗投降的猛虎组织成员。科伦坡高等法院就上述事项以“煽动暴力和种族仇恨罪”对其进行审判。2011 年底，科伦坡高等法院以“煽动暴力和种族仇恨罪”判处丰塞卡 3 年徒刑。在受关押期间，丰塞卡多次向上诉法院和最高法院提起上诉，质疑关押他的合法性。他还请求最高法院调查拉贾帕克萨是否有资格连任，指责对方选举舞弊。[3]

2012 年 5 月 17 日，也即在斯里兰卡即将迎来内战结束 3 周年纪念日前夕，斯总统拉贾帕克萨征得内阁同意，决定特赦正在服刑的前陆军司令丰塞卡。[4] 斯里兰卡总统发言人贾亚塞克拉说，内阁已经同意拉贾帕克萨特赦丰塞卡，预计拉贾帕克萨将于近日签署特赦令。丰塞卡的家人当天也对媒体说，他们前一天晚间与总统会面，总统

---

① 陈占杰：“斯里兰卡军事法庭判处前陆军司令有罪”，http：//news. xinhuanet. com/mil/2010－08/14/content_ 14014299. htm。

② 刘咏秋、陈占杰：“斯里兰卡前陆军司令就‘白旗案’出庭受审”，http：//news. sohu. com/20101005/n275424060. shtml。

③ 杜鹃：“斯里兰卡‘打虎英雄’功名遭革　全部勋章被剥夺”，http：//news. xinhuanet. com/mil/2010－08/15/content_ 14019613. htm。

④ 车宏亮：“斯里兰卡前陆军司令将获总统特赦”，http：//www. chinanews. com/gj/2012/05－18/3897193. shtml。

承诺将尽快无条件释放丰塞卡。根据斯里兰卡法律，任何在监狱中服刑超过半年的公民，都将在未来 7 年中失去选举权。因此，曾经名噪一时的“打虎英雄”虽然重新回归正常人的生活，但其政治生涯前景将非常有限。

第二节 总统继续连任

2009 年 5 月斯里兰卡内战的全面终结，让一直对猛虎组织持强硬态度的现任总统马欣达·拉贾帕克萨收获了任期内的最大政绩，也让他赢得了更多的民心和拥戴。因此，他决定提前举行大选，以卓著的战功争取获得连任。

一、拉贾帕克萨总统结束内战

在斯里兰卡政坛上，拉贾帕克萨总统可谓是政治世家出身，经历不凡。他出身于 1945 年 11 月，僧伽罗族，佛教徒。其父亲曾任斯里兰卡议会副议长，是执政党自由党的创始人之一。他一直在本国接受教育，从科伦坡法学院毕业后获得律师资格。在担任律师期间，拉贾帕克萨积极维护劳工权利，在民间享有较高声望。他不同于其他政治人物的地方在于，他没有在国外留学，没有接受西方教育，这让斯里兰卡普通百姓更容易对他产生亲切感。[①] 1970 年，他作为自由党候选人首次当选为议员，成为当时最年轻的议员，正式步入政坛。其后经过很长一段时间的磨练，他逐渐进入到斯政坛的

---

① “斯里兰卡当选总统马欣达·拉贾帕克萨”，http://news. sina. com. cn/w/2005 - 11 - 18/21197478055s. shtml。

核心位置。1994 年 8 月人民联盟大选获胜后，拉贾帕克萨出任劳工、职业培训部长，随后担任渔业和水产资源发展部长和港口、航运及渔业部长。2002 年 2 月，他被任命为斯里兰卡自由党领袖；2004 年 4 月 6 日任斯里兰卡总理。2005 年，由于斯最高法院裁定已连任两届总统的库马拉通加夫人自动失去竞选资格，当时任政府总理、直到当年 7 月份才作为总统候选人的拉贾帕克萨以微弱优势击败前总理、统一国民党领导人维克勒马辛哈，登上总统宝座。拉贾帕克萨在当选后表示，他将兑现自己在选举前提出的发展经济、改善人民生活水平的诺言，并寻求与猛虎组织实现持久和平。如今，他已兑现了自己的竞选诺言，让斯里兰卡结束了内战，迎来了和平。毫无疑问，这场战争的胜利就是对他执政能力的充分证明和绝好展示。在这种情况下，提前举行下任总统大选，对拉贾帕克萨总统而言显然既是有利的同时也是必需的。

二、拉贾帕克萨参与总统竞选

2010 年 1 月 26 日，斯里兰卡迎来了内战结束后的首次总统大选。竞争就在结束了长期和暴力的动荡局面的两位功勋——现任总统马欣达·拉贾帕克萨和前陆军司令萨拉特·丰塞卡之间展开。由于这是斯近 30 年来首次在和平环境中举行总统选举，因此选民的投票热情空前高涨。据斯选举委员会称，多达 1410 万选民长途跋涉前去 1.1 万个投票站进行投票。为确保投票顺利进行，政府调集 6.8 万名警察和 25 万名工作人员，在全国 1 万多个投票站维持治安。当地时间上午 7 点，选举投票正式开始，下午 4 点投票结束，结果将在次日早晨公布。在首都科伦坡，在武装警察的护卫下，现场秩序井然有序，选民投票踊跃。据斯里兰卡 ITN 电视台报道，为了让北部的泰米尔族民众自由参加投票，选举机构还专门为当地民众设立了特别投票点。以往经常抵制大选的泰米尔族民众这次参与的热情度也较高。[①] 按照斯里兰卡的宪法，候选人需要获得超过50%的选票才能取胜。由于在前战乱地区难以开展民意调查，再加上拉贾帕克萨提前两年进行大选导致时间紧张，所以一直无法得到可靠的民意调查结果。[②] 但选举结果其实并没有太多的悬念。2010年1月27日，斯里兰卡选举委员会宣布，计票结果显示，现任总统拉贾帕克萨获得全部选票的57.8%，赢得总统选举。[③]

三、拉贾帕克萨成功连任总统

2010年11月19日，拉贾帕克萨在首席法官阿瑟卡·德席尔瓦主持下宣誓就职，开始第二个总统任期，任期6年。他在就职演讲中承诺，连任后将致力于使斯里兰卡成为一个“没有地下组织、没有毒品和犯罪”的国家，并承诺在2012年前实现全民用电的目标。[④] 他还表示，斯里兰卡已经进入一个全新的时代，他将带领全国人民一起创造经济奇迹，将斯里兰卡发展成为亚洲强国，复制如同2009年打败猛虎组织一样的成功。拉贾帕克萨还允诺，在他第二任任期结束前，也就是2016年年底前，斯人均国内生产总值（GDP）将会翻番，达到4000美元。[⑤] 为了庆贺拉贾帕克萨总统的连任，斯里兰卡全国举行持续一周的庆祝活动，包括种树、佛教祈福、布施仪式、

---

① 周戎：“拉贾帕克萨总统连任成功”，《光明日报》2010年1月28日。

② 毛凤娇：“斯里兰卡迎来30年来首次和平时期大选”，《第一财经日报》2010年1月26日。

③ “斯里兰卡‘打虎英雄’相争”，《钱江晚报》2010年1月28日。

④ 陈占杰、刘咏秋：“斯里兰卡总统拉贾帕克萨宣誓连任”，http：//news. xinhuanet. com/world/2010－11/19/c_ 12795235. htm。

⑤ 王茜婷：“斯里兰卡总统连任　深得民心举国欢庆”，http：//gb. cri. cn/27824/2010/11/19/2225s3062292. htm。

文化展览等。在首都科伦坡城内，到处都能看到印有拉贾帕克萨头像的宣传画和迎风飘扬的斯里兰卡国旗，海边还搭建起了临时舞台，音乐演出不断。这反映出拉贾帕克萨总统的确在斯里兰卡深受爱戴和拥护。而斯里兰卡反对党则对如此高调的庆祝仪式表示不满，他们抨击拉贾帕克萨把就职典礼弄得像“王室加冕”，浪费公共财政，并宣布抵制这些庆祝仪式。①

2010年11月22日，由60人组成的斯里兰卡新内阁宣誓就职，总统拉贾帕克萨仍兼任国防部长、财政及计划部长、港口和民航部长及公路部长，上届总理贾亚拉特纳继续担任总理。新内阁还包括9名高级部长和49名部长，其中大多数为上届内阁成员。高级部长由执政党斯里兰卡自由党资深人士担任。上届政府外交部长佩里斯留任原职，经济发展部长仍由总统的弟弟巴西尔·拉贾帕克萨担任，穆斯林大会党领导人劳夫·哈基姆被任命为新内阁司法部长。② 至此，内战结束后的新一届斯里兰卡政治班子组建顺利完成。

第三节　政治发展前景

内战结束后，拉贾帕克萨总统能够成功获得连任，在相当程度上表明了斯里兰卡人民对于和平稳定的环境抱有很高的期待。有了主流民意的支持为后盾，现任执政党也将能够较为平稳地推动其战后重建的各项工作，逐步兑现其竞选时许下的承诺，满足选民们安

---

① 李亮：“斯里兰卡举国欢庆总统连任　制世界最大牛奶米糕”，http：//news. gog. com. cn/system/2010/11/19/010952123. shtml。

② 刘咏秋、陈占杰：“由60人组成的斯里兰卡新内阁宣誓就职”，http：//news. xinhuanet. com/world/2010－11/22/c_ 13617478. htm。

居乐业、过上新生活的愿望。而且，由于内战胜利所取得的崇高声望，再加上拉贾帕克萨总统不断积累的丰富执政经验，可以预见，在短时期内，斯政坛已不可能再出现能够威胁到现任总统地位的有力挑战者。因此，总的来讲，内战结束后斯里兰卡的政局将进入一个相对稳定的发展期。

一、执政党地位非常稳固

总统大选结束后进行的议会选举和地方选举结果进一步表明，现任执政党统一人民自由联盟事实上已处于一党独大的地位，执政党的政治地位已非常稳固，统一国民党等反对党难以再对其施政构成有力的制衡或挑战。2010 年 2 月 9 日，拉贾帕克萨总统宣布解散议会并宣布举行新一轮选举，全国 36 个政党和 301 个独立团体的 7620 名候选人参加角逐。按规定，斯议会共有 225 个席位，其中 196 个席位从各选区直接选出，另外 29 个席位根据各政党的得票率进行分配。2010 年 4 月 8 日，斯里兰卡正式迎来内战结束后的首次议会选举。全国 1408 万选民中有 55% 的选民参加了投票。根据斯里兰卡选举委员会 2010 年 4 月 21 日发布的最终选票统计结果，拉贾帕克萨总统领导的执政联盟共获得 144 席，以绝对优势赢得了这场选举，而且离修改宪法所需的议会 2/3 多数仅差 6 席。最大反对党统一国民党获得 60 席。对此结果，有评论指出，在战后重建的关键时刻，这次执政联盟的获胜，也是拉贾帕克萨继当年 1 月以较大优势蝉联总统后的又一次重大胜利，将有利于保持政策的延续性，对斯里兰卡的未来发展也将产生深远的影响。这次胜选将使执政联盟在实行各项发展改革措施上摆脱以往反对党的掣肘，拉贾帕克萨第一个任期内开始实施的包括南部汉班托塔港口、机场建设、北部普特拉姆燃煤电站建设等大型建设项目将有望顺利实施，而基础设施的改善又将为国家的长远经济发展奠定坚实基础。[①] 此外，以拉贾帕克萨总统为首的执政联盟在本次议会选举前所提出的将推动有利于国家的宪政改革的计划也将有可能实现。事实上，执政联盟在斯议会选举中绝对胜出的消息公布后，股市迅速上扬，成交量持续放大，斯大盘指数和米兰卡指数均持续走高，反映出投资者的信心也更加稳定。[②]

二、执政党设法巩固执政地位

在议会选举获得大胜后，拉贾帕克萨领导的执政联盟继续着力推动国家政体的转变，希望能够为斯里兰卡今后保持稳定发展提供保障。在执政联盟看来，拉贾帕克萨在国内广受民众爱戴，但其继任者是否能担起重任目前尚难预测，因此有必要为这一问题做未雨绸缪的打算。为此，执政联盟拟修改宪法中关于总统任期限制，但这一提议引起了反对党派较强烈的抵制，从而导致执意修宪的难度变得非常之大之后，执政联盟一度希望变革政治体制，将总统制改为总理制，以为未来的政治发展铺路。如在斯里兰卡总统拉贾帕克萨与议会反对党统一国民党领袖举行闭门会谈后，斯里兰卡官方2010年7月13日向外界宣布：执政联盟和反对党达成共识，将通过修改宪法废除总统制，同时设立对议会负责的总理职位。[③] 尽管与反对党达成了妥协，但最终斯执政联盟放弃了这一方案。2010年9月，斯议会对第18条宪法修正案表决时，穆斯林大会

---

① 刘咏秋、陈占杰："斯里兰卡执政党胜选能否开启战后重建新局"，http://star.news.sohu.com/20100422/n271667105.shtml。

② 丁娜娜："统一人民自由党在斯议会选举中胜出激发股市投资信心"，http://finance.ifeng.com/roll/20100428/2120639.shtml。

③ 王磊："斯里兰卡打算放弃总统制"，《人民日报》2010年7月14日。

党支持了执政联盟。该修正案取消了对斯总统任期的限制，现任总统拉贾帕克萨将得以可能在第二个总统任期结束后继续执掌斯里兰卡政坛。

而在2011年举行的内战结束后首次全国性地方选举中，执政党也在激烈的政党竞争中赢得了较大胜利，继续收获了主流民意的支持。2011年3月17日，地方选举正式进行。此次选举受到了各政党的重视，各政党选前竞争激烈，相互攻击，相关暴力事件频发，包括15名候选人在内的140多人因此遭到逮捕。斯当局在全国各地设立7300多个投票站，供900多万选民投票。选举结果显示，全国234个地方政府选举中，执政的统一人民自由联盟赢得其中205个地方政府的控制权，最大反对党统一国民党在此次选举中仅赢得9个地方政府的控制权，泰米尔民族联盟赢得12个地方政府的控制权，这些地方政府主要集中在泰米尔人聚居的北部和东部地区。[①] 在同年10月的最后一轮地方议会选举中，统一人民自由联盟也取得胜利，其在本轮全部23个地方议会选举中赢得了21个地方议会选举的胜利，而统一国民党则只是继续捍卫了该党在首都地区的优势，取得了首都科伦坡的地方议会选举胜利。[②]

三、执政党面临的挑战不可忽视

尽管执政党在多次竞选中连续取得了多数选民的信任和支持，政治地位相当稳固，但是也有一些挑战不容忽视。尤其是在前猛虎组织控制区的北部及东部地区，执政党在选举中的成绩差强人意，

---

① 车宏亮："斯里兰卡执政联盟地方选举告捷"，http：//news. xinhuanet. com/world/2011－03/18/c_ 13786100. htm。

② 黄海敏："斯里兰卡执政党赢得2011年最后一轮地方选举胜利"，http：//ent. 163. com/11/1009/19/7FURIIDT00032DGD. html。

表明其还需要付出更大的努力，以赢得当地民众的拥护和信任。2011 年 7 月 23 日，地方政府选举在前猛虎组织控制区正式拉开序幕。选举区域位于斯北部贾夫纳半岛和基利诺奇，它们都是少数民族泰米尔人的聚居区，曾长期处于猛虎组织控制之下，其中基利诺奇更是长期作为猛虎组织的政治和军事中心，建有猛虎组织的法院、警察局和税务局等机构。这次地方选举也被视为是泰米尔人对政府两年多来重建努力的检验。[①] 选举开始前，拉贾帕克萨总统亲赴基利诺奇为他所领导的政党造势，并承诺政府将尽最大努力满足泰米尔人的政治诉求，帮助他们重建家园。但次日的选举结果却显示，在北部地区贾夫纳半岛和基利诺奇的地方政府选举中，作为斯里兰卡主要泰米尔政党的泰米尔民族联盟取得了压倒性胜利，执政的自由党收获惨淡。这一结果也被视为是泰米尔人对政府仍缺乏信心的表现。[②] 执政党在推动战后民族和解、稳固东北部泰米尔人心等方面还有较长的路要走。

现执政党能否开创政治清明、民族和谐、经济繁荣的战后新局，也是决定未来斯里兰卡政局发展方向的重要变量。在现执政党占较大优势的情况下，面对战后重建的艰巨任务，如何提高行政运作效率、防止腐败、合理安排政府支出等，将直接制约整个重建恢复工作的进展。而加快推动民族和解，从根本上铲除分裂主义产生的土壤也将是新政府工作面临的一大难题。一方面，对泰米尔人让权不够，起不到安抚作用；而另一方面，对泰米尔人分权太多，又会引起僧伽罗人不满。如何把握好这两者间的平衡，着实考验着执政者的政治智慧。此外，在经济方面，斯里兰卡能否在当前相对动荡和

---

① 车宏亮：“斯里兰卡前猛虎组织控制区举行地方选举”，http：//gb. cri. cn/27824/2011/07/23/2225s3315930. htm。

② 车宏亮：“斯里兰卡执政党在前猛虎控制区地方选举中失利”，http：//news. sohu. com/20110724/n314374953. shtml。

不利的国际经济环境下实现高速增长，也还有待实践的检验。总之，斯当前的政治格局虽然已经相对稳定，但执政者仍需倍加小心，妥善处理好各种挑战，以使斯里兰卡走上长治久安、繁荣向前的发展轨道。

第七章
内战结束后斯里兰卡加速民族和解

如前所述，斯里兰卡内战系民族矛盾激化而起。由于历史原因以及英殖民统治者“分而治之”政策等因素，僧伽罗与泰米尔两大民族一直以来争斗不断，矛盾不断加剧，为后来的猛虎组织提供了成长壮大的土壤，全国也被拖入长达数十年之久的内斗中。虽然猛虎组织如今已几乎全军覆没，但它在国内外仍然具有一定的支持基础。如何从政治上妥善解决僧泰间的民族矛盾，弥合民族裂痕，实现民族和解，是从根本上防止该组织卷土重来以及实现国家长治久安的关键。因此，斯总统拉贾帕克萨 2009 年 5 月 19 日在向议会宣布取得军事彻底胜利时，就立即提出将致力于寻求能为各方接受的民族和解与政治解决方案。在当天议会的演讲中，身为僧伽罗人的拉贾帕克萨还用泰米尔语发表了一段演说，以显示弥合民族矛盾的决心。[①] 在印度外交部常务秘书梅农和国家安全顾问纳拉亚南访问斯里兰卡之后，双方共同宣布，斯政府将通过实施以向地方政府下放

---

① 刘小军：“斯里兰卡：战后和解重建任重而道远”，http：//news. xinhuanet. com/world/2009 -05/20/content_ 11406753. htm。

权力为主要内容的宪法第13条修正案来解决民族问题，这反映出斯政府领导人对民族和解问题的重要性抱有高度清醒的认识。从斯里兰卡的战后实际来看，民族和解首先要解决好战争带来的难民安置问题和较为落后的北部及东部地区建设。当然也应看到，斯里兰卡的民族矛盾由来已久，要想在短时期内完全拿出各方都满意的政治方案，既不可行也不现实。尤其是在经济发展受到内战严重拖累的情况下，加快落后地区建设的压力很大，要真正实现民族和解，还需要各方共同摸索和努力。

第一节 加速难民安置

连年战火打乱了许多斯里兰卡人民的正常生活，尤其是在交战地区，许多家庭为躲避战火纷扰不得不离开家园，颠沛流离，过着朝不保夕的难民生活。因此，内战一结束，难民问题便首先摆在斯政府以及国际社会面前。

一、大量难民急需安置

据统计，在内战的最后阶段，也即从2006年起至战争结束的这段时间里，约有30万泰米尔平民从猛虎组织控制区逃往政府军控制区，随后他们被安置在瓦武尼亚和贾夫纳地区的数十个难民营内，并由政府军看管。这些难民处境艰难，尽管有政府在组织发放救济物资，仍面临着粮食供应短缺等现实问题。有难民表示，“每天只能吃上一顿饭，喝水也成问题”。在难民营中，难民们凭斯政府统一发放的家庭成员登记卡领取一周的生活必需品，包括：一包奶粉、一瓶1.5升的瓶装水、一块香皂、一块肥皂、一板12片的镇痛退烧药、一小盒治疗头疼的传统泰米尔药。[①] 更加让人担忧的是，难民中约有1/3为未成年人。救援机构世界宣明会斯里兰卡代表苏雷什巴特利特曾表示，至少有8万儿童在战争中流离失所，有些身负重伤，有些失去父母，必须立即得到生理和心理上的治疗。[②]

二、斯里兰卡政府重视难民安置

面对国内外广泛关注的难民问题，斯里兰卡政府也高度重视。就在宣布战争正式结束之后的第三天，负责战争难民安置的斯里兰卡总统特别委员会主席巴希尔·拉贾帕克萨就公开表示，由于经历过海啸灾难，并有过灾后重建的经验，斯政府有信心帮助北部地区因战争而流离失所的25万名难民，使他们在年底之前重返家园。他还透露，政府将在未来3个月内先安排一部分来自基利诺奇和穆莱蒂武地区的难民重返家园，其余的难民将在年底之前回到家乡。他同时承诺，政府将在这些地区实施大规模重建工程，以帮助当地人民尽快恢复正常生活。[③]

斯里兰卡政府还积极寻求国际上的帮助，以尽快解决难民安置带来的难题。2009年5月初，斯里兰卡政府就和联合国发出一项联合紧急呼吁，为逃离政府军与猛虎组织交战地区、目前躲避在营地中的近20万平民募集5000万美元，用于食品、水、卫生、临时教育等救助服务。[④] 2009年底，世界银行表示，将向斯战后难民安置

---

① 刘咏秋、陈占杰："特写：斯里兰卡难民盼望尽快返回家园"，http：//news. xinhuanet. com/world/2009 -05/28/content_ 11448613. htm。

② 韩墨："斯里兰卡面临难民困境　30万难民已10天无新救援"，http：//news. sohu. com/20090521/n264085451. shtml。

③ 耿海艳："斯里兰卡政府称将在年底之前重新安置所有难民"，http：//news. sohu. com/20090522/n264118835. shtml。

④ "联合国呼吁为斯里兰卡难民募捐5千万美元"，《北方新报》2009年5月7日。

工作及相关的公路项目提供资金支持。① 世行将向斯里兰卡政府提供一笔7700万美元的贷款，用于帮助10万名难民重返家园。其中6500万美元用于乡村道路、居民饮用水设施、灌溉工程的恢复重建，并向回迁居民提供工作机会；1200万美元用于直接帮助包括丧偶妇女、残疾人以及失去土地的家庭在内的受战争影响较大的群体。

三、难民安置进展顺利

在斯里兰卡政府的积极努力和国际社会各方的帮助下，斯里兰卡的难民安置工作进展顺利。2009年10月22日，原籍在北部前猛虎组织控制区的难民被允许返回家园，这些首批获准离开瓦武尼亚难民营返回原居住地的难民有4万多人。② 斯总统拉贾帕克萨在写给这些难民的一封信中说："你们经历的巨大悲剧以及作为难民经历的暂时苦难已经结束。你们正在开始新的生活，陪伴你们的有家人和朋友。"这些返回家园的家庭每户将得到5000斯卢比（约合43美元）的现金和2.5万斯卢比（约合217美元）的存款以及农具、渔具和厨房用品。2009年11月21日，斯里兰卡政府又宣布，从下月起，生活在北部难民营中的12.7万战争难民将可以自由流动。③ 这些平民将既可以自由出入难民营，也可以回他们原先的住所。在此之前，由于担心猛虎组织成员混入难民队伍，这些难民们不能自由离开难民营，其家人未经许可也不能前往难民营探望。在给予难民们流动自由的同时，政府还承诺在2010年1月31日前完成所有难

① 李佳松："斯里兰卡战后难民安置工作将获世界银行资助"，http：//finance. ifeng. com/roll/20091221/1607819. shtml。

② 刘咏秋、陈占杰："斯里兰卡开始向前猛虎组织控制区安置难民"，http：//news. xinhuanet. com/world/2009－10/23/content_ 12303413. htm。

③ 刘咏秋、陈占杰："斯里兰卡政府将允许战争难民自由流动"，http：//news. xinhuanet. com/world/2009－11/21/content_ 12517092. htm。

民的安置工作，并最终关闭该难民营。但是在难民营开放的当天，并未出现大规模平民涌出现象，因为大部分人早已无家可归，不得不选择留在难民营里。①

到 2010 年 7 月，也即内战结束后的一年多时间里，斯里兰卡北部难民人数已由战争结束时的 29.7 万人大幅降至 3.8 万人，超过 80% 以上的难民已得到安置，难民安置点也仅剩下位于 Menik Farm 的 4 个难民村。斯外长佩里斯表示，斯政府在短短一年时间内成功安置了如此多的难民，应得到国际社会的肯定。② 到 2011 年 4 月，斯政府发布的消息称，已有超过 25.2 万名难民得到安置。③ 斯政府为难民提供每月 1 万斯卢比的资助并定量配给食物、药品及毛毯。与此同时，斯政府也完成了北部绝大部分地区的排雷工作，并将在北部地区兴建 1000 套住房提供给难民。至此，难民安置问题已基本得到妥善解决。当然，妥善安置好这些难民，让其能重返家园只是难民安置工作中较为急迫的部分，真正要使这些难民重新过上正常生活，还需要政府加大经济扶持力度，为其创造脱难致富的良好条件，而这些将是摆在斯政府面前的一项长期而艰巨的重任。

第二节　加速民族地区发展

斯里兰卡是一个多民族国家，在全国 2000 多万的总人口中，僧伽罗族约占 74%，为斯第一大民族；泰米尔族约占 18%，是第二大

---

① “斯里兰卡：战争难民重获自由”，http：//news. sohu. com/20091202/n268630329. shtml。

② 李佳松：“斯里兰卡战后难民安置工作进展顺利”，http：//finance. sina. com. cn/roll/20100722/11468345656. shtml。

③ 李佳松：“斯里兰卡北部难民安置率已超过 90%”，http：//www. mofcom. gov. cn/aarticle/i/dxfw/cj/201104/20110407496061. html。

民族；另外还有摩尔人、马来人、欧洲后裔及其他少数民族人口占8%。僧伽罗人大部分居住在人口最集中、经济较为发达的西部和西南部沿海地区和中部山区，而最大的少数民族泰米尔族则主要聚集在斯经济较为落后的北部贾夫纳半岛和东部沿海地区。这些泰米尔人中有相当一部分是19世纪中叶英国种植园主从印度南部招来的工人，他们中许多人至今仍没有斯里兰卡国籍，政治和社会地位也相对较低。

一、内战严重影响民族地区发展

有分析指出，斯里兰卡内战之所以爆发，在很大程度上与猛虎组织活跃的北部和东部地区经济落后是分不开的，这种区域经济上的不平衡发展正是斯内战长期持续的根源所在。[①] 据斯官方数据显示，经济最为发达的西部省人口数量占全国总人口数的28.8%，2008年其国内生产总值却占全国国内生产总值的45.4%；而经济较为落后的北部省及东部省占斯里兰卡国内生产总值的比例却分别只有3.3%和5.8%，由此可见两者在经济总量上的差距之大。[②] 事实上，在一些泰米尔人看来，正是由于以僧伽罗人为主导的政府长期忽视北部及东部地区的发展，所以才导致了这些地区的经济发展缓慢。

而内战的到来更是阻碍了这些民族地区的正常发展。不仅如此，由于长年战乱，这里的经济已基本上处于完全瘫痪的状态，居民生活艰难，就业没有保障，各种道路、桥梁、电力供应等社会基础设

---

① 廖崇喜："斯里兰卡解决内战问题的经验与教训"，《中国民族报》2011年3月11日。

② 李佳松："斯里兰卡东北部地区战后缓慢复苏"，http://finance.sina.com.cn/roll/20100722/11448345647.shtml。

施也遭到严重破坏。社会经济不仅没有发展，甚至可以说出现了巨大的倒退。

二、政府加速民族地区恢复与发展

内战刚刚结束，拉贾帕克萨总统就指出斯政府当前最紧迫的目标是北部地区的经济和社会重建，同时呼吁国际社会给予帮助。[①] 从那以后，斯里兰卡的北部及东部地区的战后重建工作迅速全面展开，一些项目陆续上马，国外资助相继到位，政府的扶持政策也不断跟进，整个地区又开始焕发出新的生机与活力。

（一）政府金融扶持，加速民族地区发展

斯里兰卡政府方面采取了金融扶持和大力吸引外来投资等一系列政策加速民族地区发展。为了满足战后重建对建设资金的需求，斯金融机构出台了一系列扶持政策。2009 年底，斯中央银行表示，为支持北部地区饱受战乱之苦的民众早日恢复生产和生活，其将向北部地区银行注资 10 亿斯卢比，以满足当地百姓的借贷需要，同时还将参照其在东部地区的做法，尽快在北部地区建立中央银行北部地区分支机构。[②] 继央行在北部和东部地区设立分支机构后，2010 年 4 月，斯里兰卡人民银行、锡兰银行、国家储蓄银行等 6 家商业银行也陆续在斯北部和东部地区 11 个城镇设立分支机构，为当地居民提供贷款，以支持这些地区的战后经济发展。这 6 家商业银行还计划于 2010 年和 2011 年分别向上述两地区贷款 560 亿斯卢比和 700

---

① 胡唯敏："斯里兰卡称消灭猛虎组织是南亚反恐战争一部分"，http：//news. eastday. com/w/20090530/u1a4403382. html。

② 孙乐东："斯里兰卡将向北部地区银行注资 10 亿卢比"，http：//finance. ifeng. com/roll/20091208/1555643. shtml。

亿斯卢比。[①] 2010 年 7 月，斯里兰卡又将设立于 Rajarata、Ruhuna、Wayamba、Uva、Kadurata、Sabaragamuwa 6 个地区的发展银行合并成为国家地区发展银行。这 6 个地区的发展银行由斯里兰卡财政部、人民银行、锡兰银行和国家储蓄银行共同出资于 1992 年成立，注册资金为 1200 万斯卢比。整合后的国家地区发展银行资产将达到 420 亿斯卢比，其中政府资金 30 亿斯卢比，民众储蓄 390 亿卢比。这次整合的目的除了在于整合地区发展银行资源、扩大银行的融资能力、提高银行的办事效率以推动斯农村地区的经济发展之外，其重点还在于推动北部和东部地区经济复苏，以及支持旅游业和基础设施发展。[②]

（二）引进外国投资，加速民族地区发展

与此同时，斯里兰卡还积极招商引资，希望通过投资来拉动当地经济增长。2010 年 4 月，为吸引更多海内外投资者来斯北部和东部地区参与投资，斯投资局宣布出台了更加有利的新投资政策，其主要内容是：对于在北部和东部地区开展农业和农产品加工业、渔业、培训和制造业等的投资企业，其投资优惠期限可延长至 10、15、20 年不等。同时，斯投资局还在贾夫纳设立分支机构，为投资者提供更便捷的服务。斯政府希望通过吸引投资帮助该地区实现更充分的就业，并且带动该地区经济全面复苏。[③] 2011 年 3 月初，斯内阁会议正式授权一家来自澳大利亚的公司起草在斯东北部亭可马里地区兴建工业区的可行性报告。根据该机构的方案，亭可马里工业区

---

① 孙乐东：“斯里兰卡多家商业银行将在北部和东部地区设立分支机构”，2010 年 4 月 19 日，http：//www. mofcom. gov. cn/aarticle/i/jyjl/j/201004/20100406875197. html。

② 孙乐东：“斯里兰卡整合地区发展银行”，http：//finance. ifeng. com/roll/20100719/2423126. shtml。

③ 丁娜娜：“斯里兰卡投资局加大对东、北部地区投资政策倾斜力度”，2010 年 4 月 28 日，http：//www. mofcom. gov. cn/aarticle/i/jyjl/j/201004/20100406889509. html。

将规划软饮料加工、铁矿石加工、制糖、机械设备制造等工业项目，该工业区规划面积将达 97 平方公里，首期投资规模可达 7 亿美元。[①] 2011 年 7 月，为了促进北部地区旅游业的恢复发展，斯国防部取消了针对外国护照持有者前往该地区的通行限制。尽管此前猛虎组织已被击败，但政府为防止其卷土重来，仍对该地区执行严格控制，而通行限制解除后，外国护照持有者前往北部地区将不再需要国防部审批，对当地旅游业发展明显利好。

（三）争取国际援助，加速民族地区发展

国际上对斯里兰卡的支持援助也很可观。据斯财政部 2011 年 6 月发布的数据显示，内战结束后，斯北部战后重建投入资金达到 21 亿美元，主要用于境内流离失所者的安置及基础设施和公共设施的修复。这些重建资金主要来自中国、印度、日本等国和国际机构。其中，中国主要帮助斯里兰卡修复公路；印度出资 4.164 亿美元，修复三条铁路；亚行出资 1.54 亿美元，修复公路，同时与法国开发署联合出资 1.35 亿以修复供水设施。此外，世界银行和澳大利亚等国也提供资金帮助斯北部地区重建。[②] 在这些外来援助中，一些项目进展很快，实实在在地方便了当地的民众生活。如中国中铁五局仅用 1 年零 9 个月的时间，就完成了亭可马里的 5 座桥梁修建工作。[③] 这一地区曾是斯政府军与猛虎组织激烈交战的地区之一，道路和桥梁毁坏严重，中铁五局不仅建设进度快，而且使用了许多当地公司所不掌握的施工技术和工艺，结束了当地汽车用轮船摆渡的历史。

---

① 李佳松："斯里兰卡拟在东部亭可马里地区兴建工业区"，2011 年 3 月 2 日，http：//www. mofcom. gov. cn/aarticle/i/jyjl/j/201103/20110307427151. html。

② 孙乐东："斯里兰卡北部战后重建投入资金达21 亿美元"，2011 年6 月13 日，http：//www. mofcom. gov. cn/aarticle/i/jyjl/j/201106/20110607596186. html。

③ 吴成良："中国动力注入斯里兰卡建设进程"，《人民日报》2011 年12 月7 日。

竣工仪式当天，许多当地民众自发前来参观。中国中航国际工程公司承建的另一重点项目——斯里兰卡 A09 公路也提前了 2 个月于基利诺奇正式竣工交付。[①] 这条全长 320 公里的 A09 公路是斯里兰卡战后重建的第一条国家公路，它南起中部重要城市康提、北至贾夫纳，是斯里兰卡最重要的一条经济“生命线”。斯里兰卡总统拉贾帕克萨在出席竣工典礼时专门指出，A09 公路的顺利竣工将极大地推动当地经济发展，尤其是旅游业的发展；而南北大动脉的打通也将进一步促进民族和解；此外，该项目的实施还为战后当地百姓提供了 5000 多个就业岗位，改善了民众的生活。

（四）政府重视民族地区医疗卫生事业投资

除了加快民族地区的经济和基础设施建设之外，斯里兰卡政府也很重视加强对民族地区的医疗卫生等社会事业方面的投入。受长期战乱的影响，这些地区的医疗资源非常短缺，周围患者常得不到有效救治，有的患者甚至需要长途跋涉到首都科伦坡去看病。因此，在内战结束的第二年，中国电科国际公司就参与了斯里兰卡北部和东部地区的医院建设项目，扩建后的医院以及先进的医疗设备可以满足该地区百姓的基本医疗需求。2012 年初，斯卫生部表示，斯政府将采取实际行动进一步发展北部省的卫生设施和地区医院，而总部位于日内瓦的“全球基金”将应斯方请求为相关项目提供约 20 亿斯卢比的资金。根据该项目的五年计划，斯政府将在北部地区兴建 40 个医学化验室及 2 个地区医疗培训中心，[②] 这将进一步带动当地社会事业的发展。

---

① 马骋、张晓满：“中国公司承建的斯里兰卡 A09 公路竣工　打通南北动脉”，《中国航空报》2013 年 6 月 20 日。

② 中国驻斯里兰卡大使馆经商参处：“斯里兰卡政府推动北部地区医院设施的建设”，2012 年 2 月 15 日，http：//www. ccgp. gov. cn/gjcg/gjdt/201202/t20120215_ 1994635. shtml。

三、民族地区建设初见成效

经过各方的共同努力，斯里兰卡民族地区呈现出新的发展面貌。2010 年 6 月，斯央行表示，斯北部战后经济复苏已显示出积极的迹象，消费者的信心与投资者的乐观情绪已得到巩固，从北部省及东部省占斯国内生产总值的比值来看，2009 年度比 2008 年度出现了小幅上升。[①] 在此之后，上述地区的经济回升日渐明显。2011 年 5 月，斯央行行长表示，斯北部和东部地区在内战结束后经济增长迅速，其经济增长率在斯各地区中名列首位。[②] 其中，北部省经济增长率为 14.1%，东部省经济增长率为 14%，两个地区对斯国内生产总值的贡献也由 2006 年的 4.9% 上升至 6%。未来几年内，北部和东部地区的经济还将保持 13% 的年增长率。

第三节　民族和解前景

内战结束后，斯里兰卡民族地区社会经济重建工作已经取得重要进展，民族和解机制已经形成，但是在民族和解中依然存在诸多问题，斯里兰卡仍需进一步开展民族和解工作。

---

① 李佳松："斯里兰卡东北部地区战后缓慢复苏"，http：//finance. sina. com. cn/roll/20100722/11448345647. shtml。

② 李佳松："斯里兰卡东北部地区战后经济增长迅速"，http：//finance. sina. com. cn/roll/20110526/17409904434. shtml。

一、民族和解机制已经形成

2010 年 5 月，斯里兰卡政府成立“和解委员会”，就战争最后阶段可能出现的人权问题展开调查，并就如何完全实现民族和解提出建议。6 月 4 日，斯政府表示，按照总统的指示，“和解委员会”即将开始工作。拉贾帕克萨总统已任命前总检察长奇塔为“和解委员会”主席，成员包括外交部高官和总统秘书等多名要员。[①] 斯政府还表示，内战结束一年来，斯里兰卡局势稳定，总统大选和议会选举的胜利已经使得执政党和拉贾帕克萨本人具备了牢固的执政基础，这为该委员会开始重建工作提供了契机。同时，该委员会还将在历经战火洗礼的地区开展一系列重建项目，以更好地促进民族和解进程。拉贾帕克萨总统称，他对该委员会最终圆满完成任务充满信心。

二、民族和解面临诸多困难与障碍

尽管促进民族和解的组织机制已经落实，针对难民救助和交战地区的重建工作也在紧张而迅速的进行中，但是要想在短期内真正做到弥合民族裂痕，还面临着不少的困难与障碍。

事实上，早在 2006 年开始到战争结束的最后一轮军事打击之前，拉贾帕克萨总统就曾启动过一个“各政党会议”的机制，试图在各主要政党之间形成政治解决民族问题的共识，但斯最大反对党统一国民党、左翼的人民解放阵线和最大的泰米尔人政党泰米尔民

① 刘咏秋、陈占杰：“斯里兰卡和解委员会即将开始工作”，2010 年 6 月 5 日，http://news.163.com/10/0605/02/68CMLK9A000146BC.html。

族联盟等均拒绝加入该机制，即便是执政联盟内部的各政党间也始终达不成共识。其结果就是，内战结束后的3年来，“各政党会议”开了1000多次会，却连一纸空文都没有出笼。[①] 这一现象充分说明，斯里兰卡各主要政治力量对如何实现民族和解的政治方案还存在较大分歧，各方还需要一定的时间来弥合分歧、凝聚共识。

而对于内战结束后拉贾帕克萨总统提出的通过实施以向地方政府下放权力为主要内容的宪法第13条修正案来解决民族问题的办法，其实也存在着一定的困难。正如有分析所指出的，以往历届斯政府都对下放权力持保留态度，甚至在面临猛虎组织巨大军事压力时都没有完全实施该修正案，那么在失去这一压力、泰米尔族政治力量几乎处于真空的状态下，该修正案还能否得到落实确实值得怀疑。[②] 不仅如此，在支持打击猛虎组织的强硬派势力在斯国内占据上风并最终取得战争胜利的情况下，拉贾帕克萨总统要向泰米尔人放权让步也将面临着较大的压力。而问题在于如果不在某种程度上满足泰米尔人的自治要求，拉贾帕克萨总统就难以赢得泰米尔人的人心，从而无法从根本上铲除猛虎组织或类似极端组织的生存土壤。所以，拉贾帕克萨总统必须谨慎入手，把握好向泰米尔人放权的度，提出并实施能为泰米尔人和大多数斯里兰卡人接受的政治解决方案。

三、全面综合解决民族问题

除此之外，还有观点指出，印度的立场也是斯里兰卡在推动民

① 刘咏秋、陈占杰：“斯里兰卡艰难踏上和解重建之路”，《半月谈》2009年第11期。

② 同上。

族和解问题时必须顾及的因素之一。[①] 这既是因为印度境内就有6000多万泰米尔人，基于共同的民族感情和千丝万缕的联系，印度对斯境内的泰米尔人也有着特殊的关切；同时，基于斯重要的战略位置，印度也希望与其保持密切的关系，从而能够主导或掌控周边局势的发展。印度作为南亚地区的唯一大国，其对斯境内泰米尔人的自治要求持何种态度，也将在一定程度上影响斯政府的政策。

总之，斯里兰卡内战之所以能绵延几十年，关键不在于猛虎组织有多顽强，而在于僧伽罗、泰米尔两族间长期存在的政治、经济、文化分歧和矛盾。因此，对于这种并非单纯的武装冲突问题，自然不能仅仅或是侧重于军事问题的解决，而更应注重从政治、军事、经济、文化、外交等多方面进行解决。加强民族地区的经济发展，缩小区域间发展差距，同时作为一个多民族国家，高度重视国家认同，加强不同民族间的交流理解，从而不断增强国家的凝聚力，将成为斯里兰卡在今后一段时期内需要努力的方向。

① “斯里兰卡打‘虎’告捷　仍需致力民族和解”，http：//news. ifeng. com/mil/4/200905/0518_ 342_ 1162477. shtml。

第八章
内战结束后斯里兰卡加速基础设施建设

基础设施不发达是许多发展中国家面临的通病。尽管斯里兰卡在南亚地区来讲情况相对较好，但是长期的内战既对大量的桥梁、道路、管网、建筑等基础设施造成了严重破坏，同时也极大地限制了基础设施的建设。因此内战一结束，斯里兰卡要重振经济，推动民族和解，就需要优先恢复道路、供电、供水等基础设施，同时还要进一步加速公路、港口和能源等基础设施建设，这样才能不断增强对外资的吸引力，带动其他产业的发展。

第一节　基础设施现状

总体上讲，斯里兰卡作为一个经济发展水平较落后的小国，其基础设施建设还是比较薄弱的。与百姓生活和国民经济发展的需求相比，其基础设施能力在许多领域还存在明显的滞后现象。

一、能源短缺制约发展

从能源供应情况来看，斯里兰卡的电力基础设施较为薄弱，发展相对滞后。自独立以来，随着国家经济的发展和人民生活水平的不断提高，对电的需求量越来越大，而现有的发电量远远不能满足社会生产和人民生活的需要，不仅严重制约了经济的发展，而且人民生活也受到了很大的影响。为此，斯历届政府都将扩建或增建新的发电设施列入国家重点发展规划之中。据斯能源部长表示，斯每年投入40亿斯卢比发展电力行业，以满足日益增长的电力需求。斯每年电力需求增长率为7%，目前，如何加大电力基础设施建设是斯电力业发展的主要困难。这位部长称，由于政府资金来源有限，因此呼吁私营企业积极参与电力基础设施建设。[①] 从目前情况来看，斯里兰卡电力装机容量大概为2689兆瓦，其中60%采用燃油发电，水电比重约占36.8%。[②] 从需求方面来看，目前斯城市用电普及率约为80%，农村仅为40%，整体的用电率还不足60%。[③] 同时，受进口燃油价格较高等影响，斯的电费价格也相当高，居世界前列。高额的电价不仅导致生产成本居高不下，使斯产品在国际市场上缺乏竞争力，也影响了外国企业来斯投资的积极性。同时，为了减轻居民负担，政府还不得不以财政补贴的方式来亏本出售电力给消费者。另外，斯电力供应面临的另一个问题是受自然气候的影响较大，特别是干旱之季或季雨不足的年份，水电供应量显著减少，严重影响

---

① 张赟：“斯里兰卡每年投入40亿卢比发展电力行业”，《人民日报》2008年9月19日。

② http://www.mynengyuan.com/11/0215/09/CB63E14F5DAA4B61.html.

③ “斯里兰卡电力行业基本现状以及发展目标”，2006年11月6日，http://intl.ce.cn/gjzx/yz/sllk/sd/200804/14/t20080414_15152751.shtml。

电力供应。

二、交通运输面临困难

在交通方面，斯里兰卡也面临着不少的问题。

（一）公路建设问题

由于斯里兰卡国土面积并不大，只有6万多平方公里，再加上早在两三个世纪前，西方殖民者为了贩运商品的方便，就已修建了密密麻麻的公路通往一些经济作物种植区，因此斯里兰卡的公路和铁路较为发达。其中，公路运输是斯里兰卡最为主要的交通运输方式，公路网络覆盖整个国家。目前斯全国的公路总里程已达10万公里，其中国家级公路总里程达到1.2万公里，省级道路总里程1.6万公里。由于斯里兰卡的道路大多是50年前修筑而成，目前承载能力有限，即便是现有的国道也大多修建于20年前，等级较低，一般只有一上一下两个车道，道路非常狭窄而且弯度大，路上汽车、三轮摩托车等混杂，大部分路段最高限速50公里，[①] 再加上持续的国内冲突，使得不少道路因遭战争破坏无法使用，或因年久失修陈旧落后，因此斯在公路方面面临的主要问题就是提升公路的通行能力和通行效率。由于道路密度高，且两旁有许多新建设施，因此要改善现状，修建新的道路显然可行性不大，最好的手段就是对现有公路进行道路养护和扩建改造。[②] 到2005年时，在中国、日本等国的援助下，斯里兰卡已经改造了2000多公里的国道，未来的公路改造

---

① 吴成良：“斯里兰卡工程师称：中国公司在斯创造了了不起的速度”，《人民日报》2012年1月8日。

② 张玉奎：“斯里兰卡公路总里程达10万公里”，2013年4月18日，http://www.chinahighway.com/news/2013/741235.php。

任务还很重。

（二）铁路建设问题

斯里兰卡的铁路建设有着较长的历史。锡兰铁路公司自1845年成立之后一直进行铁路修建，经过100多年的不断建设和扩充，斯铁路系统已较为发达。目前，斯全国约2000公里长的铁路线由10条宽轨铁路线组成，有站点170余个。整个铁路网是以首都科伦坡为枢纽，分别向东部、西南部和北部等区域辐射。东线铁路贯通内陆的田园、山区，南、北线是沿海线，坐着火车沿途能观赏到优美的山海风光。但是斯里兰卡的铁路系统也面临着一些问题，如设施较为陈旧、有待更新，铁路网络有待完善以通达更多的地方，以及需要提升铁路等级等。

（三）港口建设问题

作为地处印度洋上的岛国，斯里兰卡战略地位非常重要，也拥有不少良港，主要港口有科伦坡、高尔和亭可马里等。近年来，斯里兰卡十分重视发挥港口作用，以将其建设为国际瞩目的商业贸易中心。但是，港口的建设周期长、投资大，仅靠斯自身实力很难满足港口发展的需求，而长期的内战也制约了外资的进入和商业的发展。因此，内战结束后，斯里兰卡有望借助外力迅速发挥自身在港口方面的地缘优势。

三、无线通信快速增长

在通信方面，受用电普及率较低和经济发展水平较低的影响，斯里兰卡电信业发展一度非常缓慢，特别是固定电话发展更为迟缓。固定电话申请安装周期长，使用费用高，一般百姓无力担负。但是近几年来，随着斯实行自由化改革政策，放松了对电信业的管制，电信业得到了较快发展，设备不断升级换代，固定和移动通信已基本覆盖全国的绝大部分地区，在斯的政治、经济、社会和文化等方面发挥着越来越重要的作用。由于斯有150余万人在境外从事劳务，需经常与家人保持联系，因此很多人选择价格相对便宜的手机作为通信工具，形成了斯里兰卡的通信以无线通信为主的特点。自2001年以来，斯无线用户保持快速增长态势，年复合增长率（CAGR）达45%，移动用户渗透率在2008年达到30%，用户数超过600万户。① 未来斯里兰卡的通信渗透率有望稳步提高，同时增长的经济态势有望吸引更多的外来投资者加入。

第二节　加速基础设施建设

内战结束后，斯里兰卡政府重视基础设施建设，采取一系列政策措施，加速基础设施建设，并取得一定成效。

一、政府重视基础设施建设

内战结束后，斯里兰卡政府将基础设施建设摆上了重点议程。政府积极鼓励外资进入，帮助斯加快基础设施投入。同时，为了达到8%的年增长率、使人均国民生产总值尽快翻一番的目标，斯里兰卡决定扭转受基础设施制约的局面，为此，政府制定了一些大型基础设施项目，如港口开发、第二个连接首都和其他省之间的国际机

① 中国驻斯里兰卡大使馆经商参处："斯里兰卡电信市场及中斯合作机遇"，2009年2月20日，http：//ccn. mofcom. gov. cn/spbg/show. php? id =8859。

场以及三条连接首都和其他省之间的高速公路建设等。① 战争结束后，斯里兰卡已修建或修复了上千公里的道路，港口设施得到提升，电力供应状况明显好转，为经济发展打下了较好的基础。

二、政府加速基础设施建设的政策措施

为了加速基础设施建设，内战结束后，斯里兰卡政府采取了一系列政策措施。

（一）制订基础设施建设规划

内战结束后，斯里兰卡政府制订了发展国家基础设施建设的宏伟规划，该规划涵盖了海路、航空、道路、电力以及电信产业主干网的完全升级改造，从而为整个基础设施建设工作的推进提供了计划支持和方向指引。

（二）加大基础设施投资力度

由于基础设施建设一度受战乱影响，发展滞后，斯里兰卡计划每年增加投资 30%—35%，用于基础设施建设，电站、港口、机场、道路、桥梁、供排水等是未来优先发展的基础设施项目。据斯里兰卡财政与计划部常务秘书 P. B. 贾亚桑德拉透露，政府仅在 2012 年前8 个月中就已投入3280 亿斯卢比用于基础设施建设，而2011 年斯政府总共投入2480 亿斯卢比用于基建，因此2012 年前8 月已较上年全年超出800 亿斯卢比。在2012 年的基础设施投入分布上，政府分别投入940 亿斯卢比、390 亿斯卢比、150 亿斯卢比、130 亿斯卢比

---

① 孙广勇："发展斯里兰卡基础设施　推动当地经济发展"，http：//news. 163. com/12/1023/00/8EF9D56R00014JB6_ all. html。

和 170 亿斯卢比用于快速路、能源、港口与航空、灌溉以及供水领域的建设，希望通过大力发展高速公路、快速路、港口、电信和能源设施建设，来拉动斯里兰卡经济增长。在拉贾帕克萨总统指示下，斯政府还计划启动一项大型计划，在全岛加大基础设施建设力度。①

（三）利用外资加速基础设施建设

斯里兰卡积极争取和引进外资，以加快基础设施的建设进度。内战结束后，斯旅游业恢复活力，2010 年更被《纽约时报》列为年度最值得旅游的 31 个目的地之首，这就要求斯里兰卡加快国内交通网络建设，提升酒店接待能力等，以促进旅游业的复兴和带动相关产业的发展。同时，斯里兰卡日渐增长的市场和发展机会也吸引了国际组织和外来投资者的关注。如汇丰银行 2009 年 11 月发表声明表示，在过去的 18 个月内，其已为斯里兰卡的基础设施建设融资近 20 亿美元，具体项目包括 Dikkowita 渔港、太阳能灌溉系统、移动电话基站的兴建以及地区性桥梁建设等。同时，汇丰银行还是斯 5 亿美元主权债券的联合承销商之一。② 亚洲开发银行驻斯里兰卡首席代表 2011 年 4 月表示，亚行正在制订斯里兰卡五年国别计划，计划于 2011—2015 年每年向斯提供 3 亿美元贷款，重点支持斯公路、供水以及卫生设施建设。③ 据亚行透露，2008—2010 年，其向斯提供近 10 亿美元贷款，其中 2010 年贷款最多，为 4. 75 亿美元，大多用于斯北部公路建设。2010 年 11 月初斯里兰卡公路部常务秘书表示，斯在未来两年内将加快公路建设，利用 10 亿美元国际资金修复 4000

① “2012 斯里兰卡花 3280 亿卢比用于基础设施建设”，2012 年 11 月 28 日，http：//info. 1688. com/detail/1072795991. html。

② 李佳松：“汇丰银行为斯里兰卡基础设施建设筹资 20 亿美元”，2009 年 11 月 9 日，http：//www. mofcom. gov. cn/aarticle/i/jyjl/j/200911/20091106607420. html。

③ 孙乐东：“亚行每年将贷款 3 亿美元　支持斯里兰卡基础设施建设”，http：//finance. sina. com. cn/roll/20110411/18009669609. shtml。

公里公路，重点修复北部和东部地区年久失修的公路。据他介绍，大规模修复公路所需的这些资金主要来自中国、日本、法国、亚行和世行。①

三、基础设施建设成效显著

经过一系列努力，斯里兰卡已经在一些重大的基础设施项目建设上取得了显著的进展。

（一）铁路建设

在铁路方面，斯里兰卡北部和南部的铁路建设项目已经分别为印度和中国企业所承担。据印度驻斯里兰卡大使 2010 年 4 月表示，印度政府将提供 4.5 亿美元贷款，支持印度公司与斯里兰卡企业合作，修复斯北部 MEDAWACHCHIYA—PARANTHAN 和 KANKESANTHURAI—PALALI 两条铁路。② 此外，印度将同时支持斯北部地区的机场和水泥厂等基础和生产设施的修复和改造，推动北部地区经济发展，进一步密切印斯友好关系和合作。而中国机械进出口集团有限公司则赢得了在斯南部修建铁路系统的合同，该项目价值 2.9 亿美元。合同项目中除铁路建设工程外还包括信号系统、通信系统、售票检票系统及设备维修保养等内容，这也是中国公司在斯里兰卡赢得的单笔金额最大的一份合同。2013 年 7 月，该项目正式开工建设。该项目是斯南部规划铁路 Matara—Kataragama 延伸线一期工程，线路西起 Matara 车站，东至新建的 Beliatta 车站，全长 26.417 公里，

---

① 孙乐东："斯里兰卡加速公路建设"，2010 年 11 月 17 日，http：//www.mofcom.gov.cn/aarticle/i/jyjl/j/201011/20101107250088.html。

② 孙乐东："印度出资修复斯里兰卡北部铁路"，2010 年 4 月 19 日，http：//www.mofcom.gov.cn/aarticle/i/jyjl/j/201004/20100406875211.html。

设计时速 120 公里/小时，是目前斯等级最高、设计时速最高的铁路。[①] 该项目的建成将有利于更好地推动斯里兰卡南部地区的经济和社会发展。

（二）公路建设

在公路方面，多条路段重建或新建工作展开。2009 年底，中国中航国际工程公司承建了斯里兰卡 A09 公路部分路段的项目。该公路全长 320 公里，南起中部重要城市康提，北至贾夫纳，是斯里兰卡最重要的一条经济“生命线”，也是斯战后重建的第一条国家公路。中国公司承担的高库拉玛（Galkulama）至贾夫纳路段全长 154 公里，途经内战时期斯政府与猛虎组织交战的地雷区，是全路段中施工难度最大、最危险的区域，该项目已于 2011 年 2 月正式开工。2010 年 9 月，中国水电股份公司承建的斯北方 C11A&B 公路项目也正式启动。[②] 该公路全长 95 公里，为斯北部省份战后重建的第一批重点项目，项目总投资约 1 亿美元，合同工期 30 个月。2011 年 11 月底，斯里兰卡首条高速公路开通。该高速公路全长 95 公里，连接首都科伦坡和西南部城市加勒，公路开通后，从科伦坡至加勒的乘车时间将缩短 2 小时。据出席开通仪式的拉贾帕克萨总统表示，这条南部高速公路只是斯里兰卡建设高速公路网的一部分，而另一条高速公路将于 2012 年开通。他还指出，斯政府还拨款近 2 亿美元，专门用于改善农村道路设施。在他看来，高速公路建设不仅将带动投资和经济增长，还将促进不同地区民众的沟通和融合，避免分裂

---

① “斯里兰卡南部铁路开工建设”，2013 年 7 月 25 日，http：//www. crecg. com/tabid/461/InfoID/23460/frtid/462/Default. aspx。

② “中国水电正式启动斯里兰卡北方公路项目”，http：//finance. ifeng. com/roll/20100928/2662536. shtml。

主义再次出现。[①]

（三）电力建设

在电力方面，由中国出资兴建的普特拉姆燃煤电站进展顺利，将有力地缓解斯里兰卡面临的电力供应不足问题。该电站位于科伦坡以北约130公里处，于2007年7月开工，一期工程装机容量30万千瓦，中国银行贷款4.45亿美元。经过努力，电站已于2011年3月开始运行发电，占斯全国发电量的17%，拉贾帕克萨总统亲自参加了一期工程的落成典礼。该电站二期工程装机容量2×30万千瓦，合同金额8.9亿美元，2014年9月已竣工。两期工程完工后，该电站的装机容量将达到90万千瓦，占斯现有装机容量的1/3以上，将成为斯发电量最大的电站。[②] 与此同时，由印度与斯里兰卡合资建于亭可马里的燃煤电站项目预计在2017年建成发电。据斯电力局表示，届时190万千瓦的电力将输入全国的电网，斯电力供应将大幅增加，电费价格将会大幅下降，电力短缺状况将得到彻底扭转。[③]

（四）港口建设

在港口设施方面，也有一些重大项目在建或完工投产。2010年11月，由中国参与援建的斯里兰卡最大港口汉班托塔港一期工程建成，斯政府随后举行了盛大开港仪式。拉贾帕克萨总统在仪式上称“这个港口将来会成为国际性港口，在斯里兰卡经济中发挥核心作用”。该项目系EPC总承包项目，一期工程包括2个10万吨级重力

---

① 车宏亮：“斯里兰卡开通首条高速公路”，http：//news.xinhuanet.com/world/2011－11/27/c_ 111198031.htm。

② 车宏亮：“中国承建斯里兰卡煤电站遭黑手　中企背黑锅”，《国际先驱导报》2012年8月30日。

③ “斯里兰卡电力局宣布2013年斯里兰卡电费有望全面下调”，2009年12月15日，http：//www.mofcom.gov.cn/aarticle/i/jyjl/j/200912/20091206671897.html。

式通用码头、1个10万吨级重力式油码头等主体工程，工程于2008年1月15日开工，至2010年8月15日码头主体结构工程基本完成，港池开挖土石方量累计达1200多万方，开挖水深17米，砌筑311米东防波堤和988米西防波堤，提前4个月圆满完成了业主指定的实现港口靠船的要求。[①] 该港口三期工程全部完工后，将形成占地16平方公里、可同时停靠33艘轮船的南亚第一大港，将在斯经济发展中发挥核心作用，为斯南部提供贸易、就业、旅游等各方面的机会，促进整个地区乃至斯里兰卡的经济发展。除了汉班托塔港之外，中国企业还与斯方合作，参与了科伦坡南港集装箱码头的建设。科伦坡南港是南亚地区迄今为止最大的深水港，可以停靠世界上最大的18000标准箱的货柜轮，它不仅能服务于南亚次大陆、远东和亚太地区，还可以服务东西主航线。因此，该项目的完工将给斯里兰卡带来强大的竞争优势，有助于其实现成为区域航运中心的愿望。除了南部地区港口这两个大项目之外，2011年初，由印度援助的位于斯北部贾夫纳地区的KKS港重建工作也已启动。

（五）机场建设

在航空方面，由中国援建的斯里兰卡第二座国际机场马塔拉—拉贾帕克萨国际机场进展顺利。机场坐落在汉班托塔港以北15公里，于2009年11月由中方开始援助建造。整个机场占地2000公顷，其中一期工程占地800公顷。2013年3月，一期工程顺利竣工，耗资2.1亿美元，预计每年的旅客吞吐量将达到100万人次，货物吞吐量达4.5万吨。[②] 该机场设计标准高，将被打造成印度洋地区航运中心。拉贾帕克萨总统为此表示，该机场的启用对提升斯国际形象、

① 孙乐东："汉班托塔港开港仪式隆重举行"，2010年11月19日，http://www.mofcom.gov.cn/aarticle/i/jyjl/j/201011/20101107256135.html。

② 周晶璐："中方援建斯里兰卡机场投用"，《东方早报》2013年3月19日。

促进当地旅游发展和改善区域经济面貌将起到重要作用。

（六）电信建设

在电信方面，斯里兰卡已成为亚太地区竞争最为充分的电信市场之一，并且斯电信市场已经出现由于运营商过多而存在“过度拥挤”的状况。[①] 据斯官方统计数据，截至2012年底，斯固定电话用户数已经达到350万户，而移动用户数已经突破2000万户，用户渗透率达到100%。[②] 而电信市场的发达和激烈的市场竞争，已经使得斯里兰卡的通信资费变得非常廉价。

第三节　基础设施建设前景

随着经济快速增长，斯里兰卡对基础设施的需求还将进一步增加。为此，斯里兰卡政府计划继续加大对基础设施的投资，外国也增加了对斯基础设施的投资，斯基础设施状况可望进一步改善。

一、基础设施建设需求还将增加

尽管斯里兰卡基础建设进展较快，但是由于内战所带来的破坏在短时期内还难以迅速消除，同时基础设施建设本身就带有投资大、回报期长、建设周期长以及风险较高等特点，再加上斯经济发展水平还比较低，自身财力有限限制了在基础设施领域的投入，因此现有的基础设施能力还远不能满足国民经济和社会发展的需求。现任

---

① 李佳松：“惠誉评级：斯里兰卡电信市场过度拥挤”，2011年5月26日，http://www.mofcom.gov.cn/aarticle/i/jyjl/j/201105/20110507571308.html。

② http://www.trc.gov.lk/information/statistics.html.

总统拉贾帕克萨也雄心勃勃，希望能借助内战结束所带来的和平契机，发挥斯独有的地缘和资源优势，推动斯进入高增长轨道，建设新的“亚洲奇迹”，这就必然对基础设施建设提出更高的要求。

二、政府计划加大基础设施投资

斯里兰卡已经宣布，计划在2012—2015年间，投资210亿美元或者6.5%的GDP资金用于基础设施建设项目。从斯里兰卡的经济结构来看，其工业基础薄弱，农业发展落后，服务业一直是经济快速发展的主要驱动力，这种特点决定了基础设施的加快建设和适度超前发展，对于推动经济持续增长和结构优化调整具有更加重要的作用。因此，总体上讲，斯里兰卡基础设施发展的空间还十分广阔，对基础设施的投资需求还将有增无减。

从未来看，制约斯里兰卡基础设施发展的主要因素将是资金、人才以及相应的技术支撑。由此可以预见，斯里兰卡必将进一步加大对外招商引资力度，以更加开放的姿态鼓励外来资金、技术和人才的进入。这也将成为斯里兰卡较长一段时期内的基本政策取向。

三、外国在基础设施上投资增多

据斯里兰卡投资局统计，近年来斯吸引的外国直接投资在不断增多，主要来自新加坡、英国、日本、美国、印度和中国等国。仅从中国来看，截至2011年底，对斯的投资就已达到65亿美元。[①] 外资进入的增多，与斯注重投资环境的建设打造是分不开的。斯所有

---

① 孙广勇：“发展斯里兰卡基础设施　推动当地经济发展”，http：//news.163.com/12/1023/00/8EF9D56R00014JB6_all.html。

政党都信奉企业自由和个体自由原则。通过宪法保证的双边投资协定为外国投资提供了有力的法律保障。外商投资几乎在所有经济领域都受到欢迎，只有在很少领域受到禁止和限制，而这些领域也正在减至最小。此外，斯对外资收入和资本的返回没有任何限制。斯里兰卡还有丰富而廉价的劳动力资源，斯人民的识字率在发展中国家居于前列。另外，斯里兰卡作为“印度洋上的珍珠”，还有着得天独厚的优美自然环境。因此，不少赴斯投资的企业家都认为，与南亚其他国家相比，无论是地理位置、劳动力素质、生活环境，还是政策环境、商业环境、投资法律及税收优惠等，斯里兰卡都胜出一筹。实际上，正是看好斯的发展前景和旨在进一步推动中斯友好关系向前迈进，2013 年 5 月，中国又向斯里兰卡提供了约 134. 8 亿元人民币的贷款，用于修建斯中部城市康提与北部港市贾夫纳间的高速公路，延伸斯里兰卡铁路线、南部高速公路以及开发首都科伦坡的港口资源等基础设施。①

相信随着重建工作的加快和经济的持续增长，斯里兰卡有望成为更多外来投资者关注的热点地区，斯里兰卡的基础设施面貌也将不断具有新的改观。

---

① 孙萌：“中国向斯里兰卡提供 135 亿基建贷款令印度担忧”，http：//finance. huanqiu. com/world/2013 – 05/3986221. html。

第九章

内战结束后斯里兰卡加速旅游业发展

"斯里兰卡靠近赤道，印度洋环抱四周，气候适宜，终年常绿，花果飘香，海鲜丰富。长达1240公里的海岸几乎完全是宽阔的金色海难，尤其是西南海岸，更是游泳和日光浴的理想场所。……斯里兰卡像印度洋万顷碧波中的一颗明珠，的确是旅游者的天堂。"[①] 旅游业是斯经济的重要组成部分，然而国内民族冲突对斯旅游业影响深远，甚至可以说，斯旅游业发展的历史就是斯国内民族冲突历史的影射。可以说，斯内战曾一度严重影响了旅游业，但自从2009年5月内战结束以来，斯旅游业迎来了发展良机，并呈现出加速发展态势。

---

① 吴闻："浅谈斯里兰卡的旅游业"，《当代亚太》1993年第3期，第77页。

第一节　旅游业发展现状

独立后，斯里兰卡十分注重发展旅游业，采取了一系列政策措施，促使旅游业获得一定程度发展。

一、接待外国游客数量呈持续快速增长态势

根据《斯里兰卡旅游年度统计报告》数据显示，自内战结束以来，斯里兰卡旅游业发展迅速。其中，接待外国游客数量呈持续快速增长态势，如接待外国游客数量从 2008 年的 43. 85 万人次上升到 2009 年的 44. 79 万人次、2010 年的 65. 45 万人次和 2011 年的 85. 60 万人次之后，再上升到 2012 年的 100. 56 万人次，平均年增长率达到 24. 13%（如图 9—1 所示）。

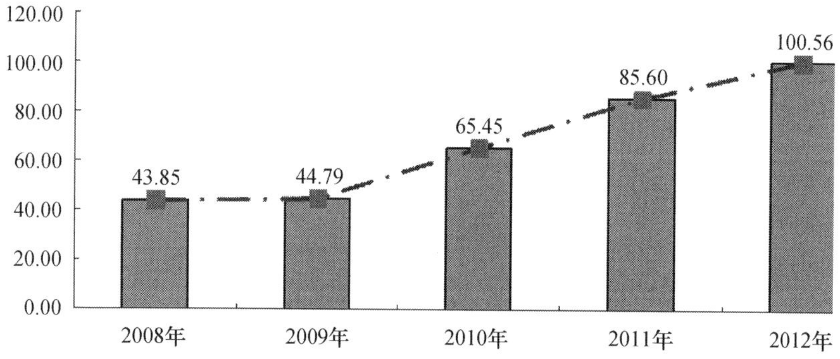

图 9—1　接待外国游客数量（万人次）

表 9—1　接待游客数量①　　（单位：万人次）

地区	年份				
	2008 年	2009 年	2010 年	2011 年	2012 年
北美	2.32	2.50	4.06	4.91	5.92
拉美和加勒比海	0.04	0.07	0.06	0.10	0.16
西欧	16.58	17.02	25.52	31.52	37.31
东欧	2.94	2.62	3.56	5.04	7.20
中东	1.67	2.38	3.75	5.63	5.62
非洲	0.24	0.16	0.22	0.36	0.50
亚洲	17.59	17.44	24.58	33.38	38.03
大洋洲	2.14	2.60	3.70	4.65	5.78
总计	43.85	44.79	65.45	85.60	100.56

资料来源：斯里兰卡旅游发展局《斯里兰卡旅游年度统计报告（2008—2011）》以及《2012 年度斯里兰卡旅游月度统计报告》。

内战结束后，斯里兰卡接待的外国游客主要来自北美、拉美和加勒比海、西欧、东欧、中东、非洲、亚洲、大洋洲等地区（如图 9—2 所示），其中来自亚洲和西欧地区的游客增长速度较快。如来自亚洲地区游客数由 2008 年的 17.59 万人次上升到 2009 年的 17.44 万人次、2010 年的 24.58 万人次、2011 年的 33.38 万人次，再上升到 2012 年的 38.03 万人次；这些游客主要来自印度、马尔代夫、日本、中国、巴基斯坦等国家。来自西欧地区的游客数由 2008 年的 16.58 万人次上升到 2009 年的 17.02 万人次、2010 年的 25.52 万人次、2011 年的 31.52 万人次，再上升到 2012 年的 37.31 万人次（如表 9—1 所示）。与上年同期相比，2012 年 11 月来自西欧的游客数量持续增长了 17.2%；欧洲地区的游客主要来自英国、法国、德国、荷兰、比利时等国家。内战结束后，斯接待入境游客数量居前十位

① http：//sltda. lk/annual_ reports；http：//www. sltda. lk/monthly_ statistics.

的国家分别是印度、英国、德国、法国、澳大利亚、马尔代夫、加拿大、美国、新西兰和俄罗斯。

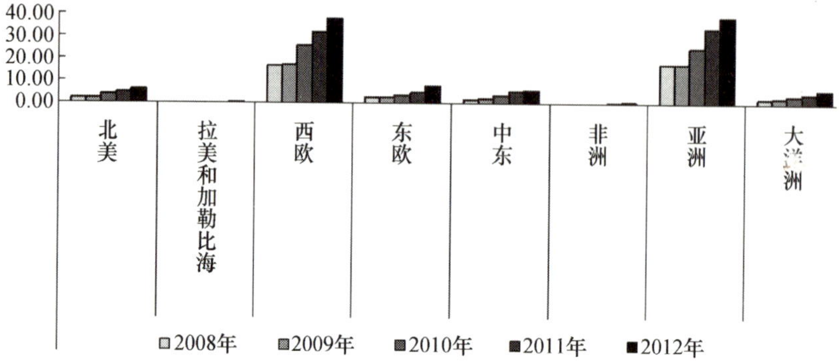

图 9—2 接待来自不同地区的游客数（万人次）

二、宾（旅）馆及其客房数量不断增加

根据《斯里兰卡旅游年度统计报告》数据，如图 9—3、图 9—4 所示，自内战结束以来，登记注册旅游宾馆由 2008 年的 256 家上升到 2012 年的 269 家，增长 5.08%，宾馆客房数也由 2008 年的 14793 间上升到 2012 年的 15510 间，增长 4.85%。其中，五星级宾馆由 2008 年的 13 家上升到 2012 年的 14 家，增长 7.69%，其客房数也由 2008 年的 3080 间上升到 2012 年的 3230 间，增长 4.87%；四星级宾馆由 2008 年的 9 家上升到 2012 年的 15 家，增长 66.67%，其客房数也由 2008 年的 957 间上升到 2012 年的 1784 间，增长 86.42%；三星级宾馆由 2008 年的 6 家上升到 2012 年的 16 家，增长 166.67%，其客房数由 2008 年的 435 间上升到 2012 年的 1201 间，增长 176.09%；二星级宾馆由 2008 年的 30 家上升到 2012 年的 36 家，增长 20.00%，其客房数由 2008 年的 1912 间上升到 2012 年的 2022 间，增长 5.75%；一星级宾馆由 2008 年的 22 家上升到 2012 年

的33家，增长50.00%，其客房数由2008年的702间上升到2012年的1171间，增长66.81%；未定级宾馆由2008年的176家下降到2012年155家，下降11.93%，其客房数由2008年的7707间下降到2012年的6102间，下降20.83%（如表9—2所示）。

表9—2　登记注册旅游宾馆数（家）及其客房数（间）①

年份	2008年		2009年		2010年		2011年		2012年	
类别	宾馆数（家）	客房数（间）	宾馆数（家）	客房数（间）	宾馆数（家）	客房数（间）	宾馆数（家）	客房数（间）	宾馆数（家）	客房数（间）
5星级宾馆	13	3080	13	3080	14	3230	15	3230	14	3230
4星级宾馆	9	957	13	1582	14	1638	15	1784	15	1784
3星级宾馆	6	435	13	1079	16	1324	15	1178	16	1201
2星级宾馆	30	1912	39	2517	35	2008	36	2022	36	2022
1星级宾馆	22	702	30	1005	34	1177	33	1171	33	1171
未定级宾馆	176	7707	134	5198	140	5337	139	5268	155	6102
合计	256	14793	242	14461	253	14714	252	14653	269	15510

资料来源：斯里兰卡旅游发展局《斯里兰卡旅游年度统计报告（2008—2011）》以及《2012年度斯里兰卡旅游月度统计报告》。

① http：//sltda. lk/annual_ reports；http：//www. sltda. lk/monthly_ statistics.

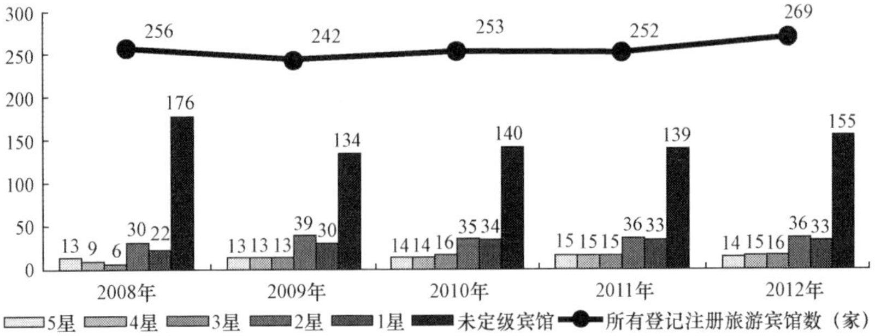

图 9—3　登记注册旅游宾馆数（家）

与此同时，登记注册旅游宾馆以外的旅馆数量也呈现上升趋势，由 2008 年的 578 家上升到 2012 年的 654 家，增长 13.15%，其客房数也由 2008 年的 5319 间上升到 2012 年的 6141 间，增长 15.45%。

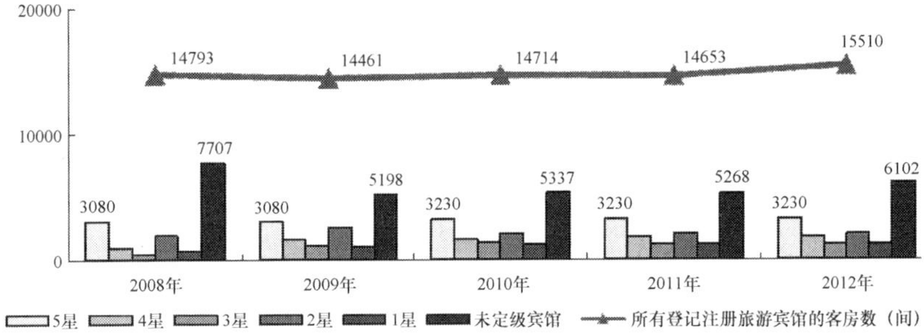

图 9—4　登记注册旅游宾馆的客房数（间）

根据《斯里兰卡旅游年度统计报告》数据显示，自内战结束以来，登记注册旅游宾馆的平均入住率由 2008 年的 43.9% 上升到 2012 年的 76.3%（如图 9—5 所示）。其中，五星级宾馆的入住率由 2008 年的 52.9% 上升到 2012 年的 76.4%；四星级宾馆的入住率由 2008 年的 51.7% 上升到 2012 年的 75.7%；三星级宾馆的入住率由 2008 年的 45.1% 上升到 2012 年的 74.3%；二星级宾馆的入住率由 2008 年的 43.4% 上升到 2012 年的 77.4%；一星级宾馆的入住率由 2008

年的29.2%上升到2012年的75.3%；未定级宾馆的入住率由2008年的40.1%上升到2012年的77.9%（如表9—3所示）。而登记注册游客宾馆以外的旅馆的平均入住率也由2008年的48.2%上升到2012年的70.3%。

表9—3　登记注册旅游宾馆的入住率①　（单位:%）

年份	2008年	2009年	2010年	2011年	2012年
5星级宾馆	52.9	56.6	76.8	78.7	76.4
4星级宾馆	51.7	52.3	74.7	78.1	75.7
3星级宾馆	45.1	48.5	68.1	74.6	74.3
2星级宾馆	43.4	44.9	67.4	76.4	77.4
1星级宾馆	29.2	41.9	66.5	77.9	75.3
未定级宾馆	40.1	46.3	67.7	76.8	77.9
合计	43.9	48.4	70.2	77.1	76.3

资料来源：斯里兰卡旅游发展局《斯里兰卡旅游年度统计报告（2008—2011）》以及《2012年度斯里兰卡旅游月度统计报告》。

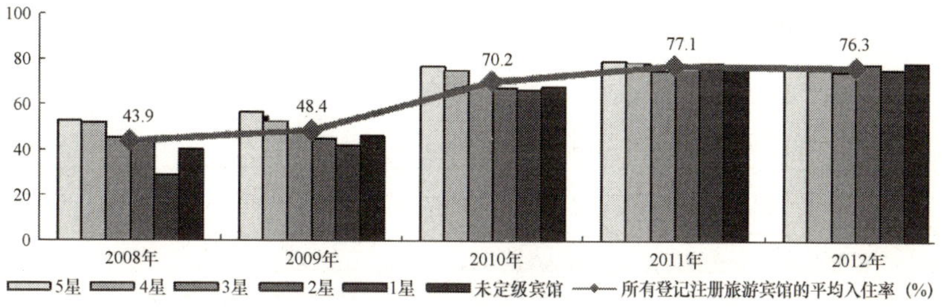

图9—5　登记注册旅游宾馆的平均入住率（%）

① http://sltda.lk/annual_ reports; http://www.sltda.lk/monthly_ statistics.

三、旅游业外汇收入和就业机会持续增加

根据《斯里兰卡旅游年度统计报告》数据显示，内战结束后，斯里兰卡旅游业得到持续快速发展，其外汇收入从2008年的3.2亿美元上升到2009年的3.49亿美元、2010年的5.76亿美元、2011年的8.39亿美元，而2012年已超10亿美元（如图9—6、表9—4所示）。目前，旅游业已成为斯里兰卡第三大外汇创收产业。

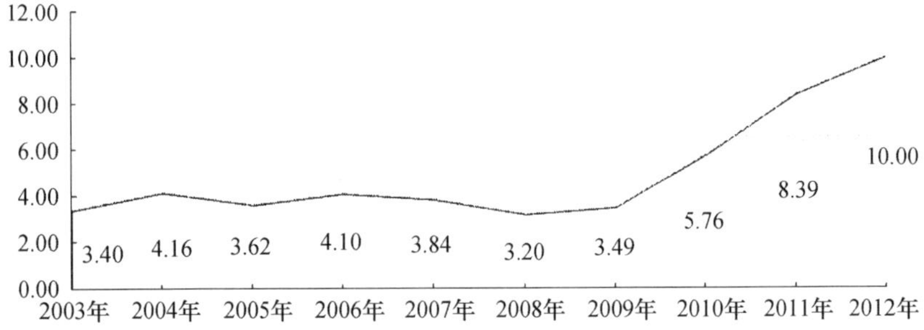

图9—6 斯里兰卡旅游业外汇收入（亿美元）

表9—4 旅游业外汇收入额 （单位：亿美元）

年份	2003年	2004年	2005年	2006年	2007年	2008年	2009年	2010年	2011年	2012年
总额	3.40	4.16	3.62	4.10	3.84	3.20	3.49	5.76	8.39	10.00

资料来源：斯里兰卡旅游发展局《斯里兰卡旅游年度统计报告（2008—2011）》以及《2012年度斯里兰卡旅游月度统计报告》。

与此同时，随着斯里兰卡旅游业持续快速发展，其创造就业的机会也不断增多。内战结束后，斯旅游业创造直接就业人数由2008年的5.13万人上升到2009年的5.21万人、2010年的5.5万人和2011年的5.78万人；间接就业人数由2008年的7.18万人上升到

2009 年的 7. 29 万人、2010 年的 7. 7 万人和 2011 年的 8. 09 万人；创造总的就业人数由 2008 年的 12. 31 万人上升到 2009 年的 12. 5 万人、2010 年的 13. 21 万人和 2011 年的 13. 87 万人（如图 9—7、表 9—5 所示），年平均增长 4. 06%。

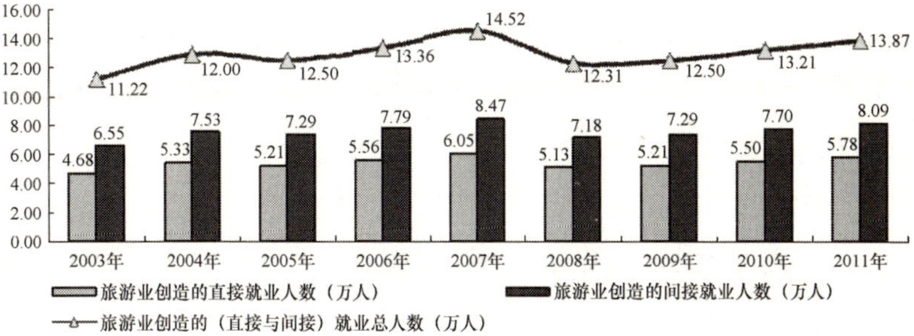

图 9—7　旅游业创造就业总人数（万人）

表 9—5　旅游业创造的就业人数[①]　　（单位：万人）

年份	2003 年	2004 年	2005 年	2006 年	2007 年	2008 年	2009 年	2010 年	2011 年
直接就业人数	4. 68	5. 38	5. 21	5. 56	6. 05	5. 13	5. 21	5. 50	5. 78
间接就业人数	6. 55	7. 53	7. 29	7. 79	8. 47	7. 18	7. 29	7. 70	8. 09
就业总人数	11. 22	12. 90	12. 50	13. 36	14. 52	12. 31	12. 50	13. 21	13. 87

资料来源：斯里兰卡旅游发展局《斯里兰卡旅游年度统计报告（2008—2011）》以及《2012 年度斯里兰卡旅游月度统计报告》。

① http：//sltda. lk/annual_ reports；http：//www. sltda. lk/monthly_ statistics.

第二节 加速旅游业发展

为了进一步提升旅游业的创汇能力，促进旅游业对斯经济发展的促进作用，并将斯打造成为南亚地区的旅游枢纽，斯政府特制定了国家旅游业的相关发展政策，并积极启动各类旅游项目，以推动旅游业的加速发展进程。

一、谋划加速旅游业发展战略

（一）将斯里兰卡打造成为（南亚）区域旅游中心

斯里兰卡政府希望除了发展 Dedduwa、Galle、Panama 和 Negombo 等旅游区外，还要开发东部的 Arugambay 海滩旅游胜地、汉班托塔和 Kalpitiya 等旅游区，各旅游景区将举办多种多样的活动，并启动优惠措施为国内外游客提供更多便利。

（二）加大市场推广力度

政府将协助旅游职能部门推动旅游业持续快速发展，海外办事机构将聘用市场营销专员执行各种广告宣传，并阻止和减少不利于斯旅游业发展的各种负面宣传。

（三）进一步加强旅游住宿设施和其他基础设施建设

如果希望实现旅游业发展的既定目标，就需有现代化的基础设施作为保障。因此，斯政府将进一步加大对现有宾馆住宿条件改善的支持力度，并支持旅游休闲及其旅馆房间建筑项目的开发，以建造更多的小型和大型私人宾馆。

（四）加大公路、铁路等交通基础设施建设力度

政府将进一步完善现存公路网，将现存公路延伸至各旅游景区宾馆所在地；并将形成更加完善、发达的轨道交通网。

二、明确加速旅游业发展目标①

在斯经济发展部部长巴斯·拉贾帕克萨的指导下，针对旅游业的2010—2016年《五年战略发展计划》正在实施过程中。就这个战略计划，旅游业的具体发展目标有：第一，入境游客从2010年的65万人次提高至2016年的250万人次、2020年的400万人次；第二，五年内吸引外国直接投资30亿美金；第三，旅游业的就业人数从2010年的12.5万人上升至2016年的50万人；第四，外汇收入从2010年的5.76亿美元提高至2016年的27.5亿美元；第五，进一步改善斯里兰卡与全球的贸易和经济联系；第六，致力将斯里兰卡打造成世界上最受人们喜爱的旅游岛。

三、出台加速旅游业发展的政策举措②

斯里兰卡政府主要通过下列措施来促进旅游业的发展：第一，有计划地发展旅游业。考虑旅游业发展的可持续性，优先开发以清洁、健康为主题的旅游产品，加大对野生动植物群体、历史遗迹和文化瑰宝的保护力度。第二，拓展旅游市场，发展高端旅游。有针对性地开发海外市场，主要涉及日本、中国、韩国和澳大利亚等市

① http：//www. sltda. lk/node/184.

② 蒋茂霞："云南与斯里兰卡、马尔代夫开展旅游合作的障碍及前景"，《保山学院学报》2011年第3期，第82—83页。

场；同时开发多样化旅游产品，如自然风光旅游、探险游、农业观光游、文化游、社区旅游、体育旅游、生态旅游和健康旅游等。第三，为开展旅游服务项目的私营部门创造宽松的政策环境，同时建立鼓励机制，大力吸引国内外投资者。第四，推动办公机构网络化和投资便利化，并简化旅游项目审批手续。第五，提高旅游景点服务质量，并开发新的旅游景点。第六，完善基础设施建设。政府大力支持基础设施建设项目，通过强化现有公路网络，关注小型或大型娱乐设施、宾馆等建筑项目来推动旅游业的发展。

四、构建加速旅游业发展的“一站式”服务中心①

为了帮助那些对斯里兰卡旅游业发展具有投资潜力的投资者，斯政府构建了一个加速旅游业发展的“一站式”集中促进和便利化服务中心。该中心是一个“一站式”服务点和获取旅游业发展相关信息的“窗口”，由政府各相关部门的专业人员组成，帮助鉴别投资方案的可行性、获取潜在的投资信息、提交投资申请、提供获取投资促进权益、办理行业投资许可证等。该中心有利于避免投资者花费更多的时间去获取投资批文，通过专业人员操作以确保投资者消除疑虑。此外，该中心的成立也减少了投资者从各个相关政府部门获取投资批准的时间，并代表投资者的利益对各部门进行有效的协调和投资促进工作。

该中心的核心目标是：第一，对有意投资斯里兰卡旅游业的投资者提供一条宽松便捷的“绿色通道”；第二，整合与旅游投资相关的各种信息，以确保有关当事人便捷地通过电话、邮件或远程电信会议等方式获取相关的投资信息；第三，就现存的旅游投资机会、

---

① http：//www. sltda. lk/Tourism_ Investment.

土地利用、项目开发和旅游需求等事项对当事人进行规范管理与教育培训；第四，限期对潜在的投资者提供旅游投资项目的可行研究与其他分析；第五，整合相关政府职能部门的工作职责，加速审批进程，至少为投资者减少50%的审批时间。

总之，该服务中心致力于为潜在的投资者提供旅游投资咨询，收集相关信息，提供可获得性土地利用名目，帮助寻找有合作意向的投资伙伴，帮助完成投资审批程序，组织实地考察，举办投资招商会，快速办理投资许可等投资前期服务工作；并为投资者快速办理投资申请的正式批文、协调完成投资所需物业建造规划批文、整理完成投资委员会最终给予的投资激励计划等投资中期服务；以及给予办理签证的推荐信和监控施工进程等后期服务工作。

第三节　旅游业发展前景

斯里兰卡旅游资源极其丰富，长期以来，斯政府高度重视旅游业发展，因此未来斯旅游业发展前景广阔。

一、旅游资源丰富

斯里兰卡是集自然风光、异域风情、海岛度假、宗教多元等多种旅游产品于一体的旅游目的地，拥有美丽的热带风光和漫长宽阔的海滩、古老的文化及众多的名胜古迹和世界文化遗产，地处东西方海上交通要冲，国内交通四通八达，具备吸引游客、发展旅游业的独特优势。但在过去几十年里，由于备受内战的拖累，斯经济发展受到限制，旅游业的发展起伏不定，发展缓慢。然而，自2009年内战结束以来，斯经济突飞猛进，在严峻的世界经济形势下逆势而上，且内战结束以后国内安全形势稳定，美国也于 2010 年取消了对斯的旅游警告，因此斯旅游业发展具备了良好的经济与安全基础。

二、政府重视旅游发展

除了具有丰富的旅游资源外，政府的高度重视也是斯里兰卡旅游业前景广阔的主要因素。斯政府将旅游业的发展和振兴作为发展经济的重要举措，先后出台并实施了一系列如大力吸引国外旅游产业投资、鼓励完善更多的出游计划、增设重要客源市场航线、降低游客出行成本、加大旅游产品的投资开发力度、完善旅游服务设施和提高旅游服务质量等政策举措。因此，随着斯吸引境内、外游客各项优惠政策的不断贯彻执行，相关投资不断增加，一批国际知名酒店落户斯里兰卡。例如，来自新加坡等国的投资商开始在斯里兰卡投资兴建酒店和其他高档度假设施，本国的酒店集团也纷纷在旅游胜地兴建高尔夫球场、赛马场、水上餐厅、世界级游乐场、游艇、自然风景和赏鸟等观光休闲项目；日本国际合作银行以及世界银行等机构也纷纷出资，帮助斯里兰卡开发旅游资源。2013 年，斯里兰卡被国际著名的旅游指南《孤独星球》评为首选旅游目的地。

三、旅游业前景广阔

基于上述因素，我们相信斯里兰卡通过推出多元化的旅游线路资源、加大旅游推广和宣传力度等措施，在巩固欧洲传统市场的基础上，必然会吸引大量来自印度、中国、日本、阿拉伯以及中东地区的游客，斯入境游客数量将会大幅攀升，政度计划于 2016 年和

2020 年分别实现外国游客数量达到 250 万人次和 400 万人次的发展目标将会变成现实，斯旅游业将保持持续快速增长势头，发展前景可观。

第十章 内战结束后斯里兰卡加速农业发展

斯里兰卡是农业国，土地面积约6.56万平方公里；在全国2000多万总人口中，约70%的人口生活在农村。农业是斯里兰卡的重要产业，发展农业和增加农民收入是社会稳定的重要保证。受长期内战的影响，斯农业发展缓慢。但自2009年内战结束以来，斯政府十分重视农业与农村工作，将农业放在优先发展的位置，斯农业经济获得了明显的发展，并呈现出适度增速发展态势。

第一节 农业发展现状

仍保持着传统农业结构的斯里兰卡有约70%的人口生活在农村并依赖于农业而谋生，“农业经济仍是国民经济的主体，至今茶、胶、椰三大经济作物的种植、加工和出口也仍然是农业经济甚至整个国民经济的三大支柱”。[①] 因而，农业是斯国民经济的重要基础。

① “斯里兰卡的农业经济”，2009年6月28日，http://zhengyuzhong.blshe.com/post/3183/403700。

内战结束后斯农业发展总体平稳，创造了大量的就业岗位，增加了农民收入，保证了社会稳定和国家经济持续发展。

一、农业发展呈现出波动性和相对缓慢性，但农产品出口增速较快

（一）农业增长落后于国内工业和服务业的增长速度，也落后于整个国民经济发展速度

斯里兰卡农业增加值的增长率由2008年的7.5%下降到2009年的3.2%之后，上升到2010年的7.0%，然后又下降到2011年的1.5%，后再次上升到2012上半年的10.3%，因而尽管斯农业经济增长总体上呈上升态势，但其波动性较大。同时，在内战结束后的2009—2012年里，斯农业增加值的年平均增长率仅有5.5%，较工业8.3%的年平均增长率和服务业6.3%的年平均增长率分别低2.8和0.8个百分点，也低于GDP年平均增长率6.7%1.2个百分点（如图10—1所示）。[①] 可见，斯农业发展落后于国内工业和服务业的增长速度，也落后于整个国民经济发展速度，农业发展对斯国民经济增长的助推力不强。

（二）农产品出口呈现出稳定性与较快增长速度

斯里兰卡的茶叶、橡胶、椰子的产量居世界前列，为三大主要出口农产品，尤其是茶叶是斯最重要的出口农产品。内战结束以来的2009—2012年里，斯农产品出口总体上保持着较快的增长态势

---

① 斯里兰卡央行发布的《2012年回顾与2013展望报告》，以及央行发布各相关年份斯里兰卡《央行年度报告》与《经济与社会统计报告》。

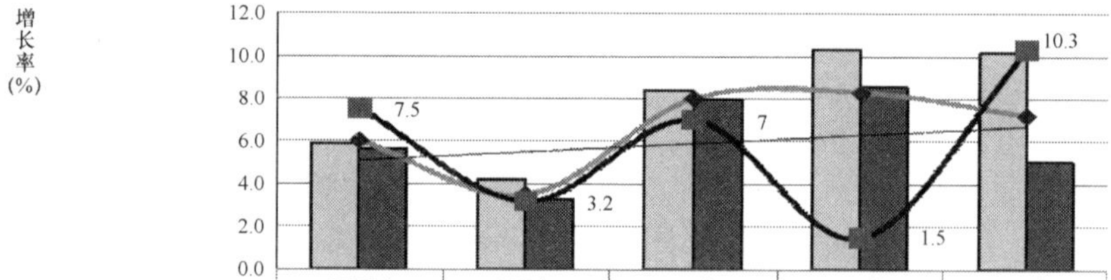

	2008年	2009年	2010年	2011年	2012年
工业（%）	5.9	4.2	8.4	10.3	10.2
服务业（%）	5.6	3.3	8	8.6	5.1
GDP增长率（%）	6	3.5	8	8.3	7.2
农业（%）	7.5	3.2	7	1.5	10.3

图 10—1　内战结束后斯里兰卡农业增加值年增长率（%）

（如图 10—2 所示），出口额从 2009 年的 16.9 亿美元上升到 2010 年的 20.41 亿美元、2011 年的 25.27 亿美元，然后略为降至 2012 年的 23.31 亿美元。其中，2012 年茶叶出口额为 14.12 亿美元，比 2009 年的 12 亿美元增长 18%；2012 年橡胶出口额为 1.25 亿美元，比 2009 年的 0.98 亿美元增长 28%；2012 年椰子出口额为 2.09 亿美元，比 2009 年的 1.66 亿美元增长 26%。①

内战结束以来的 2009—2012 年里，斯农产品出口额占其出口总额的比重也保持上升趋势，基本上保持在 23% 左右，其中茶叶所占比重最大，一般都在 15% 左右，而椰子和橡胶分别占 2.3% 和 1.2% 左右（如图 10—3 所示）。② 这说明茶叶在斯里兰卡农产品出口中占据十分重要的地位，而橡胶和椰子也是重要的出口农产品。除此之外，小农产品如水果、蔬菜和香料也正成为斯国家出口收益的重要来源。

① 斯里兰卡中央银行 2012 年年报。

② 同上。

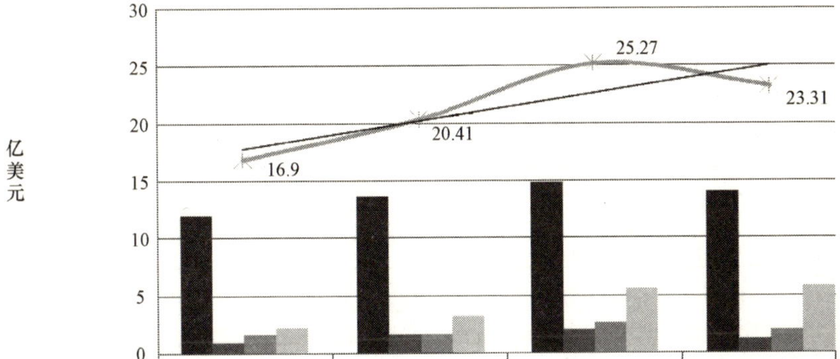

	2009年	2010年	2011年	2012年
茶叶	12	13.75	14.9	14.12
橡胶	0.98	1.7	2.06	1.25
椰子	1.66	1.7	2.66	2.09
其他农产品	2.26	3.26	5.65	5.85
农产品出口额	16.9	20.41	25.27	23.31

图 10—2　2009—2012 年斯里兰卡农产品出口额（亿美元）

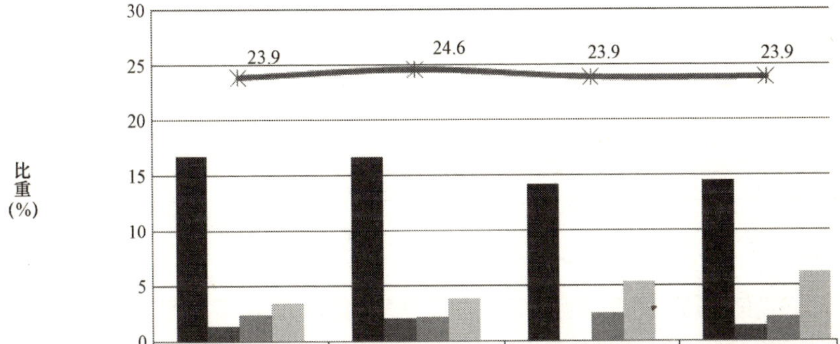

	2009年占斯出口总额的比重（%）	2010年占斯出口总额的比重（%）	2011年占斯出口总额的比重（%）	2012年占斯出口总额的比重（%）
茶叶	16.7	16.6	14.1	14.4
橡胶	1.4	2.10	0.02	1.30
椰子	2.4	2.1	2.5	2.1
其他农产品	3.4	3.8	5.3	6.1
农产品出口额	23.9	24.6	23.9	23.9

图 10—3　2009—2012 年斯里兰卡农产品出口额

占其出口总额的比重（%）

二、农业结构相对稳定但产量波动大，而畜牧业、林业和渔业保持稳定增长态势

（一）农业结构相对稳定，但产量波动大

斯里兰卡的农业分为种植园农业和传统农业，其中种植园的农作物主要是茶叶、橡胶、椰子，传统农业主要是指水稻种植。种植园农业是斯农业的支柱，它在斯的农业产值及出口在整个农业生产总额以及斯出口总额中占的比重均较大。例如，2012 年仅其茶叶、橡胶、椰子三种农产品的增加值就占整个农业增加值的 22.7% 左右（如表 10—1 所示）；2012 年这三种农产品的出口额占斯当年出口总额的 17.8%（如图 10—3 所示）。由此可见，内战结束以后，种植园农业依然在斯农业经济中占据主体地位。

表 10—1　按市场价格计算的主要农产品产值

（单位：亿斯卢比）

年份	2008 年	2009 年	2010 年	2011 年	2012 年
农业总值	5901.14	6136.94	7179.1	7911.55	8378.83
茶	575	644.76	723.14	680.97	740.65
橡胶	280.29	192.78	440.96	614.76	502.55
椰子	652.51	525.85	604.39	724.39	655.51

资料来源：斯里兰卡央行发布的《2012 年回顾与 2013 展望报告》，以及央行发布各相关年份斯里兰卡《央行年度报告》与《经济与社会统计报告》。

同时，内战结束后斯里兰卡种植园发展相对稳定，但其增长的持续性动力不足。如内战结束以来，作为斯农产品出口三大支柱的茶叶、橡胶、椰子的产量稳定性不够（如表 10—2 所示）。特别是茶

叶产量，自2010年以后出现连续两年下降；橡胶产量相对稳定，但增幅不大；椰子产量在2010年下降后，又实现连续两年增长。这主要是由于斯种植园的水利灌溉设施较为落后，且时常受到干旱和暴雨的影响，但由于缺乏资金，许多种植园无法修缮其水利灌溉设施。基础设施落后成为制约种植园经济发展的重要因素。[①] 水稻是斯里兰卡传统农业的象征，也是重要的出口农产品，但其产量也极不稳定，起伏较大。

表10—2　内战结束后斯里兰卡主要农产品产量

年份	2008年	2009年	2010年	2011年	2012年②
茶（百万千克）	318.7	291.1	331.4	327.5	315
橡胶（万吨）	12.92	13.69	15.3	15.82	16.2
椰子（亿个）	29.09	27.62	25.84	28.08	29.19
水稻（万公吨）	387.5	365.2	430.1	387.5	388.1

资料来源：斯里兰卡统计局发布的斯里兰卡农业统计报告。

（二）畜牧业、林业和渔业保持稳定增长态势

内战结束以后，斯里兰卡畜牧业取得长足发展，牲畜和家禽数量增长明显，畜牧产品产量也有很大提高。与2009年相比，2012年黄牛产量增长8.71%，水牛产量增长11.56%，山羊/绵羊产量增长2.08%，猪产量增长9.88%，家禽产量增长3.09%，牛奶产量增长28.26%，鸡蛋产量增长27.56%（如表10—3所示）。

① “斯里兰卡种植业期待外资”，中华人民共和国商务部网站，2009年12月7日，http：//www.mofcom.gov.cn/aarticle/i/jyjl/j/200912/20091206654862.html。

② 2012年数据为预测值。

表 10—3 2009—2012 年斯里兰卡畜牧业发展情况

年份	黄牛（头）	水牛（头）	山羊/绵羊（头）	猪（头）	家禽（只）	牛奶（千升）	鸡蛋（千打）
2009	1137000	372000	385000	81000	13630000	233316	95187
2010	1170000	423000	381000	84000	14032000	247554	94995
2011	1192000	405000	384000	82000	14211000	258304	98777
2012	1236000	415000	393000	89000	14051000	299250	121425

资料来源：斯里兰卡统计局发布的斯里兰卡农业统计报告。

斯里兰卡有着丰富的林业资源，森林面积约为 200 万公顷，覆盖率约 30%。[①] 内战结束以来，斯林业发展引人注目，2009 年林业产值为 405.79 亿斯卢比，2012 年为 552.06 亿斯卢比，增长了约 36%，年平均增长率约为 8.3%。可见，斯林业保持着快速而又稳定的发展。

表 10—4 2009—2012 年斯里兰卡渔业发展情况

年份	近海捕捞（MT）	远洋捕捞（MT）	内河捕捞及渔业养殖（MT）	总产量（MT）
2009	180410	112760	46560	339730
2010	202420	129840	52410	384670
2011	222350	162920	59560	444830
2012	257540	159680	589850	486170

资料来源：斯里兰卡统计局发布的斯里兰卡农业统计报告。

斯里兰卡有着丰富的渔业资源，但内战使渔业发展受到严重制约，内战的结束为渔业发展提供了良好契机。2009—2012 年，斯里

① 《对外投资合作国别（地区）指南——斯里兰卡（2010 版）》，中国商务部，第 10 页。

兰卡渔业产量一直维持稳定增长，据统计，2012 年渔业产量比 2009 年增长 43.1%，年均增长率为 12.7%。其中，近海捕捞增长 42.75%，远洋捕捞增长 41.61%，内河捕捞及渔业养殖增长 1166.86%。可见，斯渔业发展势头强劲，具有很大发展潜力。当然，渔业基础设施不完善、渔产品加工能力不足、渔具短缺等影响因素也在一定程度上制约了当前斯里兰卡渔业进一步发展。

三、农业占斯国民生产总值的比重及其就业人数占总就业率的比重均呈现下降态势

（一）农业占国民生产总值的比重在下降

目前，三大产业中农业占斯里兰卡国民生产总值的比重最小，且随着斯国内产业结构进一步调整，内战结束后这一比重呈现出逐年下降趋势，如从 2008 年的 13.4% 下降到 2009 年的 12.7%、2011 年的 12.1% 和 2012 年的 10.9%。①

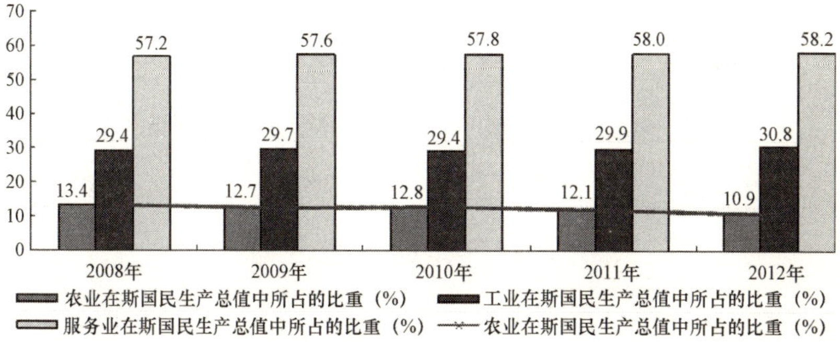

图 10—4　斯里兰卡经济产业结构

① 斯里兰卡央行发布的《2012 年回顾与 2013 展望报告》，以及央行发布各相关年份斯里兰卡《央行年度报告》与《经济与社会统计报告》。

（二）农业部门的就业人数占总就业人数的比重在下降

尽管斯里兰卡的农业创造了超过国内 1/3 的就业机会，例如在 2009—2012 年里，农业部门的就业人数占总就业人数的比重基本上维持在 33% 左右，但是这一比重却呈下降趋势，例如由 2008 年的 32. 7% 下降到 2009 年的 32. 6% 和 2012 年的 30% 。[①] 由此可见，尽管近年来斯政府对于农业发展高度重视，农业的发展吸收了斯大量的劳动力，带动了经济发展，解决了就业难问题，为斯的社会稳定和经济发展作出了重大贡献，但是从总体上来看，农业部门就业人数占总就业人数的比重整体上呈下降趋势（如图 10—5 所示）。

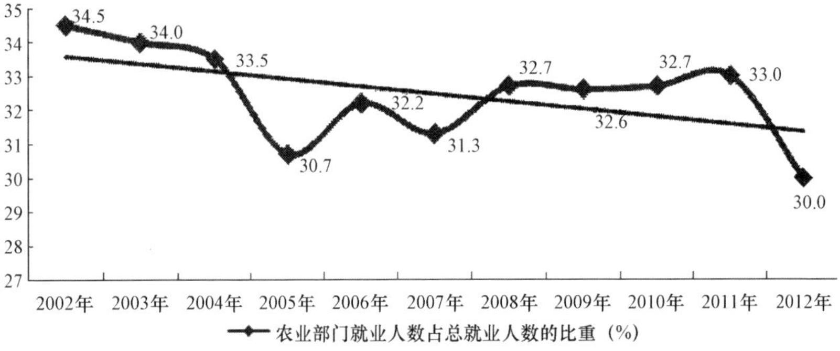

图 10—5 斯里兰卡农业部门就业人数占总就业人数的比重（%）

第二节 加速农业发展

内战结束以后，斯里兰卡政府高度重视农业发展并积极推动国

① 斯里兰卡央行发布的《2012 年回顾与 2013 展望报告》，以及央行发布各相关年份斯里兰卡《央行年度报告》与《经济与社会统计报告》。

内种植业、渔业的发展，发展高科技和生态农业，同时积极争取国外援助，借助外力促进自身农业的发展，在一定程度上取得了较为良好的效果。

一、提高农业技术与管理水平，积极推进茶叶、橡胶、椰子等种植业复苏

2009 年以后，斯里兰卡政府采取了一系列措施来实现茶叶、橡胶、椰子等种植业的复苏。首先，政府对传统种植业以外的区域进行了扩大，如南部省份经济作物的种植面积；其次，政府向种植园工人提供免费雨具、橡胶割刀等工具以及相关的技能培训；第三，高度重视如茶叶等种植业的生产技术、管理水平，高度重视打造茶叶的高附加值，尤为重视茶叶的包装和保险技术，甚至定期举办茶博会，将产业文化和时尚旅游结合起来。例如，斯里兰卡除使用先进的茶工艺设备外，还采用茶种多样化与优良品种、实施精细化的管理来推动茶产业的发展，严格管理茶叶市场和茶叶标准，并使茶叶的生产、销售和加工形成高度整合，且不卖原料茶；同时，注重茶叶的深加工和品牌塑造，在种植、生产和拼配、包装、营销等环节做到精细化管理，并形成了 150 多种不同口味、适应不同国际市场的红茶产品；还规定若不经过锡兰商会认证的茶叶不能进入交易市场，更不能使用“锡兰”商标。此外，鉴于与英国等西方国家的多年殖民地情节和英语优势，斯里兰卡在茶叶向西方国家推广上占据优势，在国际茶叶市场上，“锡兰”红茶已经成为国际著名的四大品牌红茶之一。

二、发展水产品加工产业，促进渔业发展

尽管斯里兰卡是个岛国，有漫长的海岸线，印度洋渔业资源十分丰富，但港口设施和捕捞技术非常落后、缺乏必要的冷冻条件以及销售渠道不畅等原因却致使斯渔业快速发展受到不良影响。因此，内战结束后，为了发展渔业，斯政府也努力增加渔业投资，引进先进技术，完善渔业基础设施，建设鱼码头和冷冻库，改善渔业捕捞条件，提高渔业产品的加工能力，理顺销售渠道，使普通百姓都能买得到鱼，吃得起鱼。同时，斯也与外国公司进行渔业合作，将渔产品进行深加工，建立近海对虾养殖和淡水鱼养殖基地，扩大出口，提高渔民的收入和增加就业机会。例如，由于渔船数量不能满足鱼类生产需求，斯渔业与水生资源发展部进口 50 多艘泰国渔船用以发展深海渔业。再如，2011 年斯经济发展部长巴希尔在会见联合国 NGO 组织代表时表示，希望 UNDP、WHO、ILO 和 WFP 等国际 NGO 组织帮助斯发展北部地区的渔业，他希望这些组织能帮助他们建设造船业和渔具制造业，而不是分发这些用具。① 除此之外，斯还不断加强对渔民的培训，以弥补多年内战造成的渔民数量大量缺失，重振渔业出口业。

三、签订国际农业合作协议，争取国际援助及贷款

2011 年 5 月，斯里兰卡与古巴签署了椰子产业发展协议，两国将进行椰子技术知识共享，举办培训班以及实施科学技术研究。斯

① “斯里兰卡寻求 NGO 援助发展北部”，中华人民共和国商务部网站，2010 年 11 月 22 日，http：//www. mofcom. gov. cn/aarticle/i/jyjl/j/201011/20101107242314. html。

里兰卡也与以色列签订了有关两国农业合作的谅解备忘录。[①] 2011年，日本向斯提供大量贷款帮助斯农民添置农业机械，提高农业现代化水平。2012 年 2 月，联合国农业发展基金会发布声明，表示将向斯政府提供 2200 万美元的援助用于改善农村灌溉设施，提高农产品的多样性。2013 年 7 月，国际农业发展基金会向斯捐建一个价值 120 万美元的虾养殖场，新养殖场占地 120 公顷，将分配给 27 个养殖户，每个养殖户可以从 Ceylon 银行获得 1906 美元的养殖贷款。位于拜蒂克洛的 Palameenmadu 地区专供渔船加油的加油站也获得 IFARD 基金会 9.15 万美元的资助。[②] 2013 年 11 月，中国中工国际工程股份有限公司与斯水利部签署了一项关于建设斯东北部延河农业灌溉项目的合作协议，协议金额为 1.75 亿美元。根据协议，中工国际将利用中方贷款为斯方建设 5 座大坝及配套灌溉渠道，工期为 4 年。建成后可解决 7000 公顷农作物灌溉问题，使 7000 个农民家庭直接受益，同时新增 3000 个农业就业机会。[③]

四、实施高科技与生态农业开发计划，助推农业可持续发展

（一）实施高科技农业开发计划

高科技农业是世界农业现代化的发展趋势，斯里兰卡政府十分

---

① 根据协议，以色列将向斯里兰卡提供农业技术援助并帮助斯发展农产品出口，具体包括农作物采收技术、奶制品加工、水利技术、土豆种植等。两国的农业部门已就加强农业合作达成了一致意见，双方将在与农业相关的技术、管理、投资、人员交流以及渔业、畜牧业的发展等方面开展广泛合作。

② “国际农业发展基金援建斯里兰卡新养殖场”，2013 年 7 月 8 日，http：//www.bbwfish.com/article.asp？artid = 152448。

③ “中斯签署灌溉建设合作项目”，2011 年 11 月 8 日，http：//news.xinhuanet.com/world/2011 - 11/08/c_ 122250796.htm。

重视高科技农业的发展。2012 年 2 月，斯农业部门发表一份报告指出，将实施一项广泛的高科技农业开发项目以满足国家不断增加的食品需求。其中将花费 50 万美元优先发展的一个项目，即利用新的高产水稻品种增加水稻产量。此外，斯政府还在 Thalawa 地区以及 Vellankulam 地区推出一项大豆生产计划，通过生产优质大豆种子，配发给农户，向农户提供技术指导，以提高大豆产量，减少从国外的进口量。政府还鼓励农民种植洋葱、蔬菜和其他作物。

（二）生产、推广和利用有机肥料，严管农药进口

2011 年，斯里兰卡政府培训了 92869 人生产有机肥料，并生产了 12.3 万吨有机肥料，同时向农民支付更高的价格来支持他们在稻田里使用有机肥料进行种植，鼓励农民使用有机肥料。有机肥补贴规定、政府的保护农民项目以及给水稻设置固定价格已经为水稻作物的丰收作出了贡献。据斯稻田经销管理局主席表示，优质稻谷将用于出口，高质量大米已经出口到阿拉伯联合酋长国和几个南部非洲国家。与此同时，政府希望能为斯水稻扩大国际市场机遇，以此推动农民生产更多的优质大米用于出口，带动斯农业的发展。斯里兰卡对农药的进口限制严格，一方面是为了防止农药的滥用对环境造成破坏，从而影响农业的可持续发展，另一方面也是为了保障食品安全。斯农业部已宣布禁止进口毒死蜱、敌稗三和西维因三种农药，卫生部将针对杀虫剂征收 10% 的医疗保险税，增税产生的收入将用于肾病患者的福利。此外，斯国内还禁止关于杀虫剂的任何宣传，包括在各种媒体上的广告；斯民众特别是农业社区民众将接受安全使用化学肥料和杀虫剂的教育。

（三）开展土壤保持工作，建立雨水收集系统

斯里兰卡政府一直致力于土壤保持工作，1951 年颁布的 25 号法

案明确规定要避免提高农业生产力给土壤带来损害。2011 年，斯农业部投入 2000 万斯卢比来做好土壤保持工作，并实施了一系列土壤保护项目，包括 1000 公顷的土壤保持，培训农民建立土壤保持模式，向农民提供种子、种植材料和必要的农业设备。斯里兰卡属于热带季风气候，降水分布不均，在缺水地区，农业发展受到严重限制，因此政府一直致力于水资源的合理分配问题，并实施了一系列的水利项目。在缺水地区，斯政府建立微水供应和雨水收集系统，仅 2011 年就建立了 218 个雨水收集窖和 127 个池塘，有力地缓解了当地的缺水形势，促进了当地农业的发展。

（四）开展农业发展项目，为农民发展农业生产提供资金支持

2011 年，斯里兰卡农业部实施了 22 个农业发展项目，这些项目涵盖内容广泛，涉及到了农业生产领域的各个方面，给农民带去了实实在在的优惠，提高了他们农业生产的积极性，其中最重要的是大洋葱种子生产项目。同时，在斯中央银行的监督下，锡兰银行、人民银行和农业开发银行纷纷向农民提供小额农业贷款，使低收入家庭能够有资金开展农业生产，实现自给自足，从而推动农业的发展。仅在 2011 年，斯里兰卡相关银行就向农民提供了超过 1.05 亿斯卢比的农业贷款，为发展农业生产注入了动力。

第三节　农业发展前景

斯里兰卡自然条件良好，内战结束为农业发展奠定了重要基础，斯农业发展前景良好。

一、良好的自然条件

目前，斯里兰卡可耕地面积400万公顷，已利用200万公顷；农业人口（包括林、牧、渔业）占全国总人口的72.2%；主要作物为茶叶、橡胶、椰子等。斯里兰卡属热带季风性气候，沿海地区平均最高气温31.3℃，平均最低气温23.8℃；山区平均最高气温26.1℃，平均最低气温16.5℃。斯无四季之分，只有雨季和旱季的差别，雨季为每年5月至8月和11月至次年2月，即西南季风和东北季风经过斯里兰卡时。全年降雨量西南部为2540—5080毫米，西北部和东南部则少于1250毫米。良好的自然条件为斯农业发展提供了良好的自然基础。

二、内战结束奠定的基础

自2009年以来，内战的结束和政府的重视为斯农业发展提供了安全的外部环境和有力的政策支持。随着经济全球化的步伐加快，农产品的全球化趋势越来越明显，给斯农业走向世界提供了机遇。内战结束以来，斯里兰卡将农业发展放在重要地位，采取了一系列措施来推动农业发展。从自身的角度来说，加大了对农业的投入，对农民给予资金补贴，完善农业保险制度，引进优质种子，加强农业基础设施建设；在科技投入方面力度较大，如采取措施提高农产品的产量，研发优质的种子等。此外，斯政府还重视农药的监管，不仅有力提高了农产品产量，也避免了不必要的环境污染，走可持续发展道路。从外部条件来说，斯积极寻求国际合作，先后与巴基斯坦、以色列、印度、中国等国开展农业合作，优势互补，拓展海外农产品市场；加入世贸组织，吸引全球剩余劳务，有利于农业发展。从农业生产指数上看（如表10—5所示），事实上内战结束以来斯农业取得了长足发展，农业生产潜力得到了进一步发掘，农业生产力得到了提高，这为未来斯农业发展奠定了良好的基础，使其具有更大的空间。

表10—5 2009—2012年斯里兰卡农业生产指数

年份	2009	2010	2011	2012
茶叶	93.5	106.9	106	106.4
橡胶	150.2	169	174.4	166.4
椰子	112.3	94.2	114.2	119.6
水稻	127.7	150.4	139.2	134.5
饲料用谷类	423.9	524.3	443.2	641.5
蔬菜	148.8	145.5	154.2	177.9
水果	99.9	111.6	116.9	121.5
牲畜及畜牧业产品	128.8	134.1	136.3	148.5
次要出口作物	109.6	117.3	117.2	119.9
总指数	117.3	124.8	156.8	153.8

数据来源：斯里兰卡2012年农业发展报告。

三、农业发展前景良好

斯里兰卡政府正积极做好农业转型，执行相关发展农业的政策，把握发展机遇，做好品牌战略管理，保障资金投入和科技投入，完善农业基础设施，做好自然灾害的预防及应对工作，减小自然气候对农业发展造成的不利影响，因而可以认为斯农业发展具有很大的潜力，其发展前景是乐观的。当然，我们需要充分认识到斯农业发展具有较大的不稳定性。为此，如何保障农业发展的稳定性，是未来斯农业发展的重中之重。

第十一章 内战结束后斯里兰卡加速工业发展

在英殖民统治时期，斯里兰卡主要发展服务于宗主国的小产业，主要是为种植园经济服务的简单粗加工和手工业，其工业基础十分薄弱，工业在国民经济中所占比例较小。独立后，受长期存在的内战影响，斯工业发展缓慢，并呈现不稳定的发展态势。自2009年内战结束以来，斯国内政治环境日趋稳定，为推动工业的发展创造了良好的条件，工业整体上呈现出增长的趋势，工业内部产业结构也在不断地优化。当然，随着融入经济全球化的步伐加快，斯里兰卡工业发展也日益受到国际经济大环境的影响，并出现了一定不稳定性。因此，如何保持工业的持续稳定发展将成为当前斯政府面临的重大任务。

第一节 工业发展现状

独立后，斯里兰卡工业获得一定程度发展，但是迄今为止，其工业水平依然不高。

一、工业增加值呈现出快速增长态势，尤其是西部省的工业增速较快

（一）工业增加值呈现出快速增长态势，且远高于斯国内农业和服务业的增长速度

内战结束以来，斯里兰卡工业增加值的增长率由 2008 年的 5.9% 下降到 2009 年的 4.2% 之后，上升到 2010 年的 8.4%，随后又以较快的速度增长到 2011 年的 10.3%，然后略降为 2012 年的 10.2%。在 2009—2012 年的 4 年里，斯工业增加值的年平均增长率高达 8.3%，高于 GDP 年平均增长率 6.7% 1.6 个百分点和服务业年平均增长率 6.3% 2 个百分点，且远远高出农业年平均增长率 5.5% 2.8 个百分点（如图 11—1 所示）。① 可见，内战结束以来，斯工业增加值总体上呈现快速增长态势，其增长速度远高于国内农业和服务业的增长速度，势必将成为推动斯经济高速发展的强大动力引擎。

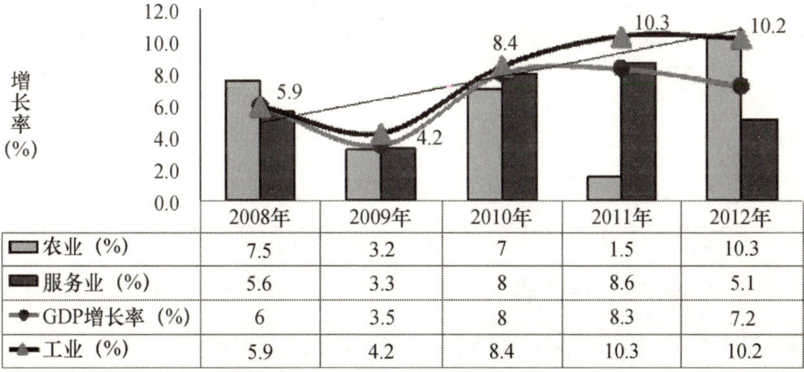

	2008年	2009年	2010年	2011年	2012年
农业（%）	7.5	3.2	7	1.5	10.3
服务业（%）	5.6	3.3	8	8.6	5.1
GDP增长率（%）	6	3.5	8	8.3	7.2
工业（%）	5.9	4.2	8.4	10.3	10.2

图 11—1　内战结束后斯里兰卡工业增加值年增长率（%）

① 斯里兰卡央行发布的《2012 年回顾与 2013 展望报告》，以及央行发布各相关年份斯里兰卡《央行年度报告》与《经济与社会统计报告》。

（二）斯里兰卡各省之间工业规模和增长速度差距较大，其中西部省的工业增加值大幅度高于其他省份

如表11—1所示，内战结束以来，斯里兰卡各省工业增加值都保持稳定增长。2009年，斯9个省中工业增加值达到1000亿斯卢比以上的只有西部省、中央省、南方省、西北省4个省，其余5个省的工业增加值均未达到1000亿斯卢比。而到2011年，斯9个省中工业增加值达到1000亿斯卢比的省份增加到6个，除原来西部省、中央省、南方省、西北省外，新增东方省和萨巴加穆省。

表11—1　以当前价格计算的斯里兰卡国内工业增加值（GDP）　（单位：亿斯卢比）

年/省	西部省	中央省	南方省	北方省	东方省	西北省	中北省	乌沃省	萨巴拉加穆省	总计
2008年	6342.74	1222.46	1388.69	104.96	845.09	1390.05	443.26	419.46	797.98	12954.70
2009年	7324.06	1285.36	1635.63	145.34	936.67	1375.72	440.43	447.50	756.30	14347.01
2010年	8027.90	1612.27	2065.48	288.36	983.57	1622.09	549.24	490.23	853.52	16492.68
2011年	9489.94	1705.03	2542.28	450.05	1186.08	1937.91	650.36	571.67	1033.27	19566.58

资料来源：斯里兰卡央行发布的《2012年回顾与2013展望报告》，以及央行发布各相关年份斯里兰卡《央行年度报告》与《经济与社会统计报告》。

在斯里兰卡9个省中，西部省一枝独秀，其工业增加值从2009年高达7324.06亿斯卢比上升到2010年的8027.9亿斯卢比和2011年的9489.94亿斯卢比。西部省工业增加值占斯国内工业增加值总额的比重2008年为48.96%，2009年为51.05%，2010年为48.68%，2011年为48.50%，这意味着西部省工业增加值几乎相当于其他8个省工业增加值之和（如图11—2所示）。由此可见，西部省的工业增加值大幅度高于全国其他省份，斯工业重心主要集中于西部省，尤其是以科伦坡附近的大城市群为中心的工业发展速度和规模远超出其他省份和地区，斯各省之间的工业规模和增长速度差距较大。因此，如何缩小各省工业发展水平的差异将是斯政府面临的棘手难题。

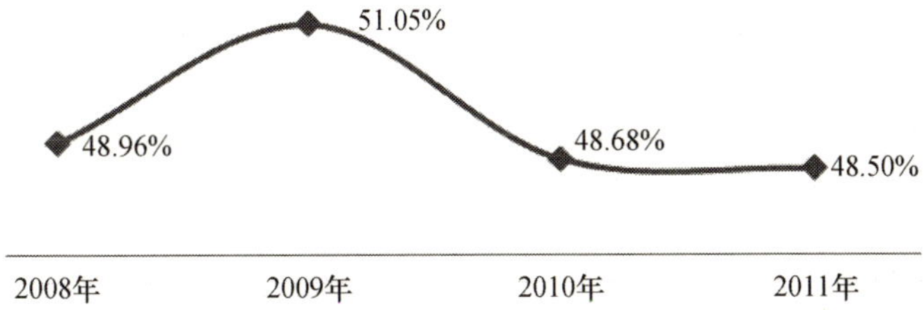

图 11—2　西部省占斯里兰卡国内工业增加值总额的比重（%）

二、斯里兰卡采矿业、能源工业和建筑业保持较快的增长势头，而制造业呈下降趋势

（一）采矿业总体上保持高速稳定增长的势头

斯里兰卡采矿业增加值 2009 年为 792.04 亿斯卢比，年增长率为 10.4%；2010 年为 892.26 亿斯卢比，年增长率达 12.7%；2011 年突破千亿斯卢比的大关，达到 1123.06 亿斯卢比，年增长率高达 25.9%；2012 年达到 1521.13 亿斯卢比，年增长率高达 31.1%，创下历史新高（如表 11—2 所示）。2009—2012 年的采矿业增加值年平均增长率高达 20%（如图 11—3 所示），[①] 高出制造业增加值年平均增长率 5.8 个百分点、能源工业增加值年平均增长率 6.1 个百分点和建筑业增加值年平均增长率 0.5 个百分点。由此可见，内战结束以来，斯采矿业总体上保持高速率稳定增长的态势，并成为工业

① 斯里兰卡央行发布的《2012 年回顾与 2013 展望报告》，以及央行发布各相关年份斯里兰卡《央行年度报告》与《经济与社会统计报告》。

中增长速度最快的行业。

表 11—2 以当前价格计算的斯里兰卡各工业部门的增加值及其年增长率 （单位：亿斯卢比）

年份	2008 年	2009 年	2010 年	2011 年	2012 年
采矿业 （年增长率%）	717.68 （26.7）	792.04 （10.4）	892.26 （12.7）	1123.86 （25.9）	1521.13 （31.1）
制造业 （年增长率%）	7918.98 （19.6）	8755.62 （10.6）	10090.03 （15.2）	11915.79 （18.1）	13548.97 （13.0）
加工业（茶叶、橡胶、椰子） （年增长率%）	322.61 （49.7）	383.54 （18.9）	457.07 （19.2）	533.84 （16.8）	626.19 （16.0）
工厂工业 （年增长率%）	7209.79 （19.1）	7950.32 （10.3）	9164.07 （15.3）	10842.56 （18.3）	12332.34 （13.0）
手工工业 （年增长率%）	386.58 （10.8）	421.76 （9.1）	468.88 （11.2）	539.39 （15.0）	590.44 （11.0）
能源工业 （年增长率%）	1046.66 （18.9）	1136.87 （8.6）	1276.25 （12.3）	1414.74 （10.9）	1683.37 （23.7）
电力 （年增长率%）	871.16 （22.7）	963.21 （10.6）	1060.29 （10.1）	1158.54 （9.3）	1375.58 （23.0）
油气 （年增长率%）	131.58 （3.2）	122.24 （-7.1）	156.16 （27.7）	190.03 （21.7）	228.74 （25.0）
水力 （年增长率%）	43.91 （2.7）	51.42 （17.1）	59.8 （16.3）	66.16 （10.6）	79.45 （33.0）
建筑业 （年增长率%）	3271.38 （23.9）	3362.48 （12.0）	4234.14 （15.6）	5112.2 （20.7）	7122.72 （29.5）

资料来源：斯里兰卡央行发布的《2012 年回顾与 2013 展望报告》，以及央行发布各相关年份斯里兰卡《央行年度报告》与《经济与社会统计报告》。

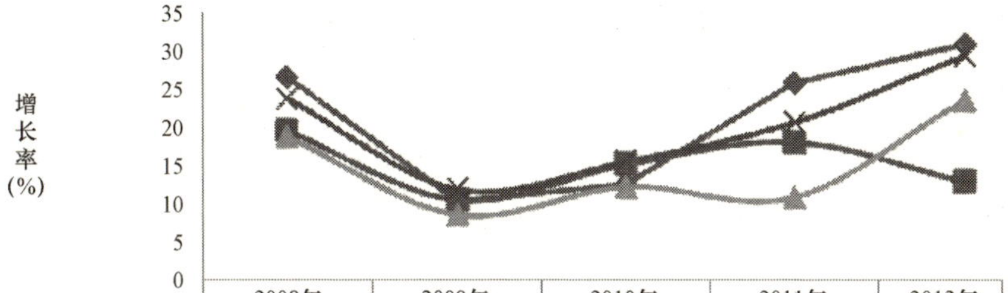

	2008年	2009年	2010年	2011年	2012年
采矿业	26.7	10.4	12.7	25.9	31.1
制造业	19.6	10.6	15.2	18.1	13
能源工业	18.9	8.6	12.3	10.9	23.7
建筑业	23.9	12	15.6	20.7	29.5

图 11—3　斯里兰卡工业各行业增加值年增长率（%）

（二）建筑业蓬勃发展，总体上保持高速稳定增长的态势

斯里兰卡建筑业增加值 2009 年为 3362.48 亿斯卢比，年增长率为 12.0%；2010 年为 4234.14 亿斯卢，年增长率达 15.6%；2011 年为 5112.20 亿斯卢比，年增长率高达 20.7%；2012 年达 7122.72 亿斯卢比，年增长率高达 29.5%，创历史新高（如表 11—2 所示）。2009—2012 年建筑业增加值年平均增长率高达 19.5%（如图 11—3 所示），[①] 高出能源工业增加值年平均增长率 5.6 个百分点和制造业增加值年平均增长率 5.3 个百分点，但低于采矿业增加值年平均增长率 0.5 个百分点。由此可见，内战结束以来，斯建筑业蓬勃发展，呈现出高速稳定增长的态势，其增长速度仅次于采矿业，同时远高于制造业和能源工业，成为工业中增长速度第二快的产业。

（三）能源工业及其各部门均保持波浪式增长的态势

如图 11—4 所示，内战结束以来，斯里兰卡能源工业的增加值

---

① 斯里兰卡央行发布的《2012 年回顾与 2013 展望报告》，以及央行发布各相关年份斯里兰卡《央行年度报告》与《经济与社会统计报告》。

增长率由2009年的8.6%上升到2009年的12.3%，但在2011年有所下降，仅为10.9%，2012年出现明显上升达到23.7%，高出2011年12.8个百分点。2009—2012年斯能源工业增加值年平均增长率为13.9%。其中，2009年电力的增长率为10.6%；2010年小幅下降0.5个百分点至10.1%；但在2010年电力部门的增加值突破千亿斯卢比达到1060.29亿斯卢比之后，2011年电力的增长率比2010年下降0.8个百分点至9.3%；之后2012年大幅度上升至23%，高出2011年13.7个百分点。2009—2012年电力增加值的年平均增长率为13.2%，低于能源工业年平均增长率0.7个百分点。而作为斯能源工业第二大部门的油气部门2009年增长率为-7.1%，呈现负增长；2010年大幅度回升至27.7%，高出2009年34.8个百分点；但2011年又下降6个百分点至21.7%；2012年则出现小幅度回升达到25%，高出2011年3.3个百分点。2009—2012年油气增加值的年平均增长率为16.8%，高于能源工业年平均增长率2.9个百分点。另外，作为斯里兰卡能源工业中第三大部门的水力部门2009年增长率为17.1%；2010年水力的增长率小幅度下降至16.3%，低于2009年0.8个百分点；2011年再次下降至10.6%，低于2010年5.7个百分点；2012年则出现大幅度回升达到33%，高出2011年22.4个百分点。2009—2012年水力增加值的年平均增长率为19.2%，高于能源工业年平均增长率5.3个百分点。① 由此可见，内战结束以来，其能源工业及其各部门总体上保持波浪式增长的态势，其中水力部门成为能源工业中增长速度最快的产业，油气部门增长速度次之但起伏波动最大，电力部门则是增长速度最慢的产业。

---

① 斯里兰卡央行发布的《2012年回顾与2013展望报告》，以及央行发布各相关年份斯里兰卡《央行年度报告》与《经济与社会统计报告》。

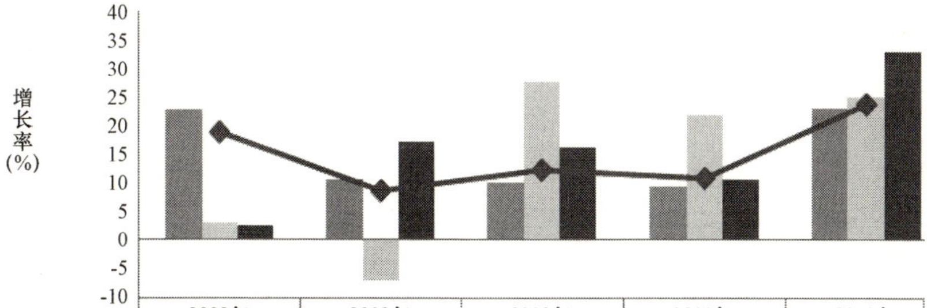

	2008年	2009年	2010年	2011年	2012年
电力	22.7	10.6	10.1	9.3	23
油气	3.2	-7.1	27.7	21.7	25
水力	2.7	17.1	16.3	10.6	33
能源工业	18.9	8.6	12.3	10.9	23.7

图 11—4　斯里兰卡能源工业及其各部门年增长率（%）

（四）制造业及其各部门总体上呈现下降态势

如图 11—5 所示，制造业增加值的年增长率由 2009 年的 10.6% 上升到 2010 年的 15.2% 和 2011 年的 18.1% 之后，在 2012 年出现明显的下滑至 13%。2009—2012 年斯制造业增加值的年平均增长率为 14.2%，低于同期采矿业 20% 5.8 个百分点、建筑业 19.5% 5.3 个百分点，仅高出同期能源工业 13.9% 0.3 个百分点。而制造业中的加工业、工厂工业和手工工业等部门均从 2010 年之后总体上呈下降趋势。例如，加工业增加值的年增长率由 2009 年的 18.9% 下降到 2012 年的 16%，工厂工业增加值的年增长率由 2010 年的 15.3% 下降到 2012 年的 13%，手工工业增加值的年增长率由 2010 年的 11.2% 下降到 2012 年的 11%。① 可见，内战结束以来，斯制造业及其各部门总体上呈下降态势，但不同部门间的增长率差异也较为明显。

---

① 斯里兰卡央行发布的《2012 年回顾与 2013 展望报告》，以及央行发布各相关年份斯里兰卡《央行年度报告》与《经济与社会统计报告》。

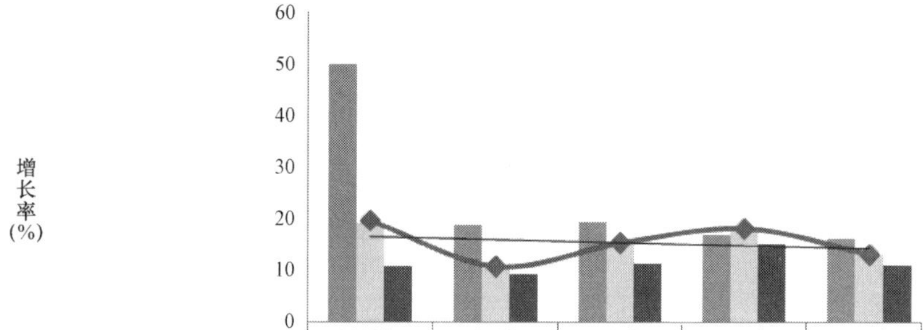

	2008年	2009年	2010年	2011年	2012年
加工业（茶叶、橡胶、椰子）	49.7	18.9	19.2	16.8	16
工厂工业	19.1	10.3	15.3	18.3	13
手工工业	10.8	9.1	11.2	15	11
制造业	19.6	10.6	15.2	18.1	13

图 11—5　斯里兰卡制造业及其各部门年增长率（%）

三、以制造业为主的工业行业结构保持基本稳定，而工厂工业和电力部门分别成为制造业和能源工业的主导部门

斯里兰卡制造业增加值占其工业产值的比重 2009 年高达 62. 33%，2010 年为 61. 18%，2011 年为 60. 90%，2012 年为 56. 75%；建筑业增加值占其工业产值的比重 2009 年为 23. 94%，2010 年为 25. 67%，2011 年为 26. 13%，2012 年为 29. 83%；采矿业增加值占其工业产值的比重 2009 年为 5. 64%，2010 年为 5. 41%，2011 年为 5. 74%，2012 年为 6. 37%；能源工业增加值占其工业产值的比重 2009 年为 8. 09%，2010 年为 7. 74%，2011 年为 7. 23%，2012 年为 7. 05%（如图 11—6 所示）。[①] 而且 2009—2012 年间斯工业

① 斯里兰卡央行发布的《2012 年回顾与 2013 展望报告》，以及央行发布各相关年份斯里兰卡《央行年度报告》与《经济与社会统计报告》。

中采矿业增加值占工业总值的比重年平均为5.79%，制造业增加值占工业总值的比重年平均为60.29%，能源工业增加值占工业总值的比重年平均为7.53%，建筑业增加值占工业总值的比重年平均为26.39%。这一方面说明了斯85%以上的工业增加值得益于制造业和建筑业的贡献，也就是说制造业和建筑业成为斯工业行业结构中的主导产业；另一方面也说明了以制造业和建筑业为主导的斯工业运行结构保持基本稳定。

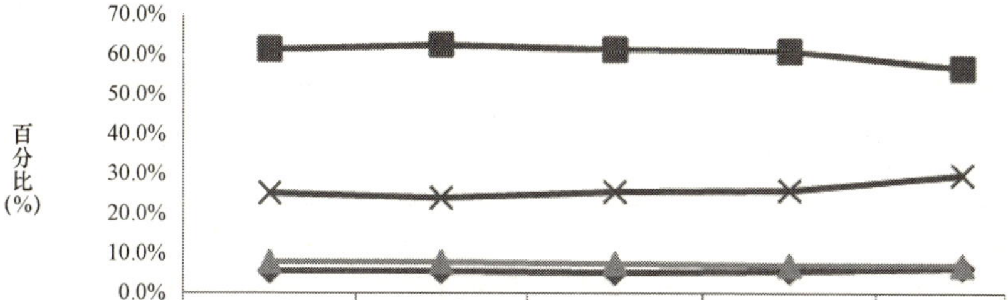

	2008年	2009年	2010年	2011年	2012年
采矿业	5.54%	5.64%	5.41%	5.74%	6.37%
制造业	61.13%	62.33%	61.18%	60.90%	56.75%
能源工业	8.08%	8.09%	7.74%	7.23%	7.05%
建筑业	25.25%	23.94%	25.67%	26.13%	29.83%

图11—6　斯里兰卡各工业行业所占比重

从制造业的部门结构来看，工厂工业增加值占制造业产值的比重2009年为90.80%，2010年为90.82%，2011年为90.99%，2012年为91.02%（如图11—7所示）。[①] 这不仅说明了工厂工业成为制造业中的主导部门，而且内战结束以后其所占比重还呈上升趋势。

① 斯里兰卡央行发布的《2012年回顾与2013展望报告》，以及央行发布各相关年份斯里兰卡《央行年度报告》与《经济与社会统计报告》。

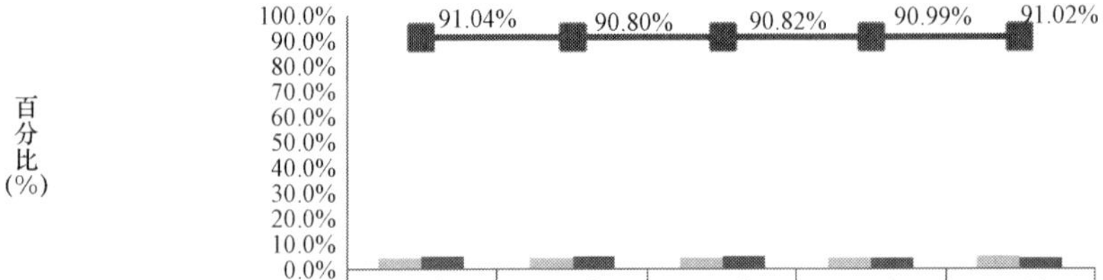

	2008年	2009年	2010年	2011年	2012年
加工业（茶叶、橡胶、椰子）	4.07%	4.38%	4.53%	4.48%	4.62%
手工工业	4.88%	4.82%	4.65%	4.53%	4.36%
工厂工业	91.04%	90.80%	90.82%	90.99%	91.02%

图 11—7　斯里兰卡制造业各部门所占比重

从能源工业的部门结构来看，电力部门增加值占制造业产值的比重 2009 年为 84.72%，2010 年为 83.08%，2011 年为 81.89%，2012 年为 81.72%（如图 11—8 所示）。[①] 这不仅说明了电力部门成为能源工业中的主导部门，而且内战结束以后其所占比重略有下降。

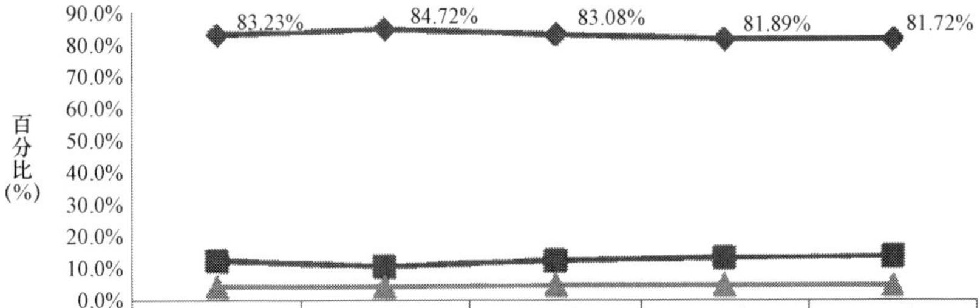

	2008年	2009年	2010年	2011年	2012年
电力	83.23%	84.72%	83.08%	81.89%	81.72%
油气	12.57%	10.75%	12.24%	13.43%	13.59%
水力	4.20%	4.52%	4.69%	4.68%	4.72%

图 11—8　斯里兰卡能源工业各部门所占比重

① 斯里兰卡央行发布的《2012 年回顾与 2013 展望报告》，以及央行发布各相关年份斯里兰卡《央行年度报告》与《经济与社会统计报告》。

四、工业部门就业人数增多，但占总就业人数的比重低于农业和服务业

如图 11—9 所示，工业部门就业人数由 2009 年的 191 万人下降到 2010 年的 186.7 万人，但之后两年连续增长，2012 年达到 211.9 万人，[①] 总体上工业部门就业人数呈现出增长的态势。而工业就业人数占总就业人数的比例由 2009 年的 25.2%（低于农业 7.4 个百分点，低于服务业 17 个百分点）下降到 2010 年的 24.2%（低于农业 8.5 个百分点，低于服务业 18.9 个百分点）和 2011 年的 24.1%（低于农业 8.9 个百分点，低于服务业 18.8 个百分点），然后回升到 2012 年的 26.1%（低于农业 4.9 个百分点，低于服务业 16.8 个百分点），[②] 但是斯工业就业人数占总就业人数的比重均低于农业与服务业就业人数所占百分比（如图 11—10 所示）。由此可见，服务业部门占总就业人数的比重持续升高，而农业部门和工业部门占总就业人数的比重持续下降。

五、工业产品的出口贸易规模逐年扩大，但出口目的国主要集中于欧美发达国家

如图 11—11 所示，内战结束后，斯里兰卡工业产品出口贸易总体上呈现出稳步增长的态势，由 2009 年的 6006.21 亿斯卢比增长到

---

① 斯里兰卡央行发布的《2012 年回顾与 2013 展望报告》，以及央行发布各相关年份斯里兰卡《央行年度报告》与《经济与社会统计报告》。

② 同上。

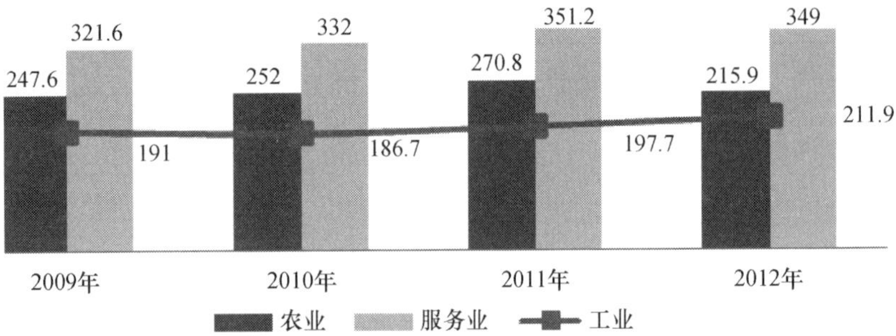

图 11—9 斯里兰卡三大产业就业情况（万人）

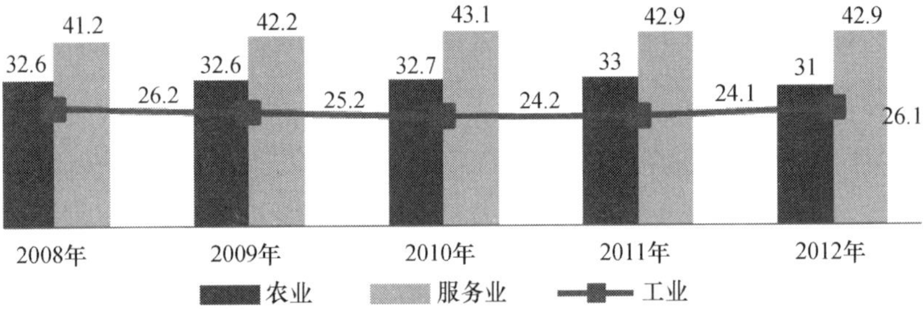

图 11—10 斯里兰卡三大产业就业人数占总就业人数的百分比（%）

2010 年的 6687.59 亿斯卢比，2011 年增长达到 8837.7 亿斯卢比，2012 年继续增长到 9387.63 亿斯卢比。同时，如图 11—12 所示，内战结束后，斯里兰卡出口贸易市场严重依赖欧美市场，其中出口到美国市场高达 22%，出口到欧盟市场达 12%，① 远远高于亚洲和中东。由此可见，如何扩大贸易规模、优化出口贸易结构、开拓新兴市场，将成为斯里兰卡在经济全球化中的必经之路。

① 斯里兰卡央行发布的《2012 年回顾与 2013 展望报告》，以及央行发布各相关年份斯里兰卡《央行年度报告》与《经济与社会统计报告》。

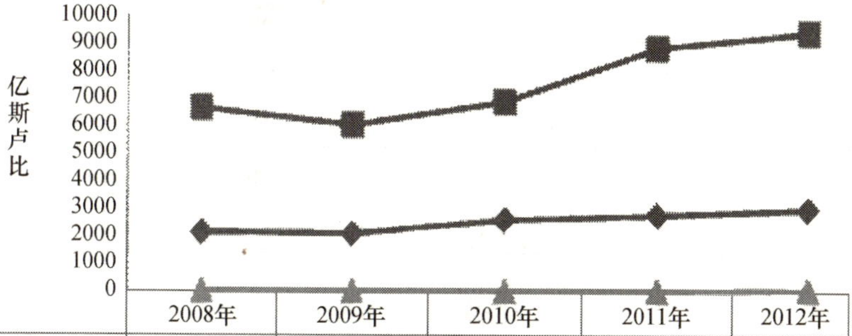

	2008年	2009年	2010年	2011年	2012年
农业	2131.33	2100.93	2606.32	2794.46	2977.15
工业	6622.2	6006.21	6887.59	8837.7	9387.63
矿石贸易	23.11	22.8	27.39	36.31	78.33

图 11—11　斯里兰卡工业出口贸易额（亿斯卢比）

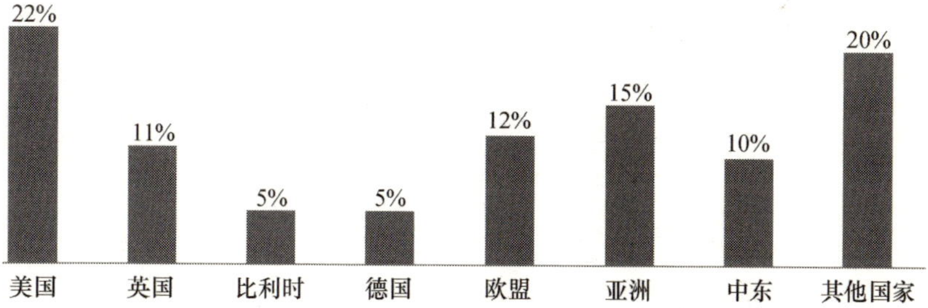

图 11—12　2009—2012 年斯里兰卡出口贸易目的国所占比重

第二节　加速工业发展

内战结束后，斯里兰卡政府采取一系列政策措施，加速工业发展。

一、加大基础设施建设的力度，为工业发展提供良好的硬件条件[①]

斯里兰卡政府计划每年增加投资30%—35%，用于基础设施建设，为工业发展提供更加便利的交通运输和产品服务。2009年底，斯国家路网建设中国道建设已达到1.19万公里，2011年建成第一条高速公路，并规划与在建北部和科伦坡以及南部等多个公路项目。2009年内战结束后，斯加快了北部三条铁路的改建和恢复，同时计划修建南部铁路。与此同时，政府积极采取措施发展航空运输业，2010年已将航线增加到54条，连接全球28个国家和地区。而中国援建斯南部的马塔拉—拉贾帕克萨机场已经在2013年3月正式启用。[②] 为不断提升其在南亚地区的货运中心地位，斯近几年加大港口建设和运输的投入以及外资的吸收利用，全国多个港口在扩建与改造中，其中科伦坡港口货运吞吐量计划在2015年达到810万个货柜，利用中国贷款建设的南部汉班托塔港口也于2011年完工并投入使用。此外，斯还加大对通信业的投入，2009年固定电话用户与移动电话用户的总量达到1740万部，互联网业务也不断发展壮大，全国邮政局达到4738家，并开展保险、金融、电话卡等多种服务。

---

① 《对外投资合作国别（地区）指南——斯里兰卡（2010版）》，中国商务部，第23—27页。

② 周晶璐："中方援建斯里兰卡机场投用"，2013年3月19日，http：//epaper. dfdaily. com/dfzb/html/2013-03/19/content_ 748277。

二、制订区域工业发展方案，缩小地区发展差距[①]

斯里兰卡各个地区之间的社会经济发展水平差异明显，工业重心主要在西部省，以科伦坡附近的大城市群为中心的工业发展速度和规模远超出其他省份和地区，因而如何缩小各省工业发展水平的差异将是斯政府面临的棘手难题。为此，斯工商业部制订了区域工业发展方案，以促进区域产业化发展，逐步缩小地区之间的差异。数据显示，斯80%的工业集中在西部省，工商业部推出的区域工业村发展计划将把西部集中的工业分散到全国各地的区域层面，加快全国各地26个工业产业的健康发展，带动区域以及农村经济的发展。至2012年底，277个行业进行了商业化生产，48个行业正在新建。该项计划已为斯国内创造了15182个就业机会。另外，斯还通过实施Gamata Karmantha项目、300家工厂计划等方案，[②] 将产业向远离科伦坡等中心城市的欠发达地区转移，促进区域化产业化升级，实现全国经济协调发展，缩小地区差距。

三、制订提高工业生产力技术水平的试点计划，确保工业产品符合国际标准要求

斯里兰卡工业生产力的技术处于较低水平状态，面对经济全球化的浪潮，工业生产工艺的改进和突破创新对于维持全球市场的竞争力至关重要，鉴于生产力技术改进的重要性和紧迫性，斯工商业

---

① 斯里兰卡工商业部，http://www.industry.gov.lk/web/index.php?option=com_content&view=article&id=52&Itemid=153&lang=en。

② 中国驻斯里兰卡大使馆经济商务参赞处，http://lk.mofcom.gov.cn/aarticle/jmxw/200606/20060602501302.html。

部发起了提高工业生产力技术水平的试点计划。[①] 2009 年有 12 家公司在生产技术和工艺上表现出较高的水平，工商业部决定逐步在全国范围内发起生产力改进的计划，以带动整个工业的产业升级。当前，全球市场中环境友好型的工业产品具有极大的市场竞争力，许多欧美发达国家设立了一些市场准入的高标准，为使本国工业产品能进入国际市场，更为了保护环境和整个工业的健康持续发展。斯工商业部也努力提高行业标准，决定在 10 年内使绝大多数工业产品达到并通过 ISO、HACCP 等国际标准的认证。为尽快达到国际标准的认证，工商业部采取了企业清洁和国家清洁中心双轨制，减少废物排放和能源消耗。

四、发起新能源开发计划，保障能源供给安全[②]

斯里兰卡工业化发展进程中，能源工业发展相对滞后，过于依赖中东地区的石油进口，电力产出也不足，成为制约斯社会经济发展的瓶颈。为了弥补能源不足，缓解能源危机，保障能源安全，斯政府发起新能源开发计划，进行太阳能开发利用，确立太阳能汽车项目，建立可充电电池系统的国家电网。2010 年 4 月，由日本、韩国共同出资 1350 万美元在斯南部汉班托塔地区建立了首座风能发电站。[③] 2011 年，政府确定一项可再生能源生产规划，力争到 2020 年

---

① 斯里兰卡工商业部，http：//www. industry. gov. lk/web/index. php? option = com_content&view = article&id = 102&Itemid = 190&lang = en。

② 斯里兰卡工商业部，http：//www. industry. gov. lk/web/index. php? option = com_content&view = article&id = 74&Itemid = 187&lang = en。

③ 中华人民共和国商务部：“斯里兰卡将建造首座国有风能电”，2010 年 4 月 7 日，http：//www. mofcom. gov. cn/aarticle/i/jyjl/j/201004/20100406856103. html。

将可再生能源发电量占总发电量的比例从目前的7%增加到20%。[①]斯每年投入约40亿斯卢比用于发展电力，2012年底基本实现电力普及。2013年，斯加大太阳能开发的力度，并举办了太阳能展览会。与此同时，斯工商业部推出能源效率改进方案，计划在所有的工业产业中减少10%—15%的能源消耗，从而减轻国家能源系统的负担，并且减少对环境的污染。

五、制订工业援助计划，带动弱势产业的发展[②]

（一）促进TIEP免税计划下出口产业的发展

斯里兰卡茶叶出口额居世界前列，2012年茶叶出口30万吨，居世界第一，出口额高达15.9亿美元，与茶叶相关的从业者达100万人，茶叶出口成为斯经济支柱之一。[③] 因此，斯计划采取措施，增加茶叶的附加值，提高高附加植茶叶出口比重。同时，政府正考虑建立茶叶出口基金，进一步推动茶叶出口。斯木材产业遍布全国，但主要集中在首都科伦坡附近的Moratuwa地区，私营部门约占木材加工业的95%，在政府的积极引导下，私营部门不断提高木材加工业的高附加值，形成特有的品牌效益，扩大了全球市场份额。政府还积极采取措施大力发展采矿业，提高矿产的高附加值，并推进宝石、首饰工业发展，研究宝石、首饰自由出口的可能性。此外，政府还积极推进价值链发展规划，增加制造业中的附加值，提高香料、椰子等经济作物和农产品的附加值。

---

① 黄海敏："斯里兰卡大力发展可再生能源"，2011年10月26日，http：//news. xinhua08. com/a/20111026/833607. shtml。

② 斯里兰卡工商业部，http：//www. industry. gov. lk/web/index. php？option = com_content&view = article&id = 73&Itemid = 186&lang = en。

③ 李虹："斯里兰卡精心守护锡兰茶　茶叶出口额世界第一"，2013年5月25日，http：//finance. huanqiu. com/world/2013 -05/3968853. html。

（二）发起以百万家庭为基础的经济计划[①]

为推动国内私营经济和个体经济的健康持续发展，带动村庄和家庭经济的发展，斯里兰卡政府发起了以百万家庭为基础的经济计划。该计划涉及的主要工业部门类别包括：手摇纺织机行业、鞋类和皮革制品、礼品和玩具、包装行业、手工工艺产业等12个产业。斯经济发展部主要负责该计划并联合其他部委统一行动，为家庭和个体经济提供政策支持、资金保障以及相关产业的知识、技术、培训，并且对其开展监督指导工作。政府还发起全国Kithul产业发展计划，以增加该产业规模和产值，通过技术创新和产品多样化，提高产品附加值，开拓国际市场。此外，政府在2010年发起五年战略计划来发展手摇纺织机工业，计划到2013年底在全国各地建立25个手摇纺织机村庄，每个村设立一个培训中心，每村培训25名工匠。[②] 为更好地开拓国际市场，政府还积极推动手工艺产品走出国门，2008年在首都科伦坡举行南亚区域合作联盟（南盟）峰会手工艺术品展览和商贸会，[③] 2010年参加中国上海世界博览会，使产品获得更多的国际认可和市场销售。

六、积极引进外资并建立自由贸易区，谋求国际合作

斯里兰卡历来重视吸收外资，促进自身工业发展，而在其工业总投资中外资占一半以上。正是鉴于外资对斯工业发展具有重要作

---

① 斯里兰卡工商业部，http：//www. industry. gov. lk/web/index. php? option = com_ content&view = article&id = 123&Itemid = 191&lang = en。

② 曹海红："到2013年底斯里兰卡将设立25个手摇纺织机村"，2013年3月7日，http：//info. texnet. com. cn/content/2013 -03 -07/431651. html。

③ 刘咏秋："斯里兰卡向南盟国家展示手工业艺术精品"，2008年7月31日，http：//news. xinhuanet. com/photo/2008 -07/31/content_ 8878762. html。

用，斯政府采取了一系列吸引外资的措施，主要有：（1）外国投资公司的股份可在境内外自由转让并免征股份转让税；（2）公司红利可自由汇出，无需纳税，不受外汇管制的限制；（3）公司进口的原材料、设备和出口产品程度不同地予以关税减免；（4）5—20年不等的免税期和让税期的优惠政策。[①] 斯政府希望利用外资的规模取得突破性进展，从2008年起力争未来每年吸引40亿美元外国投资，[②] 并在全国设立了13个工业加工区域（IPZ）。

同时，斯里兰卡分别与印度、巴基斯坦签订印度—斯里兰卡自由贸易协议（ISLFTA）、巴基斯坦—斯里兰卡自由贸易协议（PSLFTA），在区域合作上成为南亚自由贸易区（SAFTA）的成员国以及亚太贸易协议（APTA）的成员国，更是在全球层面加强与欧美一些发达国家的合作。斯北部战后重建资金达21亿美元，主要来自中国、印度、日本等国和国际机构。[③] 其中，中国主要帮助斯修复公路，印度出资4.164亿美元修复3条铁路，亚行出资1.54亿美元修复公路，亚行同时与法国开发署联合出资1.35亿美元修复供水设施。此外，世界银行和澳大利亚等国也提供资金帮助斯北部地区重建。

第三节 工业发展前景

斯里兰卡作为印度洋上一个四面环海岛国，被誉为“印度洋上

① 贡学斌：“斯里兰卡多项举措吸引外国投资”，2009年11月10日，http：//news.sina.com.cn/o/2009-11-10/092616583842s.shtml。

② 山东省商务厅：“斯里兰卡社会主义共和国”，2013年7月13日，http：//www.shandongbusiness.gov.cn/index/content/sid/270512.html。

③ 孙乐东：“斯里兰卡北部战后重建资金达21亿美金”，2011年6月13日，http：//finance.ifeng.com/roll/20110613/4142336.shtml。

的一滴泪”，海运交通十分便捷，其西北隔保克海峡与印度半岛相望，并且地处世界上最繁忙的海运航线之一——亚欧航线的中段以及亚洲国家生命线（石油航线）的中段，战略地位十分重要。优越的地理位置和四通八达的国内交通，为该国发展出口型工业提供了良好的条件。与南亚其他国家相比，斯气候条件相对优越，土地较为肥沃，农业和林业资源丰富，为其工业发展奠定了物质基础，但是矿产资源和能源资源有限，成为其工业发展的一大制约。而在英殖民统治时期，其大量发展以种植园经济为主的简单粗加工和手工业，致使工业基础十分薄弱，加上独立后的几十年里备受内战的拖累，经济发展受到限制，造成工业发展进程缓慢并且起伏不定。

但是，自2009年内战结束以来，斯里兰卡国内社会稳定，政治环境变好，加上政府一系列政策和措施的出台和落实，经济突飞猛进，成为全球经济增长的一道靓丽风景线。随着斯融入经济全球化的步伐加快，势必将给其工业发展带来更多的机遇和挑战。一方面，斯里兰卡主要有纺织、服装、皮革、食品、饮料、烟草、造纸、木材、化工、石油加工、橡胶、塑料和金属加工及机器装配等工业，但是大多集中于科伦坡地区，地区分布极为不均。产业生产效率低于世界水平，大部分企业存在高能耗、高污染、低产出的问题，面对经济全球化条件下同类产品的竞争，市场占有率低，大部分以简单粗加工产品为主，高新技术产业缺乏，创新能力和协同分工能力偏低，在矿产资源和能源资源较为匮乏的国情下，资源浪费严重和优化配置不够。近几年中东地区政治经济极为不稳定，伊朗核危机频发，加上叙利亚动荡波及中东产油区，严重威胁着斯经济的健康和有序发展。另一方面，斯政府将工业的发展和振兴作为其发展经济的重要举措，内战结束后，政府先后出台并贯彻实施了一系列如加大基础建设促进工业发展、缩小地区间工业发展差距、提高工业部门生产力水平、扶持弱势产业发展、开发新能源确保能源安全、吸收外资扩大对外合作等措施和手段，以期大力推动工业发展的进程。

因此，尽管斯里兰卡工业发展中还将面临各种因素的影响，出现一定的波动和起伏也是正常的，但无论如何，斯工业发展还是具有很大发展潜力的，发展前景比较乐观。

第十二章 内战结束后斯里兰卡加速对外贸易发展

自2009年内战结束以来，斯里兰卡国内政治环境日趋稳定，为推动对外贸易的发展提供了良好的条件，对外贸易总额整体上呈现出增长趋势，出口商品的结构也在不断地优化。但是受国际经济大环境的影响，斯对外贸易表现也出现了一定的起伏性。同时，斯对外贸易入超的局面一直未能扭转，对外贸易赤字成为影响其宏观经济环境稳定的一个重要因素，如何实现贸易平衡成为斯政府的工作之重。

第一节 对外贸易发展现状

独立后，斯里兰卡政府大力推动对外贸易，促使其获得较大发展，但是依然存在诸多问题。

一、货物贸易规模总体扩大，但其波动性与结构性问题较为突出

（一）货物进出口贸易规模总体上保持着增长趋势，但具有一定的波动性

斯里兰卡的货物进出口总额由2009年的172.92亿美元上升到2010年的220.77亿美元，增长21.75%；2011年进出口总额创下历史新高，达到308.28亿美元，同比增长22.41%；2012年相比2011年出现回落，为289.57亿美元，同比下降7.43%，但是相对于2009年增长了67.4%，年增长率约为20.41%。从整体上看，斯货物进出口还是保持了快速增长。其中，出口贸易额由2009年的70.85亿美元上升到2010年的86.26亿美元，同比增长31.78%；再上升到2010年的105.59亿美元，同比增长50.69%；然后小幅下降到2012年的97.74亿美元，同比下降5.36%。进口贸易额由2009年的102.07亿美元上升到2010年的134.51亿美元，同比增长27.67%；再上升到2011年的220.69亿美元，同比增长39.64%；再回落到2012年的191.83亿美元，同比下降6.07%。2009—2012年斯货物出口额的年平均增长率约为12.24%，进口额年平均增长率约为25.70%，进口增长比出口增长高出10多个百分点（如图12—1所示）。因而，可以认为内战结束以后斯货物进出口规模总体上保持着增长趋势，但同时对外货物贸易增长的稳定性差，即使是内战结束以后，这一问题也没有得到明显的改善。2006—2012年对外货物贸易呈现出波浪式的发展态势，波动性较大。可见，相比内战结束以前，斯对外货物贸易发展的稳定性并没有得到明显改善，而是延续着“下降—增长—再下降”的循环模式。

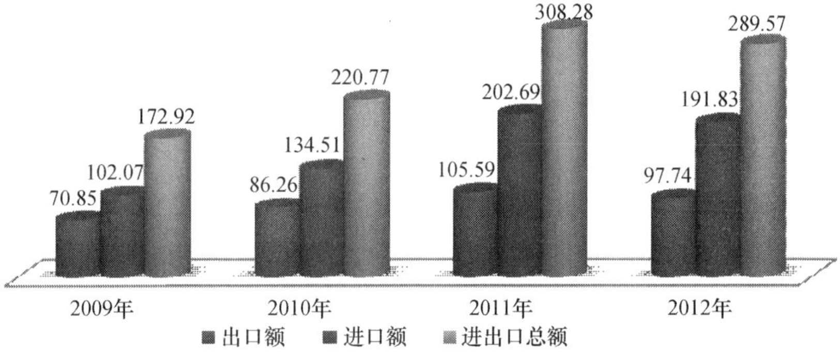

图 12—1　2009—2012 年斯里兰卡进出口贸易额（亿美元）

（二）对外货物贸易结构性问题较为突出

第一，货物贸易进出口失衡问题较为严重，货物贸易赤字急剧攀升。斯里兰卡中央银行发布的 2012 年年度报告显示，自内战结束以来，斯外贸赤字出现大幅增长。2009 年外贸赤字为 31.22 亿美元，2010 年为 48.25 亿美元，同比增长 54.5%；到 2011 年赤字额达到了创纪录的 97.1 亿美元，同比增长 101.2%；相比 2011 年，2012 年的赤字额出现了略微的下降，为 94.09 亿美元，降幅为 3.1%（如图 12—2 所示）。2009—2012 年货物贸易赤字额的年平均增长率约为 50.9%，可见增长速度之快。同时，外贸货物赤字占进出口货物总额的比重不断增加，2009 年为 18%，2010 年为 20%，2011 年为 31.5%，2012 年为 32.5%，这说明对外贸易的盈利能力在不断下降。与此同时，我们还注意到一个现象，出口额在进出口总额中的比重逐年下降，而进口额的比重则逐年上升。例如，出口额在 2009 年约占进出口总额的 41%，2010 年为 39.5%，2011 年为 34.3%，到 2012 年下降为 34%，[①] 这表明进口在斯对外商品贸易中的主导作用越来越明显。

① 根据斯里兰卡中央银行 2012 年年报数据。

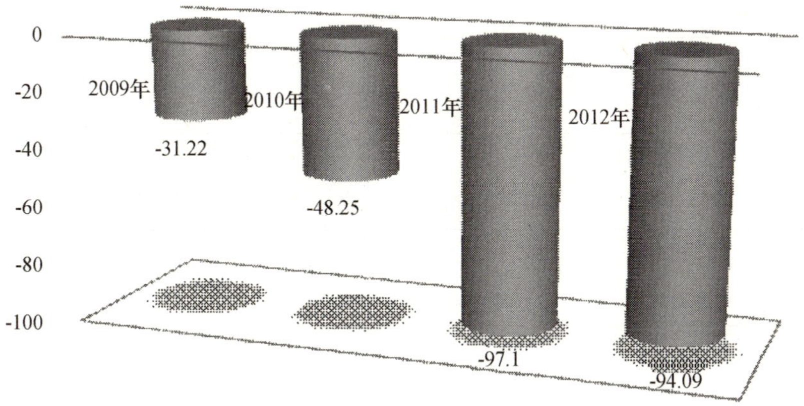

图 12—2　2009—2012 年斯里兰卡贸易差额（亿美元）

第二，对外出口货物以工业制成品和农产品为主，进口货物主要是能源、工业设备以及建筑材料，[①] 无论是出口还是进口的集中度相对过高。在斯里兰卡对外出口的货物中，工业制成品和农产品约占出口总额的 75%，出口的工业制成品中占据份额最大的是纺织品及服装，约占出口总额的 41%；其次为橡胶产品，约占 9%；珠宝产品约占 6%。在出口的农产品方面，主要是茶叶、香料和椰子，分别占出口总额的 14%、3% 和 2%（如图 12—3 所示）。由此可见，斯对外出口主要是以工业初级产品和农产品为主。

斯里兰卡进口货物主要由投资货物、消费品和中间商品三部分构成，分别占进口总额的 20%、16% 和 60%。在投资货物中，进口最多的是机械装备，约占进口总额的 12%；其次是建筑材料和运输工具，分别占进口总额的 6% 和 5%。在进口的消费品中，最多的是食物及饮料，约占进口总额的 7%；其次为交通工具，约占进口总额的 5%。在进口的半成品中，最多的是燃料，约占进口总额的 26%；其次是纺织品和医药产品，分别为 12% 和 3%（如图 12—4 所示）。

① 根据斯里兰卡中央银行 2012 年年报数据。

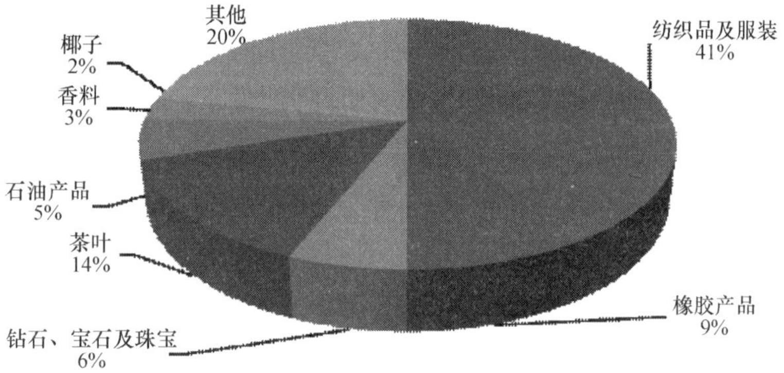

图 12—3 2012 年斯里兰卡出口商品所占比重

由此可见，斯主要进口商品有燃料（包括原油和精炼石油）、大型运输工具、机械设备、纺织品和粮油食品等。①

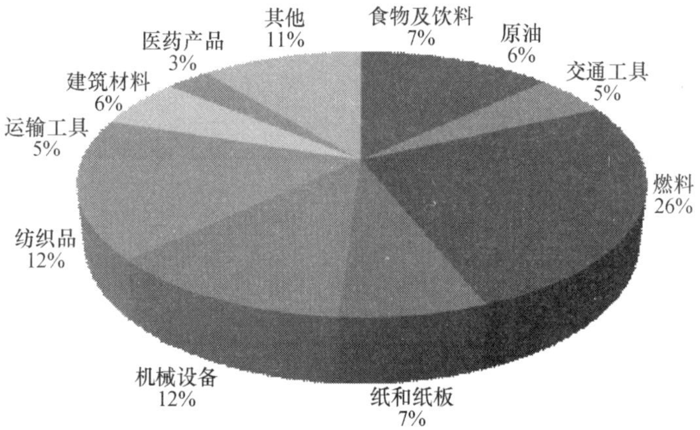

图 12—4 2012 年斯里兰卡进口商品所占比重

① 注：在斯里兰卡的进口商品分类中，消费品主要包括：食物、饮料、大米、糖及糖果、乳制品、豆类、交通工具、药品和衣物等；中间商品主要包括：燃料、纺织品、钻石及贵金属、化学产品、小麦、玉米、肥料等；投资商品主要包括建筑材料、大型运输工具、机械设备等。

第三，出口市场主要是发达国家，而进口来源国主要是发展中国家，呈现出两极分化趋势。发达国家是斯里兰卡的主要出口对象，对发达国家的出口占其出口总额的比重远远高于发展中国家。例如，斯里兰卡对美国、欧盟、英国、德国、比利时 5 国出口额约占其出口总额的 55%。其中，美国是斯最大的出口目的国，斯对美出口额约占其出口总额的 22%；其次为英国，约占其出口总额的 11%，德国和比利时则分别占 6% 和 5%。随着亚洲经济的崛起，亚洲国家在斯出口格局中所占的地位越来越重要。例如，2012 年斯对亚洲出口额约占其出口总额的 15%，其中印度约占 5%，中东地区约占 10%（如图 12—5 所示）。由此可见，发达国家市场对于斯对外出口来说至关重要，但是开拓发展中国家市场则是未来其发展对外贸易的重要任务。

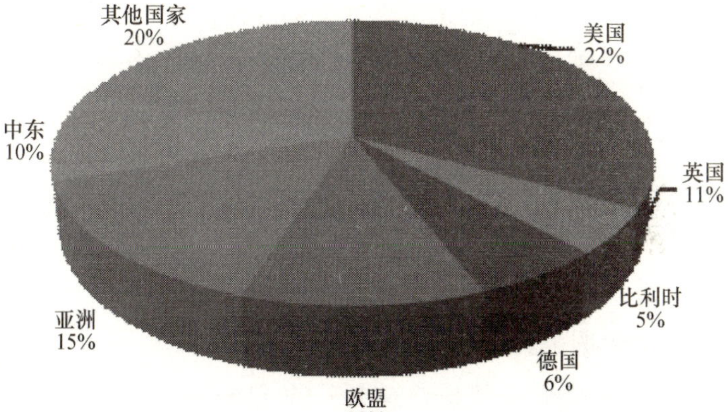

图 12—5　2012 年斯里兰卡主要出口目的国

在进口来源国方面，亚洲国家约占斯里兰卡进口总额的 61%，[①] 处于绝对优势的地位。其中，印度是斯目前最大的进口来源国，从

① 斯里兰卡中央银行 2012 年年报。

印度的进口额约占进口总额的19%，主要进口交通工具、纺织品以及建筑材料；中国是其第二大进口来源国，从中国的进口额约占其进口总额的14%，主要进口机械设备、纺织品以及建筑材料；新加坡是其第三大进口来源国，主要进口机械设备和石油。斯从美国的进口额仅占其进口总额的1%（如图12—6所示）。

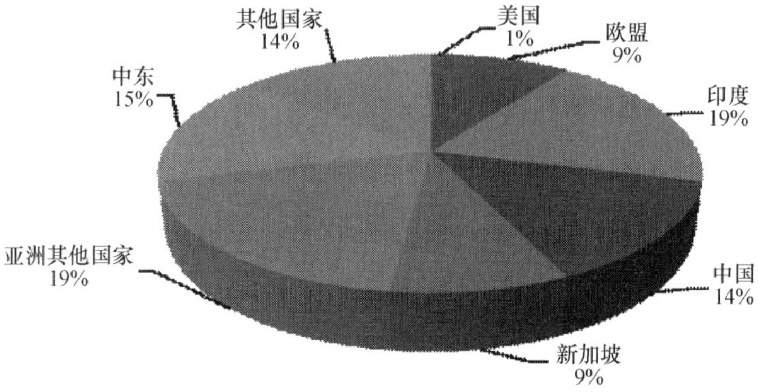

图12—6 2012年斯里兰卡主要进口来源国

二、对外服务贸易保持持续增长态势，但其平衡性与多元化不足

（一）对外服务贸易规模保持持续增长态势

斯里兰卡对外服务贸易总额由2009年的44.14亿美元上升到2010年的55.86亿美元，同比增长26.55%；再上升到2011年的70.96亿美元，同比增长2703%。[①] 其中，出口额由2009年的18.92亿美元上升到2010年的24.74亿美元，同比增长30.76%；再上升到2011年的的30.84亿美元，同比增长24.66%。进口额由2009年

① 数据来源于联合国服务贸易统计数据库。

的 25. 22 亿美元上升到 2010 年的 31. 12 亿美元，同比增长 23. 39%；再上升到 2011 年的的 40. 12 亿美元，同比增长 27%（如图 12—7 所示）。因而，自内战结束以来，斯里兰卡对外服务贸易保持了持续平稳的增长态势。

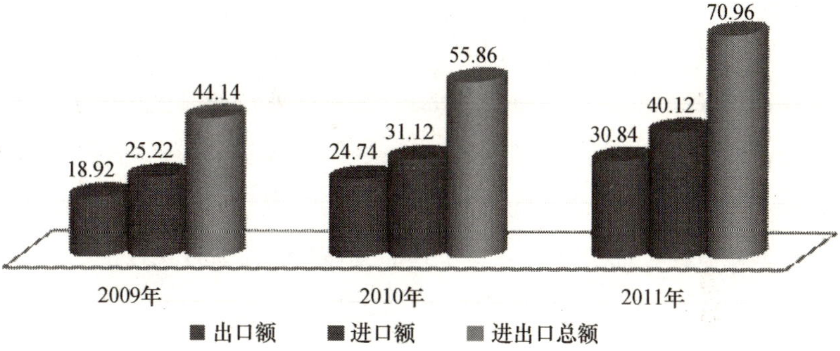

图 12—7　2009—2011 年斯里兰卡服务贸易额（亿美元）

（二）对外服务贸易逆差不断增大

如图 12—8 所示，在 2009—2011 年期间，斯里兰卡对外出口服务贸易额与进口服务贸易额的差额分别为 -6.3 亿美元、-6. 38 亿美元和 -9. 28 亿美元，可见内战结束后斯对外服务贸易逆差呈逐年上升态势。

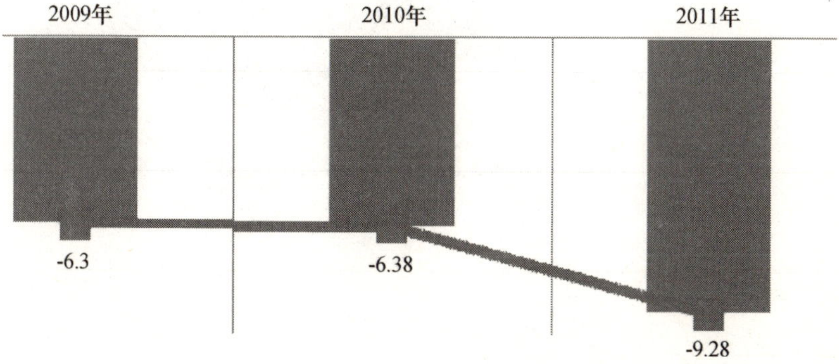

图 12—8　2009—2011 年斯里兰卡对外服务贸易差额（亿美元）

（三）对外服务贸易的多元化不足

2011 年斯里兰卡对外出口服务贸易中，运输服务、旅游服务和计算机与信息服务位居前三位，分别占 45%、27% 和 12%，其中运输服务和旅游服务两者就占 72%（如图 12—9 所示）。而在斯对外进口服务贸易中运输服务约占 69.2%，旅游服务约占 12.5%，两者共占 81.7%（如图 12—10 所示）。[①] 这种现象与斯里兰卡的实际状况是密切相关的。首先，斯是一个海岛国家，有着优良的港口，在世界运输格局中占有重要的地位；其次，斯风景秀丽，每年都会吸引世界各地的大批游客前来旅游观光，旅游服务存在着天然而且巨大的需求。因此，斯在发展服务贸易领域具有很大的潜力，但是如果对运输服务和旅游服务过分依赖，则不利于服务贸易发展的可持续性，因而须努力使对外服务贸易项目多元化，以保持其发展的稳定性与可持续性。

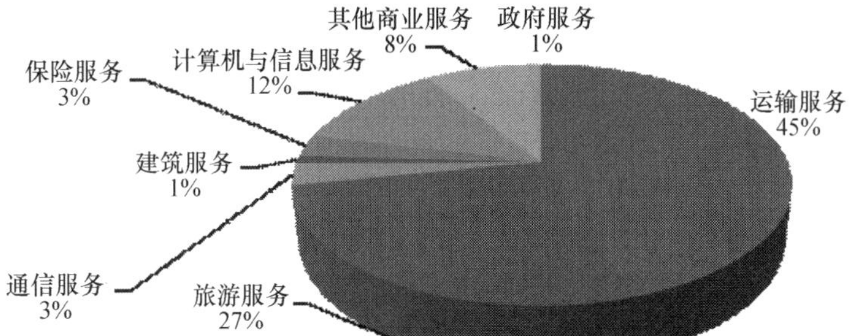

图 12—9　2011 年斯里兰卡出口服务贸易项目所占比重

① 数据来源于联合国服务贸易统计数据库。

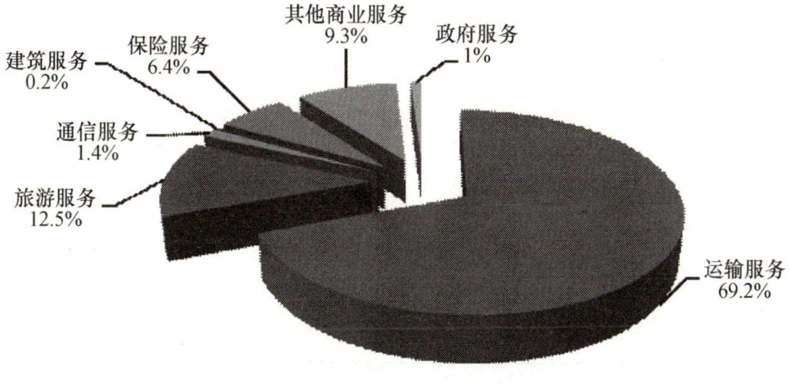

图 12—10　2011 年斯里兰卡进口服务贸易项目所占比重

第二节　加速对外贸易发展

斯里兰卡政府十分重视对外贸易的发展，特别是扩大外贸出口。为此政府一方面继续支持传统出口产业的发展，另一方面也在培养新的出口增长点，推动国内企业与境外企业交流，大力发展转口贸易及服务贸易，与其他国家开展双边或多边贸易合作，积极扩大斯里兰卡的外贸出口规模。

一、建立纺织服装贸易中心，保护“锡兰茶”品牌和切实推动宝石出口

（一）建立纺织服装贸易中心，提高斯里兰卡服装在国际市场上的影响力

纺织服装业是斯里兰卡国民经济的支柱产业和最重要的工业行业，也是首要的出口创汇行业。为了进一步推动服装出口的增长，斯政府于 2009 年开放了第一个大规模的纺织服装贸易中心，目的是

向当地纺织和服装制造单位、进口商和全国范围内的礼品制造单位提供经销便利。同时，该中心还将为斯纺织和服装贸易商展示和经销其产品提供机会,[①] 提高斯服装在国际市场上的影响力。

（二）采取多项措施，保护“锡兰茶”品牌

茶叶出口目前也是斯里兰卡重要的出口创汇产业，为了进一步推动茶叶出口，斯茶叶局采取了多项措施。首先，积极支持国内茶叶生产企业参加国际茶业博览会，进一步提高锡兰红茶的知名度。2010 年，斯茶叶局组织了 101 家茶叶生产企业参加了 18 个主要的国际茶业博览会，极大地推动了斯茶叶的出口。其次，积极组织举办斯茶叶推介会，通过多媒体电视广告、户外广告、红茶品尝服务和一些其他公共传媒措施促进其他国家的民众对斯红茶的认知。2010 年，斯茶叶局组织了 49 场锡兰红茶推介会，涉及国家有日本、俄罗斯、法国、迪拜等，这些公共性活动对斯茶叶出口起到了极大的促进作用。[②] 第三，加强对“锡兰茶”的品牌保护。2009 年 2 月，斯政府授权斯茶叶局依据国际知识产权保护法的相关规定，加强对“锡兰茶”品牌的保护。为此，茶叶局正式注册了“锡兰茶”品牌，并将对斯 7 个主要产茶区生产的茶叶分别按产地名称予以注册。

（三）积极采取一系列有效措施，推动斯里兰卡宝石出口

宝石产业是斯里兰卡重要的特色产业也是重要的创汇组成部分，为使本国的宝石产业具有全球性竞争力，斯政府采取了一系列促进措施：首先，促进宝石和珠宝进出口活动。斯国家宝石和珠宝局 2012 年 5 月 31 日决定在班达拉奈克国际机场设立专门机构处理宝石

---

① “斯里兰卡政府建立纺织—服装贸易中心”，2009 年 9 月 2 日，http：//www. tnc. com. cn/info/c－001007－d－128992－p1. html。

② 信息来源于斯里兰卡茶叶局 2010 年年度报告。

和珠宝进出口事务，简化程序，在 3 天内完成相关的进出口手续。[①]其次，积极支持国内宝石和珠宝相关企业参加国际珠宝展。在 2013 年 5 月 10—13 日于上海举办的国际珠宝展上，斯里兰卡所展出的宝石和珠宝产品吸引了来自 30 多个国家和地区的商家，并达成了多项合作协议。第三，支持国内宝石和珠宝领域中小企业的发展。2012 年 4 月 11 日，斯国家宝石和珠宝局向国内的中小宝石和珠宝企业分发了宝石和珠宝生产工具和设施，促进斯宝石和珠宝的标准化生产。

二、努力增加渔业投资，完善渔业基础设施，促进水产品出口

斯里兰卡拥有漫长的海岸线，渔场数量众多，其中较为著名的有孟加拉湾渔场、斯里兰卡—马尔代夫金枪鱼渔场和阿拉伯海渔场。由于内战的影响，斯丰富的海洋渔业资源并未得到充分利用。内战结束后，其渔业发展空间将会更加宽广。斯渔业和水产资源开发部部长表示，2012 年斯鱼产品出口收入达到了创纪录的 26.393 亿斯卢比，比 2011 年增加了 21%。斯鱼产品出口收入逐步提高，2010 年鱼产品出口收入是 19.834 亿斯卢比，2011 年则是 21.876 亿斯卢比，同比增长了 10.3%。2011 年，斯经济发展部长巴希尔在会见联合国 NGO 组织代表时表示，希望 UNDP、WHO、ILO 和 WFP 等国际 NGO 组织帮助斯发展北部地区的渔业，他希望这些组织能帮助他们建设造船业和渔具制造业，而不是分发这些用具。[②] 因而，随着斯政府对渔业投入的不断增加，渔业的产出势必得到迅速提高，产量会迅速

---

① 信息来源于斯里兰卡国家宝石和珠宝局官方网站。

② "斯里兰卡寻求 NGO 援助发展北部"，2010 年 11 月 12 日，http：//www. mofcom. gov. cn/aarticle/i/jyjl/j/201011/20101107242314. html。

增长，出口也会得以带动，给斯带来可观的利润收入。在可预期的时期内，渔业将会成为斯出口最为重要的组成部分之一，也将成为其对外贸易发展的一个新的增长点。

三、参加和举办外贸商品展览，大力推销本国产品

（一）在境内举办斯里兰卡出口商品展览，吸引外商参展

斯里兰卡国内产业结构较为单一，因此其举办的商品博览会主要集中于纺织展、国际染料化工展览会、国际纺织服装机械展览会、纱线面料展、珠宝展览会、农产品博览会等领域。这些博览会都是以国内的主要出口产业为基础，同时积极吸引国外企业参展。这样既可以为本国的出口商品提供一个展示平台，争取将潜在的机会变为现实，推动本国商品出口的发展；又能够加强与国外企业的交流，掌握某领域发展状况或信息资源，为本国相关产业的发展提供有益的经验与借鉴。

（二）积极支持本国企业赴境外参展

斯里兰卡是参与国际商品博览会最活跃的国家之一，每年在世界各地举办的商品博览会上几乎都可以见到斯企业的身影，如中国举办的南亚国家商品博览会、上海国际珠宝展等一系列国际性的展览会。斯企业积极参与国际商品博览会，一方面可以提高本国商品的国际知名度，树立良好的品牌形象，有利于本国产品的商业推广；同时，也可以引进本国亟需的生产设备和技术，优化国内的产业结构，促进国内的产业转型，从而推动出口结构的调整，从长远角度来看，对斯里兰卡出口贸易的发展将起到极大的促进作用。

四、扩建港口基础设施和大力发展转口贸易，推动出口市场多元化发展

斯里兰卡被誉为“印度洋上的珍珠”，处于世界海洋运输的咽喉要道。同时，斯还拥有众多优良的港口，具有发展转口贸易的天然优势。

（一）完善基础设施，为发展转口贸易奠定基础

斯里兰卡虽港口众多，但是在港口建设方面仍不能满足不断增加的航运需求，因此斯政府计划对多个港口进行扩建和改造，如在2010年前通过一系列扩建和改造使科伦坡港的货运吞吐量达到570万个货柜，2015年达到810万个货柜。[①] 同时，全国其他港口的建设工作也在开展，如中国政府为汉班托塔港的建设提供了贷款。通过对多个港口的扩建和改造，从而进一步完善基础设施，吸引更多的企业来斯建厂，发展转口贸易，使斯在南亚地区的货运中发挥重要的作用。

（二）对发展转口贸易给予政策鼓励和支持

斯里兰卡积极利用本国的地理优势发展转口贸易，以进一步提高在世界转口贸易中的地位，这势必极大地促进本国对外贸易的发展。2012年11月12日，斯政府通过了一项新的财政法案，明确提出支持转口贸易的发展，向当地的制造业提供前端和后勤服务，如建立保税仓库，多国货物联拼等。2013年7月31日，斯财政部在一

---

① 《对外投资合作国别（地区）指南——斯里兰卡（2010版）》，中国商务部，第24页。

份声明中表示，按照相关法案，科伦坡港和南部的汉班托塔港被列为自由港，同时临近两个港口的两个出口加工区被列为保税区，位于斯最南部的马塔拉—拉贾帕克萨国际机场也被定为保税区。斯财政部认为，设立自由港和保税区将有利于促进该国转口贸易的发展，从事转口贸易的企业投资需在500万美元以上，未来几年内，预计这些企业每年的出口额将不少于2000万美元。[①]

五、积极推动双边和地区经贸合作，推动出口市场多元化

斯里兰卡政府希望通过签订双边自由贸易协定的方式来推动本国对外出口的发展。其已与印度和巴基斯坦分别签署了双边自由贸易协定，斯多达4232种商品可免税进入印度，还有多达400多种产品可免税或减税进入巴基斯坦市场。[②] 同时，政府正积极开展新的自由贸易协定谈判，目前斯正在同中国、日本两国进行关于签订自由贸易协定的谈判，预计不久将会取得突破。2013年6月1日，斯与泰国达成协议，两国将在BIMSTEC合作框架下启动自由贸易谈判。此外，斯政府还计划与伊朗、尼泊尔、孟加拉、马来西亚等国商签自由贸易或优惠贸易协定。随着斯政府积极推动双边和地区经贸合作，斯可以辐射的市场将会日益增多。[③]

---

① “斯里兰卡宣布两大港口为自由港”，2013年7月31日，http：//news. xinhuanet. com/fortune/2013－07/31/c_ 116762646. htm。

② “斯里兰卡投资环境介绍与建议”，2011年4月20日，http：//fec. mofcom. gov. cn/article/zlyj/zjsj/201104/1217339_ 1. html？COLLCC＝799198643&。

③ 《对外投资合作国别指南——斯里兰卡（2010版）》，中国商务部，第28页。

第三节　对外贸易发展前景

当前，尽管斯里兰卡对外贸易发展存在着一些不利条件，例如全球化给斯对外贸易发展带来了较大的挑战，国际市场的波动将会加剧其对外贸易发展的不稳定性；出口商品结构短期内难以改变，产品的科技含量低造成外贸出口收益较低；对国际经济环境的变化抵抗力弱，受国际市场的制约比较大；外贸赤字状态短期内难以扭转等等。然而，随着世界经济重心逐渐向亚洲转移，斯稳定的政治环境以及优越的地理位置使其受到的关注在不断地增加，近些年来国外资本对斯的投资不断增加，这在一定程度上将会成为斯对外贸易发展的助推器；斯政府为发展对外贸易创造了良好的条件，政治环境的稳定为对外贸易发展奠定了基础；政府还不断出台相关的法律、法规给予对外贸易发展以政策、制度支持，有利于对外贸易的持续发展；而且 2011 年政府提出将加快经济发展，大力发展对外贸易，力争在 2020 年实现商品外贸出口额突破 200 亿美元的目标，政府表示对实现这一目标充满了信心。[①] 总体来说，斯政府确立的这一目标是符合实际的；再者，从总体上来看，斯对外服务贸易发展还极具发展潜力，而且在未来的一段时间里，对外服务贸易占斯对外贸易的比重将会逐步上升。斯若积极利用自身的优势推动服务贸易的发展，进一步完善基础设施，提高服务质量，提高本国服务的吸引力，将会大大促进对外贸易的发展。

---

① 若按 2012 年斯里兰卡的商品出口总额已将近 98 亿美元，如果想要完成目标，斯里兰卡需要保持商品出口年均增长 12.8% 的速度。

有鉴于此，我们认为随着斯里兰卡实施贸易自由化政策（除政府控制石油进口外，其他商品均可自由进口），以及政府采取各种措施有效促进对外贸易发展，尤其致力于打造具有本国特色的出口导向型经济模式，[①] 斯对外贸易前景将是可观的。

---

① 《对外投资合作国别指南——斯里兰卡（2010 版）》，中国商务部，第 27 页。

第十三章
内战结束后斯里兰卡积极利用外资

自 1978 年以来，斯里兰卡开始推行对内实行市场化改革、对外实行贸易自由化和吸引外资的经济改革与开放政策，成为南亚地区经济改革开放的先驱者之一。在过去的 30 多年里，斯政府始终坚持自由开放政策，为外国投资者开辟了众多经济领域，创造出了一个有利于投资和经济增长的良好政策环境，特别是内战结束以后，随着国内投资环境日渐改善，斯已成为亚太地区最具吸引力的投资区域之一。

第一节　利用外资现状

内战结束后，为了促进经济发展，斯里兰卡政府十分注意利用外国投资。

一、斯里兰卡吸引外国直接与间接投资[①]规模不断增大

（一）斯里兰卡利用外国直接投资额总体上呈波浪式增长态势

受国际金融危机的影响，斯里兰卡利用外国直接投资额由2007年的5.48亿美元上升到2008年的6.91亿美元，之后降至2009年的3.84亿美元，其年增长率也由2008年的26.09%下降到2009年的-44.43%；内战结束后，随着国内安全局势以及经济发展形势日渐好转，斯利用外国直接投资额由2009年的3.84亿美元上升到2010年的4.35亿美元，之后快速增至2011年的8.96亿美元，其年增长率分别为13.28%和105.98%；然后略微降至2012年的8.13亿美元，[②] 同比下降了9.26%（如图13—1所示）。因而，从总体上来看，自2009年内战结束后，斯利用外国直接投资额总体上呈波浪式增长态势。

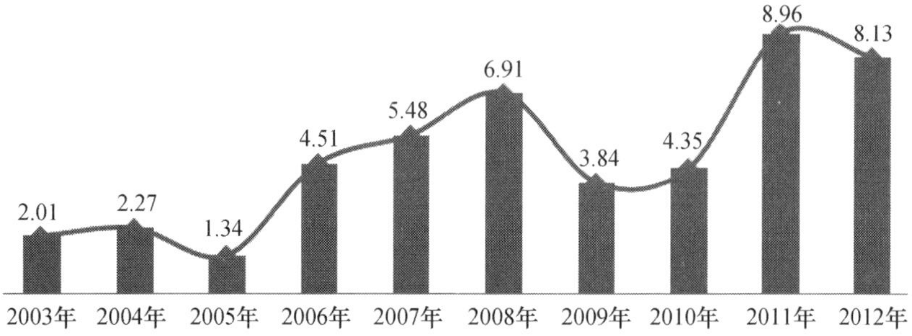

图13—1 斯里兰卡利用外国直接投资净流入量（亿美元）

① 国际直接投资的具体方式有合资经营、合作经营和独资经营等。

② 根据斯里兰卡央行发布的《斯里兰卡经济与社会发展报告（2013年）》中的统计数据整理而得；http：//www.cbsl.gov.lk/pics_ n_ docs/10_ pub/_ docs/statistics/other/econ_ &_ ss_ 2013_ e.pdf。

（二）利用外国（股票、债券等）间接投资[①]规模也不断扩大

内战期间，由于不稳定的政治安全环境、低速的经济增长和盛行的官僚主义等不利投资环境，斯里兰卡利用外国间接投资的净流量不多。内战结束后，根据央行统计数据显示，斯利用外国间接投资规模不断增大。其中，对外发行国债额由2008年的5.09亿美元上升到2009年的17.91亿美元，之后下降到2010年的11.78亿美元，然后又上升到2011年的11.53亿美元和2012年的22.36亿美元；2009—2012年年均增长率达77.36%。利用外国有价证券投资额由2008年的5.48亿美元下降到2009年的3.75亿美元，之后上升到2010年的8.19亿美元，然后下降到2011年的4.52亿美元，之后再次上升到2012年的5.74亿美元（如图13—2所示）；[②] 2009—2012年年均增长率达17.25%。这进一步说明了内战结束后，斯里兰卡稳定的政治环境、优惠的投资政策、相对较好的金融体系和中等基础设施建设等吸引了来自美国及其他国家的投资热情。

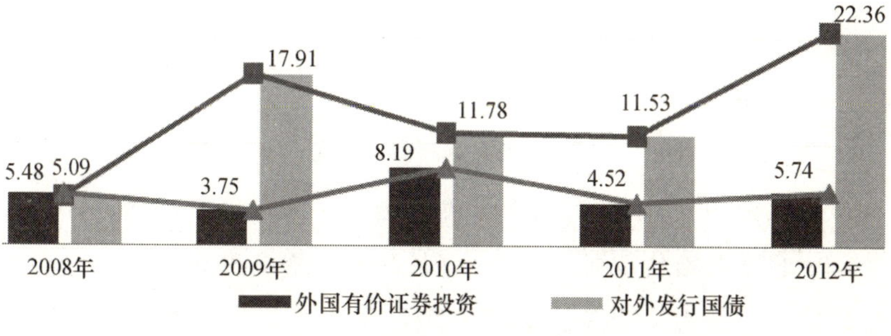

图13—2　斯里兰卡利用外国间接投资量（亿美元）

---

① 国际间接投资的具体方式有国际股票投资、国际债券投资。

② 根据斯里兰卡央行发布的《斯里兰卡经济与社会发展报告（2013年）》中的统计数据整理而得：http：//www.cbsl.gov.lk/pics_ n_ docs/10_ pub/_ docs/statistics/other/econ_ &_ ss_ 2013_ e.pdf。

二、斯里兰卡利用外国信贷资金[①]规模也不断扩大

内战结束以后，斯里兰卡政府利用双边政府贷款金额也呈现逐年增长的趋势，如图 13—3 所示，其金额由 2008 年的 130. 96 亿美元上升到 2009 年的 162. 51 亿美元、2010 年的 176. 14 亿美元、2011 年的 206. 02 亿美元和 2012 年的 250. 28 亿美元，年均增长率达到了 14. 71%。由此可见，自内战结束以来，斯政府利用双边政府贷款规模逐年增大，增速较快。

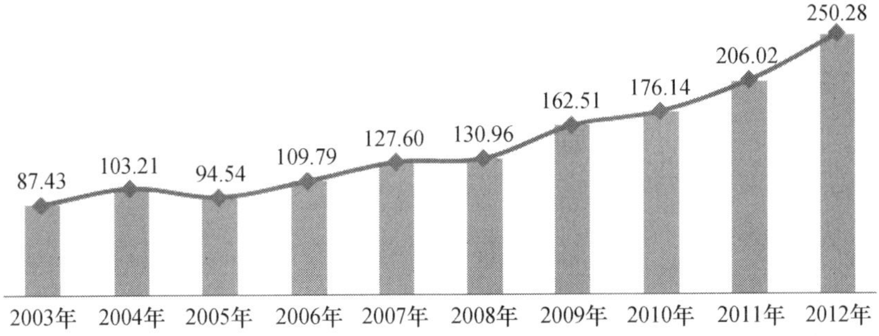

图 13—3 斯里兰卡政府利用外国信贷资金（亿美元）

内战结束以来，斯里兰卡政府利用双边政府贷款的来源国主要是日本、德国、美国、中国和印度等国家。例如，在 2008—2012 年期间，日本对斯贷款所占比重为 61. 56%，德国为 6. 87%，美国为 5. 67%，印度为 4. 36%，中国为 5. 21%，法国为 2. 29% 等（如图 13—4 所示）。这说明了内战结束后，日本和美国等欧美发达国家是斯政府贷款的重要来源主体，而以印度和中国为代表的发展中国家

① 外国信贷资金包括外国政府信贷、国际金融组织信贷、出口信贷、商业银行贷款、混合贷款、吸收外国存款、发行国际债券等。

在这方面作用并不大。

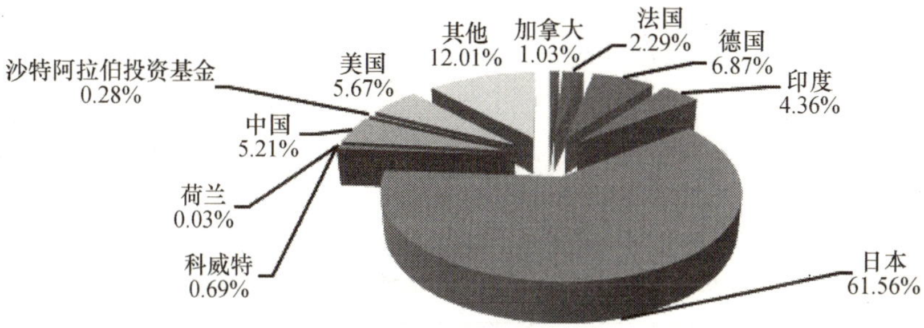

图 13—4　2008—2012 年双边政府贷款占斯里兰卡双边贷款总额的比重

在利用多边国际金融组织贷款方面，亚洲开发银行、国际开发协会和欧洲投资银行所占比重最大。例如，在 2008—2012 年期间，亚洲开发银行、国际开发协会和欧洲投资银行对斯里兰卡贷款金额所占比重分别为 53. 11%、41. 66% 和 2. 77%（如图 13—5 所示）。

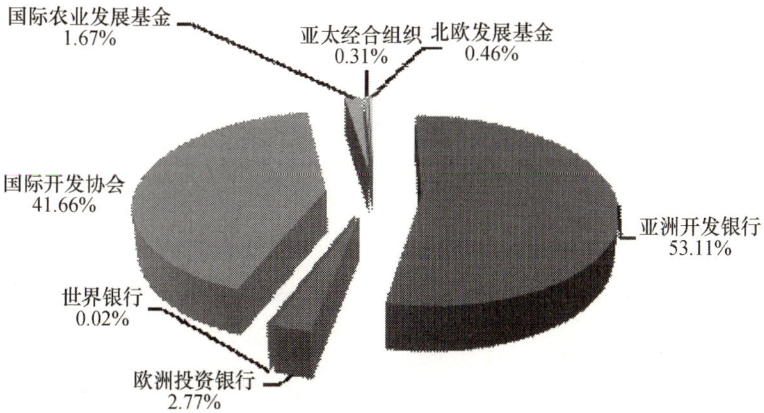

图 13—5　2008—2012 年多边国际金融组织贷款占斯里兰卡多边国际贷款总额的比重

此外，内战结束以来，斯里兰卡非政府组织或机构利用外国信贷资金也总体呈上升趋势。斯非政府部门或机构对外信贷融资的方式主要有私人长期借款、贸易信贷和商业银行借款等方式。其中，贸易信贷①的投资最多，斯非政府部门或机构利用对外贸易信贷额从2008年的22.16亿美元下降到2009年的17.62亿美元和2010年的12.37亿美元，之后上升到2011年的24.22亿美元和2012年的41.1亿美元；2009—2012年的年均增长率为28.8%。私人长期借款额由2008年的2.64亿美元上升到2009年的3.9亿美元和2010年的5.79亿美元，之后下降到2011年的3.1亿美元，然后上升到2012年的8.91亿美元；2009—2012年的年均增长率为28.8%。商业银行借款额由2008年的-1.85亿美元上升到2009年的-0.98亿美元和2010年的8.15亿美元，之后下降到2011年的7.88亿美元，然后上升到2012年的14.35亿美元（如图13—6所示）;② 2009—2012年的年均增长率为-224.97%。由此可见，内战结束后，除商业银行借款呈负增长外，斯里兰卡利用其他的外国信贷资金总体上呈上升趋势。

第二节　加速利用外资

内战结束后，为了加速恢复经济发展，斯里兰卡政府注意加速利用外国投资。

---

① 贸易信贷具体包括供应商（如境外出口商）为商品交易和服务直接提供信贷，以及购买者（如境外进口商）为商品和服务以及进行中（或准备承担）的工作预先付款。它表现为进出口商之间直接提供的信贷，包括预收款、预付款、延付款和延收款4种形式。

② 根据斯里兰卡央行发布的《斯里兰卡经济与社会发展报告（2013年）》中的统计数据整理而得；http：//www. cbsl. gov. lk/pics_ n_ docs/10_ pub/_ docs/statistics/other/econ_ &_ ss_ 2013_ e. pdf。

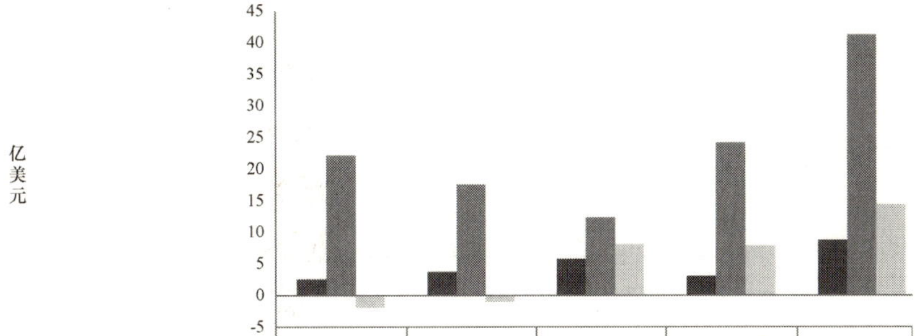

	2008年	2009年	2010年	2011年	2012年
私人长期借款额（亿美元）	2.64	3.9	5.79	3.1	8.91
贸易信贷额（亿美元）	22.16	17.62	12.37	24.22	41.1
商业银行借款额（亿美元）	-1.85	-0.98	8.15	7.88	14.35

图 13—6　斯里兰卡非政府部门或机构利用国际信贷资金

一、强化吸引外国投资的行业或部门以及区域政策引导

（一）制定吸引外国投资者重点参与基础设施建设的政策指引

社会经济基础设施的适时发展不仅有助于扩大社会经济生产能力，而且也将促进经济发展效率和降低区域发展的差异性。内战结束后，斯里兰卡政府对区域道路基础设施、水资源供应和环卫、港口和航空、交通运输、房屋和城市建设、工业区域建设、医院、仓库和物流中心等社会经济基础设施建设进行了重点规划，并制定了吸引外国投资者参与的包括海港、航空、道路、电力以及电信产业主干网的完全升级改造在内的社会经济基础设施建设的政策指引。[①]首先，提出了加快建设海港和机场建设规划。政府计划将斯发展为一个在南亚区域领先的区域性航空、航海和贸易枢纽中心，因而海运和空运建设被列为政府基础设施建设发展议程的重中之重。斯希

① http：//223. 87. 29. 17/videoplayer/sililanka. pdf.

望通过对这些具有十分重要战略位置的新港口和航空港的现代化改造和建设，拓展和改善其现有港口和航空的能力与营运效率。[①] 其次，加快高速公路系统建设。[②] 目前，斯计划将南部高速公路扩建到汉班托塔区，以连接马塔拉—拉贾帕克萨国际机场和新建的 Magampura 机场，总长度将会超过 75 公里，土地测量工作正在进行中。再次，加快邮政网络系统和能源设施建设。[③] 斯将在东北部的亭可马里建设一座类似的燃煤电站，还计划在南部的汉班托塔地区建设燃气电站等。

（二）制定外国投资于斯里兰卡农业、旅游业等部门的行业指引

2010 年，斯里兰卡农业产业部门对 GDP 的贡献度达 12%，占出口总收入的比重为 25%，占全国总就业人数的比重为 30%，尤其是茶叶、橡胶以及椰子作为斯三大主要传统出口的农作物对斯经济发展具有十分重要的作用。因此，斯投资促进委员会重点发展这些传统出口的农作物部门，希望大力吸引专业外国投资，以提高生产效率和技术创新水平，打入国际市场，改进种子质量和栽培技术，提

---

① 例如，科伦坡南港的扩建工程包括 3 个码头，每个码头的容量为 240 万标箱/年；在其完工之时，将会使得科伦坡码头的容量提升 160%。第一个码头是斯里兰卡艾提肯斯彭斯（Aitken Spence）集团和中国招商局国际有限公司的合资项目。项目的一期工程在汉班托塔的马欣达·拉贾帕克萨港口，已经于 2010 年 11 月开工。该港口预期将作为一个服务和工业港口，并且在随后发展为处理转运装船货运的港口。科伦坡的班达拉奈克机场已经过现代化改造，以容纳所有现代宽体客机和货运航空器。独立的货运中心已投入使用，可高效地处理所有航空货运。领先的货船和航空货物公司通常都使用这个货运中心。在汉班托塔区的马塔拉，另外一个国际机场的施工正在进行，截至目前已完成试航。

② 斯里兰卡第一条从 Kottawa 到 Pinnaduwa（加勒）的出入管制高速公路在 2011 年 11 月正式通车，全长 96 公里的高速公路和全长 5 公里的新建加勒港口接入道路将连接该高速公路和加勒市。通过该高速公路，从 Kottawa 到 Pinnaduwa（加勒）将会缩短到一个小时的车程。此外，从加勒到马特拉的全长 35 公里的道路已完工。

③ 斯里兰卡邮政系统已形成网络，通信联络比较便利，卫星地面移动通信较为发达，目前与 60 多个国家和地区建立了邮政特快专递业务。为降低电价，斯政府利用中国政府提供的优惠出口买方信贷在西北部地区正在建设一座 30 万千瓦的燃煤电站。

高其附加价值,[①] 促进这些传统农业部门迅速发展。

预计在未来几年里，斯里兰卡会额外需要3.5万个客房容量来满足其日渐增加的来访游客需求，为了满足客房容量水平和其他服务设施的需要，斯旅游产业投资需求缺口至少30亿美元。为此，斯投资法允许100%的外国独资，超过1000万美元的国外投资可以直接购买适用于其项目的土地和财产（房地产），以此来鼓励外国投资于斯旅游业。此外，政府还鼓励外国投资于斯非传统产品生产加工、工业设备的生产、电信业、纺织行业、高等教育和技能发展、IT服务业、工业园区和经济特区等的重点领域。

（三）加强工业加工园区建设，强化对外国投资的区域引导

斯里兰卡全国共设立了13个工业加工区域（IPZ），这些工业区也是针对出口行业的需要来设立的；在自由贸易区（FTZ），各个公司可以免关税进口在制造过程中直接需要的各种原材料、部件、组件、设备和机械；在非自由贸易区，各个公司可以设立授权的制造工厂（LMW），并享有和那些设立在自由贸易区中的公司同样的关税减免优惠政策。通过上述措施，斯积极营造有利于外国投资的政策环境，引导外国投资位于斯中部和西部的水电、通信等设施相对齐全的工业园区。

二、营造良好的投资环境，加大吸引外国投资力度

（一）制定系列优惠政策，吸引外国投资

斯里兰卡投资促进委员会还根据外国或外国投资规模、产品出

---

① 云南商务厅：《斯里兰卡投资报告手册（2013版）》，http：//www.bofcom.gov.cn。

口比例、就业人数、投资领域以及不同行业、产品和不同时期制定不同的优惠政策。例如，斯政府给予外资企业（包括独资和合资在内）程度不等的关税和税收优惠；① 外国投资公司的股份可在境内外自由转让并免征股份转让税；公司红利可自由汇出，无需纳税，不受外汇管制的限制；公司进口的原材料、设备和出口产品享受程度不同的关税减免；免税期和让税期5—20年；外国投资者可以购买或租借土地兴建企业；取消非本国公民购买土地应按实价100%赋税之规定，外国投资者同样可享有国民待遇等等。② 当然，由于斯国内市场较小，斯投资局鼓励发展出口型企业，对外国投资的生产加工企业有一定的出口比例要求，否则将难以享受到投资局的优惠政策。

（二）健全法制，保障外国投资安全

斯里兰卡有成熟的法律和法规框架，其宪法和相关法律规定私人和外国投资受到法律保护，不容侵犯。③ 斯适用于外国投资的法规主要有《投资局法》、《公司法》、《交易管制法》、《知识产权法》等，斯宪法第157条也规定：投资保护协定受法律保护，任何立法机关、行政机关和管理机关不得违反。而且，斯还是多边投资保护组织（MIGA）的创始成员，与20多个国家和地区签署了避免双重

---

① 符合斯里兰卡政府税收优惠政策的项目包括：能够促进斯工业和服务业发展、具有先进技术和高附加值的项目；大型基础设施项目；能够提升斯区域发展机会和比较优势的项目。

② 《对外投资合作国别（地区）指南——斯里兰卡（2010版）》，中国商务部，http：//fec. mofcom. gov. cn/gbzn/upload/sililanka. pdf。

③ 保护外国投资不被国有化；必要时对外国投资国有化，将给予及时足额的赔偿；确保投资和利润的自由汇出；可通过国际投资纠纷解决公约《解决投资争议国际公约》（ICSID）处理争端。

征税的协议。[①] 此外，斯同意在斯的投资争端也可使用国际商会的条款予以仲裁。[②]

（三）实施促进外国投资的便利化措施

斯里兰卡的投资促进委员会是国外投资者的中央枢纽点。其从最初的咨询点开始，一直到项目许可、执行、检查和安置设置等整个投资过程中提供支持和建议。投资促进委员会为投资者提供投资许可；[③] 提供信息和指导；向投资者介绍合适的在斯合作伙伴；帮助选择项目厂址；帮助筹建项目，对工厂厂房建设及水、电、通信设施的配置提供参考意见；通过投资局的有关机构，为在出口加工区内的投资者办理进出口清关手续和签证；为投资者提供雇工方面的建议和帮助等便利化服务。[④]

（四）鼓励外国承包商和当地承包商组合联营体

斯里兰卡政府规定，国际资金的项目或政府独立出资但当地公

---

① 目前，斯里兰卡与包括中国在内的 24 个国家和地区签定了双边投资保护协议。投保协议有效期通常为 10 年，如无任何一方提出终止，将继续生效。即使投保协议被终止，但已实施的投资仍将受到 10 年的保护。

② 斯里兰卡投资局，http：//www. boi. lk。

③ 具体包括：第一，根据海关条例第 17 章节的法案，投资促进委员会向满足特定资格条件的公司授予特别许可权利，而这些资格条件是为了满足政府战略性经济目标而设计的。这些特许权利授予的机制是通过协议来实现的，其对指定的法律进行修改、免除和放弃，以符合投资促进委员会的各种规定。这些法律包括海关、汇率控制和内陆税收等有关的法律。第二，根据海关条例第 15 章法案，投资促进委员会可以在本国“普通法律”下批准国外投资。投资促进委员会现在以重点产业的方式来为投资者提供各种便利，并且已经在科伦坡 01 号世界贸易中心大厦西座的第 24 层和第 26 层设立了“投资者便利中心”。整个过程将会有一个产业组的成员进行协调，并且受到来自投资促进委员会其他相关部门的支持。参见：云南驻科伦坡商务（企业）代表处：《斯里兰卡投资报告（2013 版）》。

④ 《2010 年斯里兰卡投资环境报告》，http：//www. state. gov/e/eb/rls/othr/ics/2013/204735. htm。

司不具备承建能力的项目，需要向国际招标，外国承包商和当地承包商均可参与竞争。政府鼓励外国承包商和当地承包商组合联营体，参加竞标与承揽项目，一旦成功即享有优惠税率待遇。对当地企业和外国企业公平对待，双方竞标都按法定程序进行。政府期望该政策能够激励外国投资工程承包项目。

三、加强双边和多边区域合作，拓展外国投资市场空间

（一）签订优惠投资保护与避免双重税收协议

目前，斯里兰卡已经同澳大利亚、科威特、比利时—卢森堡、马来西亚、中国、尼德兰、丹麦、挪威、埃及、巴基斯坦、芬兰、罗马尼亚、法国、新加坡、德国、瑞典、印度、瑞士、印度尼西亚、泰国、伊朗、英联邦、意大利、美国、日本、越南、大韩民国（韩国）27 个国家签订了双边投资保护协议（IPA）；而且同 38 个国家签订了避免双重税收双边协议。

（二）重视双边和多边的区域合作，深化国际经济合作关系

斯里兰卡位于连接南亚、远东以及太平洋与欧洲和美洲的船运路线主要交叉点上，具有重要的战略意义。[①] 斯充分利用区位战略优势，积极发展与周边邻国关系，大力吸引周边国家的外国投资。目前，斯是唯一一个与印度和巴基斯坦签订自由贸易协议的南亚国家，从而打通了免关税向 13 亿消费者提供服务的通道。印—斯[②]

---

① 斯里兰卡在战略上毗邻快速发展的印度次大陆，紧邻东南亚和中东地区。每周有超过 100 架次航班来往。

② 印度—斯里兰卡自由贸易协议（ISLFTA）于 2000 年生效，为斯里兰卡提供了零关税向印度输出超过 4200 种商品的战略性机会。自从协议签署之后，斯里兰卡和印度之间的双边贸易增长了 5 倍。

和巴—斯[①]自由贸易协定业已付诸实施。在自由贸易协定下，当产品增值达到35%时，一国向另一国出口时享受关税优惠待遇。根据不同的商品和产业政策，关税削减幅度达25%、50%或100%等。同时，斯现为WTO、联合国贸发会议、国际咖啡协会、国际天然橡胶协会和天然橡胶生产国协会的成员。此外，斯还参加了一些区域性的贸易互惠组织，如曼谷协定、南亚五国关税互惠贸易协定。如果一个公司位于斯里兰卡，其能够在南亚自由贸易区（SAFTA）以及亚太贸易协议（APTA）中获得两个较大区域集团的特惠贸易进入机会。因此，斯重视双边和多边区域合作的发展，也为在斯吸引外国或外国投资提供了更大的市场空间。

四、利用自身优势，提供产业转移空间，保障稳定投资

（一）提供高质高效的劳动力，为外国劳动密集型产业转移提供了空间

斯里兰卡有丰富的人力资源，根据世界银行的统计数据显示，斯属于中等收入国家，人均寿命达74岁，人均受教育水平达到92%，高等教育的入学率达到17%。[②] 拥有高等教育学历的学生中，接近50%参加过商业和技术的培训项目。英语成为商业团体中广泛运用的语言，方便了外资的进入。斯优质的劳动力得益于政府对教育的重视程度，教育支出占政府总支出的9%左右，教育投入占GDP的比重为1.7%，从小学到大学政府都会提供免费的教育。此外，各学院还会通过海外联合办学、设置证书和资质考试来提高接受教育

① 巴基斯坦—斯里兰卡自由贸易协议（PSLFTA）于2005年生效，为斯里兰卡提供了零关税向巴基斯坦市场输出超过4500种商品的战略性机会。自从协议签署之后，斯里兰卡和巴基斯坦之间的双边贸易增长了3倍。

② http://data.worldbank.org.cn/country/sri-lanka.

的质量。

斯里兰卡的人力资源都接受过良好的教育，具有熟练和半熟练的技术水平，并且可以接受低廉的薪资，加之政府对各行业人力资源培养的扶持，斯人力资源在本地区处于前列。这种相对较高的劳动力资源和相对较低的薪资期望为发达国家和新兴经济体转移本国劳动密集型产业提供了充足的发展空间，也由此带来了大量国外投资资金进入斯。

（二）提供优质生活环境，保障外商来斯投资的长期性和稳定性

斯里兰卡终年如夏，无四季之分，只有旱季和雨季，自然条件良好。面对经济发展中的环境破坏，政府专门立法保证经济与环境和谐发展，在全国范围内采取大规模措施保护与控制环境，包括保护生态环境。[①]

国外来客及其家庭将会在斯里兰卡享有一个安全并且舒适的生活环境，包括各种现代便利设施、良好的健康卫生和医疗设施、优秀的教育机构以及世界级娱乐和运动设施，其生活成本比他们本身的国家更低。尤其值得一提的是到政府医院就医全部免费。首都科伦坡有世界级的购物中心、剧场、咖啡馆、艺术中心以及各种星级酒店供居民吃喝玩乐。斯还有 7 个联合国科教文组织世界性遗产遗址、气候宜人的中部丘陵区域、东部世界闻名的阿鲁加玛海湾帆板运动场。这种宜居的生活环境保证了外国投资者良好的投资环境，有利于吸引长期对斯投资，提高本国利用外资的持续性和稳定性。

---

① Dedegamuwage Nihal Perera（尼哈尔）：《斯里兰卡生活生产方式与环境保护的关系》，吉林大学 2011 硕士论文，第 1、15 页。

第三节　利用外资前景

尽管在吸引外国投资方面斯里兰卡面临诸如复杂的政治局面使投资环境动荡不安；一些吸引外资的优惠政策实际执行情况不理想；电价过高会增加企业经营成本；政府部门人浮于事，效率低下，腐败现象比较严重；劳资关系处理存在风险；工业落后，缺乏配套设施，资源相对匮乏等现实困境，[①] 然而，在投资吸引力方面，与南亚其他国家相比，无论是地理位置、劳动力素质、生活环境，还是政策环境、商业环境、投资法律及税收优惠等方面，斯里兰卡均胜出一筹，现已发展成为亚太地区最具吸引力的投资地之一。

事实上，斯里兰卡一直奉行鼓励外国投资政策，遵循自由市场政策，积极营造有利于投资和经济增长的软硬环境等。特别是内战结束以后，斯政府采取了更为积极有效的吸引外国投资的政策措施，制定了对外国投资实施优惠的系列经济政策，[②] 积极引进外资和技术，大力发展出口加工业，先后建立了多个出口加工区和工业园区，还计划在东北部天然良港亭可马里地区开辟另一经济开发区，以期吸引更多的外国投资商；并通过举办投资机遇推介会，更好地介绍斯里兰卡的环境；更为重要的是斯政府对外资实施特别保护，保障

---

① 云南商务厅：《斯里兰卡投资报告手册（2013 版）》。

② 允许外资独资进入除贷款、典当、少于 100 万美元的零售业、近海捕鱼以及低于 14 岁斯里兰卡儿童教育和斯里兰卡学位授予外的所有经济领域，并对非限制性投资领域的外资投资份额不设限；外国投资的收益可以随意汇出和汇入；外国投资享有宪法保护；对外国投资提供减税，甚至免税；对特殊的项目，可以免费提供土地等。斯政府重点鼓励非斯里兰卡传统产品的生产出口、工业设备的生产、基础设施项目、电信行业、纺织品的生产和加工等项目。此外，外国投资者可以购买或租借土地兴建企业，而且目前斯政府已取消非本国公民购买土地应按实价 100% 赋税之规定，外国投资者同样可享有国民待遇。http：//www. investsrilanka. com。

外国投资安全，且已同包括中国在内的27个国家签署了《双边投资保护协议》，同38个国家签署了《避免双重征税协议》。如此等等有利因素致使斯里兰卡利用外国投资的机遇大于挑战，其发展前景更加广阔光明。

下　篇

内战结束后的斯里兰卡：对外关系

第十四章 内战结束后斯里兰卡与中国的关系

斯中友好交往历史悠久。中国史称斯里兰卡为师（狮）子国或僧伽罗。公元410年，中国晋代高僧法显从印度赴斯游学两年，取回佛教经典并著有《佛国记》一书。明代航海家郑和曾多次抵斯。15世纪，斯一王子访问中国，后因种种原因定居福建泉州，其后代现仍居住在泉州和台湾。斯沦为西方殖民地后，斯中关系一度中断。1949年中华人民共和国成立后，1950年斯政府承认新中国。1952年，斯中签署《米胶协定》。1957年2月7日两国建交。此后，斯中一直保持着友好关系，高层往来不断。周恩来总理先后于1957年和1964年两次访斯，邓颖超副委员长（1977年）、耿飚副总理（1978年）和黄华副总理兼外长（1981年）也先后访斯；斯总理班达拉奈克夫人先后于1961年和1972年两次访华，1979斯政府总理普雷马达萨也访问中国。1983年斯内战爆发后，斯中关系继续健康、顺利发展，高层互访频繁，各领域互利合作不断扩大。2009年斯内战结束后，斯中关系进一步深入发展，两国经济合作继续深入。可以预见，未来斯中关系的前景将更加广阔，两国经济合作将进一步加强。

第一节　内战期间与中国的关系

由于斯中有着传统的友好关系，1983 年斯里兰卡爆发的内战并没有影响两国关系，斯中关系继续健康、顺利发展，高层互访频繁，各领域互利合作不断扩大。

一、两国高层访问不断

1983 年斯里兰卡内战爆发后，中国国家主席、政府总理、人大委员长和政协主席等主要国家领导人和外交部长等重要中国高级官员依然先后访斯。中国国务委员兼外长吴学谦于 1985 年访斯，中国国家主席李先念于 1986 年访斯，中国政府总理李鹏于 1990 年访斯，中国政府副总理兼外长钱其琛于 1994 年访斯，中国全国人大副委员长陈慕华于 1997 年访斯，中国政协主席李瑞环于 1999 年访斯，中国政府总理朱镕基于 2001 年访斯，中国政协主席贾庆林于 2003 年访斯，中央纪委书记吴官正于 2004 年访斯，中国政府总理温家宝于 2005 年访斯，中国国务委员唐家璇于 2006 年访斯，中国政协主席贾庆林 2006 年访斯。双方宣布 2007 年为“中斯友好年”。斯内战爆发后，斯国家主要领导人也先后访问中国。1984 年斯政府总统贾亚瓦德纳访华，1988 年斯政府总理普雷马达萨访华，1989 年斯政府总理维杰通加访华，1995 年和 1998 年斯政府外长卡迪加马先后两次访华，斯总统库马拉通加夫人也先后于 1996 年和 2005 年访华，斯政府总理维克拉马辛哈于 2003 年访华；斯政府总理维克拉马纳亚克于 2006 年访华，并出席博鳌亚洲论坛。同年，斯议会议长罗库班达拉和斯政府外长萨马拉维拉先后访华。2006 年 7 月 12—16 日，斯外交部长访华。2007年2月26日—3月4日，斯总统马欣达·拉贾帕克萨对中国进行国事访问。国家主席胡锦涛与拉贾帕克萨总统举行会谈，全国人大常委会委员长吴邦国和国务院总理温家宝分别会见拉贾帕克萨总统，全国政协主席贾庆林与拉贾帕克萨总统共同出席中斯建交50周年暨“中斯友好年”庆祝招待会。2008年4月，斯总统马欣达·拉贾帕克萨参加博鳌亚洲论坛。①

二、两国签署许多重要协定

1984年5月22日，两国政府在北京签定《中华人民共和国与斯里兰卡民主社会主义共和国关于处理经济、贸易合作联合委员会的协定》。1986年3月13日，两国政府在科伦坡签署《中华人民共和国与斯里兰卡民主社会主义共和国关于相互促进和保护投资的协定》。1998年12月18日，两国政府在北京签署《中华人民共和国环境保护总局与斯里兰卡民主社会主义共和国森林环境部环境保护的协定》。2003年8月11日，两国政府在北京签署《中华人民共和国外交部与斯里兰卡民主社会主义共和国外交部关于双边磋商的议定书》、《中华人民共和国上海市与斯里兰卡民主社会主义共和国科伦坡市建立友好城市关系谅解备忘录》和《中华人民共和国政府与斯里兰卡民主社会主义共和国政府关于对所得避免双重征税和防止偷漏税的协定》。2004年12月27日，两国发表《中斯外长联合新闻公报》。2005年4月8日和9日，在温家宝总理访问斯里兰卡期间，两国在科伦坡签署《中华人民共和国政府与斯里兰卡民主社会主义共和国政府联合公报》、《中华人民共和国政府与斯里兰卡民主社会主义共和国政府关于进一步深化双边经贸合作关系的协议》和《中华

① “斯里兰卡总统拉贾帕克萨在博鳌论坛发表演讲”，新华网，2008年4月12日。

人民共和国农业部与斯里兰卡民主社会主义共和国农业与土地部农业合作谅解备忘录》等。2005 年 8 月 30 日—9 月 2 日，在斯总统钱德里卡·班达拉奈克·库马拉通加访问中国期间，两国在北京签署《中华人民共和国与斯里兰卡民主社会主义共和国联合公报》、《中华人民共和国政府与斯里兰卡民主社会主义共和国政府关于斯里兰卡在上海开设领事馆的换文》和《中华人民共和国教育部与斯里兰卡民主社会主义共和国教育部关于合作在斯里兰卡建立孔子学院的谅解备忘录》。2006 年 3 月中国国务委员唐家旋访斯，并签署《中华人民共和国政府与斯里兰卡民主社会主义共和国政府经济技术合作协定》和中方向斯提供物资援助以支持斯里兰卡举办南亚运动会的换文。

三、两国在重大问题上相互支持

中华人民共和国成立后，一直奉行独立自主的对外政策。长期以来，中国在反对霸权主义和强权政治的同时，坚定地站在发展中国家一边。2006 年 4 月 21—23 日，斯里兰卡总理拉特纳西里·维克拉马纳亚克来华出席博鳌亚洲论坛 2006 年年会，中国国家副主席曾庆红予以会见，表示中国维护发展中国家的主权和领土完整，支持发展中国家社会经济发展。中国政府一直维护斯主权和领土完整，支持斯社会经济发展。长期以来，斯政府也一贯奉行对华友好政策，两国在许多重大国际和地区问题上拥有共识，合作良好。在斯内战期间，两国在重大问题上继续相互支持。中国维护斯的主权和领土完整，支持斯社会经济发展；斯在台湾、西藏、人权等问题上继续支持中国。

四、双边经贸关系持续不断

首先，斯中双边贸易不断增加。1952 年，斯中签署《米胶协定》，两国经济关系不断发展。1953—1982 年，斯中贸易为记账贸易。即使在斯内战期间，斯中商品贸易依然持续发展。1983 年，两国贸易开始以现汇方式结算。据中国海关总署统计，1995 年斯中双边贸易额为 2.41 亿美元，2008 年增加到 11.6 亿美元，其中中国对斯出口 11.1 亿美元。中国从斯进口的主要产品有橡胶及其制品、红茶、宝石和椰油等。20 世纪 90 年代以前，中国向斯出口商品以大米和传统的农副产品如麻袋、辣椒、干菜为主；1991 年以后，中国出口产品结构发生了较大变化，纺织品、轻工、机电产品、五金工具、服装、医保、化工等成为中国向斯出口的主要商品。

其次，斯中相互投资逐渐启动。中国公司自 20 世纪 80 年代中期开始在斯投资，主要项目有深海捕鱼、活性炭、电站、自行车厂、玩具厂、橡胶木和腰果壳加工厂、摩托车生产线、汽车组装、中医医疗中心等。斯方在华投资项目有蛇口斯诺科技有限公司和天津宝石商店。截至 2006 年 9 月，中方在斯协议投资金额 2258 万美元；斯在华投资项目 40 个，合同额 3520 万美元，实际投资 1453 万美元。

第三，经济合作不断扩大。斯中互利经济合作始于 1982 年，中国在斯的合作领域包括公路、水电、港口、建筑、通信、农业、渔业、供水、能源、灌溉等。到 2001 年底，斯中共签定承包劳务合同 200 多项，合同额约 4.6 亿美元。其中，承包工程合同 75 项，合同额 4.5 亿美元；劳务合同 125 份，合同额 633 万美元；设计咨询合同 15 份，合同额 76 万美元。到 2006 年 10 月，中国在斯累计签订承包工程与劳务合作合同额增加到 12.9 亿美元，完成营业额 7.9 亿美元。其中，承包工程合同额 12.6 亿美元，完成营业额 7.6 亿美元。

2007 年，中国承建的汉班托塔免税港口第一期建设及发电厂等，承包额达 3 亿美元。

第二节　内战结束后与中国的关系

2009 年 3 月，斯里兰卡总统拉贾帕克萨在接受中国新任驻斯大使杨秀萍递交国书时表示，近年来，双方高层往来频繁，经贸、文教、人力资源培训等领域合作成果丰硕。斯方感谢中方向斯提供的大量真诚援助，将继续坚持一个中国原则，支持中国政府在涉台、涉藏和人权等方面的立场。杨秀萍在会见时说，建交半个多世纪以来，中斯始终恪守和平共处五项原则，成为政治上相互信赖的朋友、经济上互利合作的伙伴。相信在双方共同努力下，中斯世代友好、真诚互助的全面合作伙伴关系必将不断取得更加丰硕的成果。[①] 实际上，2009 年 5 月斯内战结束后，中国积极支持斯安置难民，积极参与斯战后重建，促使斯里兰卡与中国的传统友好关系获得进一步发展。

一、政治关系进一步巩固

（一）中国支持斯难民安置和战后重建

斯中两国在危难之际一贯相互支持和帮助。斯里兰卡内战期间，特别是在内战即将结束时，大量难民涌现。难民安置不仅意味着实行人道主义，促进内战结束，而且也有利于战后恢复重建。为表达

---

① 陈占杰：“斯里兰卡总统表示支持中国在涉藏问题上的立场”，新华网，科伦坡，2009 年 3 月 9 日。

中国人民对斯里兰卡人民的友好情谊，中国政府决定向斯政府提供紧急帐篷援助，用于安置平民。在斯内战结束前，中国政府援助的首批帐篷顺利抵斯，斯总统高级顾问暨“北部重建总统特别小组主席”巴西尔、灾害处理和人权部长萨马拉辛哈和其他斯政府官员及中国驻斯里兰卡大使杨秀萍等参加了帐篷交接仪式。巴西尔代表斯总统拉贾帕克萨、斯政府和人民向中国政府和人民致以最诚挚的感谢。他表示，这充分体现了斯中两国人民的深厚友谊。[①] 斯内战结束后，中国政府还向斯提供100万美元现汇援助和价值2000万元的帐篷物资，以帮助斯政府安置难民。中国政府鼓励中国公司积极参与斯战后重建。2009年10月16日，中国徐工集团提供的斯战后重建工程第一批设备交接仪式在科伦坡举行；10月28日，中国航空技术国际控股有限公司向斯政府交付用于北部重建的257台大型设备，斯总统特别顾问巴西尔和中国驻斯里兰卡大使杨秀萍等中斯两国官员出席交付仪式；[②] 11月27日，中国港湾工程有限责任公司承建的斯第二国际机场项目启动。

（二）斯中高层互访不断

2009年7月，斯中两国外长在北京会晤，就两国共同关心的国际问题和地区问题交换意见；7月30日—8月4日，中国云南省副省长高峰率云南省政府和商业代表团访斯；10月16日，中国政府总理温家宝在成都会见出席第十届中国西部国际博览会的斯总理维克勒马纳亚克；12月15日，斯在中国成都开设第二个领事馆。2010

---

① “中国政府援助斯里兰卡安置平民的首批帐篷顺利抵斯”，新华网，科伦坡，2009年5月17日。

② 刘咏秋、陈占杰：“中国公司向斯里兰卡交付用于北部重建的设备”，新华网，2009年10月28日，http：//news. xinhuanet. com/overseas/2009 - 10/28/content_ 12348897. htm。

年6月，斯外长佩里斯访华；同月中国国务院副总理张德江访斯；8月31日，中国云南省省长率团访斯；11月中旬，中国人大副委员长桑国卫访斯；11月28—30日，中国甘肃省委书记陆浩对斯进行友好访问；10月底，斯总统拉贾帕克萨出席上海世界博览会。2011年6月6日，作为在中国昆明举办的第4届南亚国家商品展的第一主题国，斯总统拉贾帕克萨出席开馆仪式并在开幕式上发表主旨发言；6月17日，中国国家主席胡锦涛在圣彼得堡会见斯总统拉贾帕克萨，就推动双边关系进一步发展交换意见；8月8日，斯总统拉贾帕克萨到访中国并出席在深圳举行的第26届世界大学生夏季运动会开幕式；10月27日，斯新任驻华大使兰吉特·乌杨高达出席在中国昆明举行的中国国际旅游交易会。2012年6月，斯议长恰马尔访华；8月，中国国防部长梁光烈访斯；9月，中国全国人大委员长吴邦国应约访斯；年底，中国国家政协主席贾庆林访斯。2013年5月28日，斯总统拉贾帕克萨访问中国；6月初，斯总理参加在昆明召开的首届中国—南亚博览会。斯中两国高层领导互访不断，有力地推动了两国关系的发展。2014年5月，斯总统贾帕克萨参加在中国上海举行的亚洲国家安全信任会议，并对中国进行国事访问。

（三）斯中民间交流频繁

2009年7月28日，中国国际广播电台孔子课堂在科伦坡比尼中学正式落成；12月30日，中国贸易促进会云南分会代表团与斯里兰卡锡兰商会在科伦坡签署合作协议。随着斯中经济合作不断发展，越来越多的中国人到斯参与经济建设；也有越来越多的中国游客到斯旅游，每年超过1万人。同时，越来越多的斯学生到中国学习，目前在中国留学学生超过100人。2010年9月，斯政策研究所所长萨马·克勒伽玛到中国四川大学参加学术交流。中国新华网也积极报道斯社会经济发展新闻，为此斯驻华大使阿穆努加马代表斯政府向新华网颁奖，以表彰新华网英文版为增进斯中两国人民友谊作出的杰出贡献。①

（四）在政治上继续相互支持

2009年6月，中国支持上海合作组织给以斯里兰卡对话伙伴国地位。实际上，内战结束后，中国继续支持斯主权独立和领土完整，斯也继续支持中国主权独立和领土完整，支持中国在台湾、西藏和新疆等问题上的立场。针对印度对中国在斯商业活动的指责，斯议员、总统顾问拉吉瓦·维杰辛说，印度不应对中国在斯的存在感到不安，因为“两国（在斯里兰卡）有足够的空间”，印度不应试图“独享斯里兰卡”。② 斯经济发展部长巴希尔·拉贾帕克萨在谈到中国与斯里兰卡的关系时说：“我们和中国有着多年的友好关系，1957年两国建立了外交关系，我们总是坚定地支持一个中国政策。在国际论坛上，我们支持中国，中国也支持我们。”

二、持续发展的经济关系

内战结束后，斯里兰卡需要恢复重建，还需要加速经济增长，因此不仅产生了大量商品需要，也出现许多投资需求和劳务合作需求。斯中友好关系的进一步发展，有力地推动了双边经济关系持续发展，使中国成为斯三大发展伙伴之一。正如斯经济发展部长巴希尔·拉贾帕克萨所说，在发展方面，中国几乎是帮助斯最多的国家，比如汉班托塔港口项目就是由中国投资兴建的。中国几乎在各领域

---

① 冯彦强：“斯里兰卡政府表彰新华网为斯中友谊作出的贡献”，新华网，2009年2月26日。

② “印度被告知：不要试图独享斯里兰卡”，［印］《德干先驱报》网站，2012年3月1日。

都给予斯帮助，两国之间有着良好的贸易关系和文化交流。[①]

（一）双边贸易持续发展

内战结束后，在恢复重建中，斯里兰卡不仅需要大量生活必需品，而且也需要大量机器设备，从而推动近年来斯中双边贸易持续扩大。斯中双边贸易额从 2008 年的 11.6 亿美元增加到 2011 年的 31.42 亿美元，2012 年略降为 26.8 亿美元，短短几年间仍增加 1 倍多。2008 年，中国位于印度、新加坡与伊朗之后，成为斯第四大进口来源国。2012 年，中国仅位于印度之后，成为斯第二大贸易伙伴和第二大进口来源国。2008 年，斯对中国出口的主要产品是纺织品、塑料、橡胶及原料和矿产品等，自中国进口的主要商品为纺织品及原料、机电产品和贱金属及其制品等。2012 年，斯对中国出口的主要产品是纺织品、塑料、橡胶及原料和矿产品等，自中国进口的主要商品为纺织品及原料、机电产品和贱金属及其制品等。这表明，双方贸易的商品结构没有太大变化。

同时，斯内战结束后，斯中双边劳务贸易也获得重要发展，特别是内战结束促进了中国游客到斯旅游。目前，每年到斯旅游的中国人超过 10 万，在一定程度上促进了斯旅游业发展。

（二）相互投资持续不断

内战结束后，在恢复重建过程中，斯里兰卡不仅需要恢复被毁的基础设施，还需要兴建大量工程，从而促使中国对斯投资不断增多。中国自 2005 年开始在斯进行多项投资项目，包括 2007 年 3 亿美元的汉班托塔免税港口第一期建设及开设发电厂等，总额达 37 亿美

---

① 孙伶俐：“斯里兰卡经济社会稳步发展，中国企业贡献突出”，国际在线，2010 年 10 月 21 日，http：//www.sina.com.cn。

元以上。除已在斯投资的中国公司北京国际经济合作公司、中国农牧渔国际合作公司、湖北黄石外贸总公司、中成集团天津公司、海南三曦海洋产业公司、烟台水产集团公司、昆山水泥厂、济南轻骑集团公司、江西机械进出口公司、辽宁朝阳柴油机厂、西安风险投资有限公司、山东岱银纺织服装集团、鞍山开发区服务总公司等外，许多新的中国公司也积极到斯投资。2011 年 7 月，斯希望借中国在汉班托塔港投资的机会，陆续投放 34 亿美元扩建港口，协助国家经济转型，成为以航运物流为主的经济体系，挑战新加坡和迪拜等海运枢纽，中国电科国际公司、中国航空国际技术有限公司等都积极对斯投资。

（三）劳务合作继续保持

内战结束后，斯里兰卡恢复重建产生了许多项目，这为中斯进行劳务合作创造了良好的机会。2009 年 8 月 20 日，由中国提供贷款并组织施工的斯普特拉姆燃煤电站主厂房钢屋架举行封顶仪式。2009 年 10 月 19 日，中航工业下属中航国际工程公司与斯政府签署斯北部公路重建合同，该合同涉及斯北部 4 条主干公路的施工建设，总金额约为 3.7 亿美元。2009 年 11 月，中国公司承建的斯第二个国际机场项目启动，斯总统拉贾帕克萨亲自出席项目启动仪式。[①] 2012 年 11 月，中国在西昌卫星发射中心为斯发射通信卫星。

（四）中国对斯援助不断增多

作为发展中国家，资金短缺一直困扰着斯里兰卡社会经济发展。特别是经过 26 年内战后，资金短缺问题更加严重。为了帮助斯战后

---

① 刘咏秋、陈占杰："斯里兰卡第二个国际机场项目启动"，新华网，2009 年 11 月 27 日，http：//news. xinhuanet. com/overseas/2009 －11/27/content_ 12552201. htm。

恢复和重建，中国对其许多重大项目都提供了资金援助。如中国进出口银行计划向斯港务局融资 8.08 亿美元，协助汉班托塔港进行第二期基建。

第三节　与中国关系的前景

在历史上，斯里兰卡与中国有着传统友谊。经过 60 多年的考验，特别是经过斯内战的考验，斯中关系进一步巩固。可以相信，未来斯中关系前景广阔。

一、斯中政治关系将进一步巩固

（一）斯中有着传统友谊

斯中不仅在历史上有着传统友谊，而且在各自独立和解放后，两国关系也进一步巩固。早在 1952 年斯中尚未建交的情况下，斯不顾美等西方国家对中国的封锁，同中国签订《米胶协定》，开创了斯中两国经贸合作友好史。中国始终支持斯民族独立、主权和领土完整；斯一贯支持中国在台湾、西藏等问题上的立场。斯中政治关系良好。

（二）内战期间友谊继续

斯内战期间，斯中两国高层领导人互访频繁。斯始终支持中国在台湾、西藏等诸多重大问题上的立场；中国也一直在政治上和经济上给予斯大力支持，支持斯主权独立和领土完整，促进斯内战尽快结束。

（三）内战结束后友谊仍存

针对国际社会有人指责中国与斯里兰卡的经济关系，斯总统拉贾帕克萨强调，中国在斯的存在是严格意义上的商业行为，与政治无关，他否认斯是中国“珍珠链”战略上的一环。拉贾帕克萨表示，印度没理由抱怨中国为斯援建港口，“美国也没有”，“美、英和印度目前都邀请中国去投资”。[①]

（四）斯中形成全面战略伙伴关系

在习近平当选中国国家主席后，斯总统拉贾帕克萨发来贺电，并表示斯中两国是亲密朋友，两国领导人和人民交往密切，各领域合作富有成果。斯方感谢中方为其和平稳定和发展提供的帮助，在涉及中国主权和领土完整问题上将继续坚定支持中方。习近平表示，中斯是传统友好近邻，多年来，两国关系保持健康稳定发展势头，各领域合作成果丰硕。中方感谢斯方长期以来在涉及中国核心利益问题上给予的支持。在 2013 年 5 月斯总统访华期间，习近平强调，中方高度重视发展中斯关系，坚定支持斯方维护国家独立、主权、领土完整的努力，愿继续为斯提供力所能及的帮助；希望双方共同努力，将两国全面合作伙伴关系推向更高水平。斯中双方决定，将两国关系提升为全面战略合作伙伴关系。2014 年 9 月，中国国家主席习近平访问斯里兰卡，进一步巩固了斯中全面战略合作伙伴关系。

二、斯中经济关系将进一步发展

斯中政治关系进一步巩固，必将有力地推动中斯经济关系进一

---

① 甄翔、李源：“中国扩建斯港口引争议”，《环球时报》2012 年 2 月 6 日，第 3 版。

步发展。正如中国政府总理温家宝在2009年会见斯总理维克勒马纳亚克时所说，发展中斯全面合作伙伴关系，符合两国根本利益，有利于本地区和平、稳定与发展。中方支持斯方为实现民族和解、国家稳定和经济发展所做的努力，支持本国企业与斯方开展合作，参与斯战后重建和经济社会发展。维克勒马纳亚克表示，斯正在进行战后重建，希望同中国加强交往，在经贸、基础设施建设、教育等领域开展更多合作，实现持久和平与发展。[①] 2011年6月29日，斯中央银行批准在斯境内各银行机构开展使用中国人民币结算国际贸易业务。正如该行在声明中所说，斯里兰卡与中国的贸易往来日益加强，使用人民币进行国际交易结算将显著地促进两国贸易与投资的增长。[②]

（一）斯中贸易将进一步扩大

斯战后重建是一个比较漫长的过程，不仅北部和东部需要重建，南部和西部也需要加速进行开发建设，因此斯仍需要进口大量先进机器设备；作为世界工厂的中国完全有能力向斯提供各类先进机器设备，从而推动中斯贸易进一步扩大。同时，随着斯内战结束，将有越来越多的中国人到斯旅游，从而促进双方劳务进一步发展。

（二）斯中投资将进一步增加

斯战后重建需要大量资金，如希望借中国在汉班托塔港投资的机会，陆续投放34亿美元扩建港口，协助国家经济转型，成为以航运物流为主的经济体系，挑战新加坡和迪拜等海运枢纽，因此斯需

---

① 廖雷、苑坚："温家宝会见斯里兰卡总理维克勒马纳亚克"，新华网，2009年10月16日，http：//news. xinhuanet. com/politics/2009－10/16/content_ 12247296. htm。

② 廖政军："斯里兰卡央行批准境内人民币结算国际交易"，人民网—国际频道，2011年6月30日，http：//world. people. com. cn/GB/15042523. html。

要大量引进外国企业投资，也包括引进中国企业投资。为此，斯专门设立了中国企业投资的经济特区，以吸引更多的中国投资。中国许多企业已经具备对外投资的实力，包括对斯投资的能力，从而推动中国企业对斯投资进一步增加。

（三）斯中劳务合作仍将扩大

在战后重建和经济发展过程中，斯需要开展许多建设项目，除修建和改造铁路、公路、机场、港口、电站等基础设施外，还需要兴建大量旅馆、饭店等旅游基础设施，因此必然产生大量的劳务合作需求。中国公司在斯也有开展劳务合作的经验，将继续为斯战后重建和发展作出更大贡献。

第十五章 内战结束后斯里兰卡与印度的关系

独立后的印度和斯里兰卡在国力都上非常悬殊，促使独立后首届斯政府与英国政府签订了防御协定。20 世纪 60 年代，英国在印度洋地区势力减弱，苏、美在印度洋地区的争夺日益加剧，印开始充当南亚地区小国的保护伞，强烈反对地区外国家干涉南亚地区事务。斯对印的做法极为不满，其奉行亚洲外交政策，积极发展地区合作，拓展外交领域，但又不能不重视与印的关系，因此将斯印关系放在对外关系的首要地位。20 世纪 60 年代后，斯进一步调整对外政策，使斯印双方对地区和国际事务的观点基本趋于一致。经过两国努力，解决了历史上遗留的在斯印度泰米尔种植园工人的国籍问题和恰帝武岛问题。但 20 世纪 70 年代印进行核试验后，斯支持巴基斯坦提出的印度洋无核区建议，引起印不满，为此，斯采取发展区域外国家关系的策略。

重要的是，印对斯民族矛盾和泰米尔反政府武装的政策严重影响了两国关系。尼赫鲁政府时期，印度没有公开干预斯民族问题；而英·甘地政府时期，印对斯民族问题的干预日益明显。在 1983 年斯民族骚乱爆发前，印政府就对斯泰米尔处境表示同情。斯民族骚乱后，印允许斯泰米尔反政府武装利用印国土作为其后方基地和训练基地，并提供财政和武器支持，引起斯极大不满。斯政府有意寻求南亚区域外国家的支持，又引起印坚决反对。考虑到印武装干涉的威胁，1987 年斯与印达成《斯印和平协议》，印维持和平部队进驻斯泰米尔人聚居的北部和东部地区。但由于斯泰米尔人和后来斯政府的反对，印政府在 1990 年从斯撤走全部军队，之后两国关系顺利发展。1999 年斯内战骤然升级，印政府并未进行直接干预，促使两国关系继续发展。2009 年内战结束后，在恢复重建进程中，斯进一步发展与印的关系。由于斯与印有着特殊的地缘联系、悠久的历史关系和悬殊的国力对比关系，斯将继续把印作为其对外关系的重要组成部分。

第一节　内战期间与印度的关系

1983 年斯内战爆发，给斯印关系造成严重影响。内战期间，斯印关系错综复杂，起伏跌宕。

一、印军进驻前的斯印关系

1983 年秋季斯爆发民族骚乱后，印度政府改变过去不干预斯内政的做法，允许斯泰米尔反政府武装利用印国土作为其后方基地和训练基地，并提供财政和武器支持，引起斯极大不满。为此，斯政府有意寻求南亚区域外国家支持，又引起印坚决反对，向斯施压要求其停止在贾夫纳半岛的军事行动。考虑到本国利益，1985 年后，印政府开始在斯政府和猛虎组织间充当调停人。当年 5 月，斯印两国首脑在新德里会晤。7 月，斯政府和猛虎组织的代表开始在不丹首都廷布举行会谈，但由于印偏袒猛虎组织，谈判在8月中旬宣告失败。于是，斯政府下令围剿猛虎组织，并于1987年上半年连续三次发起大规模军事进攻，消除了斯北部沿海地区猛虎组织的主要武装基地。但印政府却反对斯政府采取进一步军事行动，声称如果斯政府不采取比较温和的态度，将会产生可怕后果。印还在国际上制造舆论对斯政府施加压力，如在联合国人权委员会上，印就通过阿根廷提出一项谴责斯侵犯人权的决议草案。印在外交无果时决定实施武装干涉。1987年6月4日，数架印空军“安—32”运输机在第7中队幻影2000战斗机护航下向贾夫纳地区泰米尔人空投食品。印度声称，不能容忍外界介入任何南亚地区国家的内部冲突。1987年6月，南盟国家在新德里召开会议，在武装干涉的威胁下，斯被迫承认印在斯内部民族事务中有重要利害关系。1987年7月29日，斯和印就结束斯民族冲突达成《斯印和平协议》。根据该项协议，印政府于次日派遣维持和平部队进驻斯泰米尔聚居的北部和东部地区。但《斯印和平协议》的签署一开始就在斯国内引起汹涌的抗议浪潮。僧伽罗人认为，印军队进驻斯极大地损害了斯的主权和领土完整，他们不是维和部队，而是“占领军”；猛虎组织也认为该协议是不可接受的。因此，实际上，《斯印和平协议》签署后，斯印关系急剧恶化。

二、印军进驻后的斯印关系

《斯印和平协议》签署后，在斯政府内部，以总理普雷马达萨为首的强硬派坚决反对和平协议和印军进驻，斯自由党及对政局起重大作用的佛教领袖也对协议持反对态度。僧伽罗人更是强烈反对，自协议签署以来，首都科伦坡和南部许多城市连续发生僧伽罗人抗议活动，造成数百人伤亡，斯政府不得不调大批军队前往南部地区控制局势。而一开始就不认可《斯印和平协议》的猛虎组织在协议签署后屡次袭击其他泰米尔武装，谋求其在贾夫纳地区的独霸地位。10 月 3 日，17 名猛虎组织成员试图从海路偷渡进入贾夫纳，不料其乘坐的船只半路被斯海军截获。被俘猛虎组织成员吞服随身携带的氰化物胶囊自杀，其中 3 人为猛虎组织首领普拉巴卡兰的亲信。此事发生后，普拉巴卡兰怒不可遏，猛虎组织在贾夫纳地区和东方省采取了一系列疯狂报复行动，致使 200 多名僧伽罗人和穆斯林惨遭杀害，一批斯政府军士兵和警察也被杀害，数以万计平民被迫背井离乡。斯政府和印度维和部队受到强大压力。斯总统贾亚瓦德纳责怪印军未能完全解除泰米尔武装，要求印维和部队按照和平协议有关规定履行义务。此后，印决定改变对斯策略。10 月 7 日，印政府发表声明，谴责猛虎组织诉诸暴力、滥杀无辜，表示将毫不犹豫地采取最强有力的措施，对付试图破坏斯印协议的人。驻斯印维和部队受命恢复斯北部和东部省份正常秩序。10 月 9 日，在印国防部长潘特紧急访斯并同斯总统贾亚瓦德纳进行磋商后，印军在斯北部地区开始对猛虎组织进行大规模武力清剿，致使猛虎组织在战争中损失 3000 多人，被迫转入丛林开展游击战争。印军虽获得胜利，但却损失 1000 多士兵，还致数千平民丧生。印军由于对当地地形不熟，缺乏应付游击战的经验，虽不断向武装分子进行扫荡和清剿，但收效甚微，处于欲罢不能、求胜不成的困境；而猛虎组织由于得到当地泰米尔人的支持而实力增强，人数增加，游击区扩大。至此战局陷入僵持状态，斯局势更为动荡，印、斯矛盾日益激化。1988 年 7 月和 1989 年初，印先后两次从斯撤军。1988 年，普雷马达萨赢得大选出任斯总统。他对印干涉斯内政强烈不满，对《斯印和平协议》也坚决反对，不赞成印派军队进驻斯，强烈要求印从斯撤军，甚至在印政府总理拉·甘地访斯时也不出席欢迎仪式。1989 年 6 月 1 日，普雷马达萨要求印军在 7 月 29 日前全部撤离，否则就向印宣战。不久，斯政府与猛虎组织达成停止敌对行动的协议，猛虎组织也要求印撤军，但印反对撤军，认为只有两国政府协商才能作出决定。1989 年 11 月维·普·辛格出任印政府总理后，调整印对邻国的政策，并于 1990 年 3 月 24 日从斯撤走全部印度军队。辛格政府向斯保证，印不允许从印领土上干扰斯，不期望派军队来维持岛国和平，保证不直接或间接支持猛虎组织的反政府活动，促使斯印关系转暖。

三、印军撤出后的斯印关系

猛虎组织得以成功并生存下来，是因为得到印泰米尔人持续不断的支持，印泰米尔人拥有几架小型运输机用于向贾夫纳地区投送装备和弹药。斯政府再三要求新德里对此采取措施，但印政府对此却不予理睬，特别是其政客更不愿意看到印泰米尔人被斯政府军打败。冷战结束后，印调整对斯政策，表示采取不干涉斯民族冲突的立场。1990 年 3 月印从斯撤走全部军队，促使斯印关系在 20 世纪 90 年代顺利发展。印不再干涉斯发展与区域外国家的关系，也不干预其国内民族矛盾，还协助斯政府清剿在印南部活动的猛虎组织，迫使猛虎组织海外活动中心从南印度转移到英国伦敦。1991 年 6 月，斯印两国政府达成协议，动员逃亡印的斯难民尽早返斯。1992 年 5 月，印宣布猛虎组织为非法组织，并决定摧毁其在南印度的所有据点。1994 年库马拉通加夫人在斯执政后，斯印关系继续朝着良好方向发展。不过，虽然印政府实行不干涉斯内政的政策，但在印南部仍有一股与中央政府对抗的强大势力仍在暗地里支持斯猛虎组织。印军撤离后，猛虎组织迅速填补两地势力真空，斯内战战端重开。1999 年底以来，斯内战突然升级。猛虎组织夺取斯政府军在北部的一系列据点，2000 年 4 月占领“大象通道”，使数万斯政府军被困贾夫纳。印表示愿向斯提供人道主义援助，并帮助斯政府军安全撤离贾夫纳。斯总统库马拉通加夫人认为，斯军不会撤出贾夫纳半岛，但要求印提供紧急军事援助。对此，印政府决定：不进行任何形式的干预，不接受任何破坏斯统一的方案，不允许第三方干涉。5 月初，斯外长向印询问提供军事援助的可能性，得到的答复是，如果斯政府和猛虎组织都要求，印可以出面调停。但为消除斯的误会，6 月印外长贾斯吉特·辛格访斯，向斯提供 1 亿美元的援助，加深两国理解和友好关系。进入 21 世纪以来，斯印关系平稳发展，两国高层互访频繁。2006 年 1 月底至 2 月初，印空军司令塔吉对斯进行友好访问，拜会斯总统、总理、国防部常秘以及三军司令等。5 月，斯外长萨马拉维拉访印，会见印外交国务部长夏尔马，通报斯和平进程进展情况。7 月，印总理特别代表、外秘萨仁山访斯，与斯总统就斯国内局势进行磋商。8 月，斯外长萨马拉维拉再次访印。11 月，印度新任外秘梅农访斯。同月，斯总统拉贾帕克萨访印，与辛格总理举行会谈，并会见印国大党领袖索尼娅·甘地、外长慕克吉和国家安全顾问纳拉亚南。

四、斯印经济关系日益紧密

内战期间，斯印签署自由贸易协定，促使两国经济关系更加紧密。一是双边贸易不断扩大。2007 年，斯对印出口总额为 5.15 亿美元，比 2000 年增长 838%；斯从印度进口额达 26.1 亿美元，比 2000 年增长 359.5%，印已成为斯第三大出口国和第一大进口国。2000—2008 年，斯印贸易额从几亿美元增加到 30 多亿美元，印在斯出口中从原来的第 16 位上升到第 3 位；印在斯进口总额的比例也上升到 21%，印成为斯最大的进口来源地。仅 2003 年，斯从印进口新四轮拖拉机就多达 665 台。二是相互投资不断增加。1997 年，斯印两国签署投资促进保护协定，有力地促进了相互投资增加，斯已成为印直接投资的主要目的地。到 2007 年底，印在斯共投资 212.5 亿卢比，占其外资的 6.5%，也占印在整个南亚区域合作联盟投资额的一半以上。印在斯投资已逐步向服务业发展，约占到其投资总额的 63%，遍及卫生、医疗、燃料销售、酒店、旅游、IT 培训、电脑软件及其他专业服务等。斯在印投资规模较小，主要集中于食品制造、酒店服务及家具制造等。三是经济合作逐渐增多。印已成为斯最大的外国游客来源地，2007 年约有 10 万印度人来斯旅游，并以年均 20.9% 的速度继续增长；斯则是印第五大外国游客来源地，其中宗教朝圣是其旅游的主要目的。作为南亚地区主要转运枢纽，2008 年科伦坡港约处理印所有转运货物的 70%；斯航空仍是印最大外资航空承运商。斯印间卫生与教育服务呈现“斯至印”单向的形态，许多斯中等收入阶层日益倾向于到印度进行教育深造，或者享受医疗服务。四是印对斯援助持续不断。在印度洋大海啸发生后，印积极向斯提供经济援助。2005 年 3 月 23 日，印承诺向斯提供 2200 万美元援助。[①] 斯内战结束前，印还向斯难民营派遣多名医务人员，并送去可供 2.5 万人使用的帐篷等物资。

第二节 内战结束后与印度的关系

2009 年 5 月斯内战结束后，印度副外长和国家安全顾问就于 20 日同时访问科伦坡，为斯宣布内战结束后最快到访的国外官员。由于特殊的地理关系、悠久的历史联系及斯印双方社会经济发展的需要，斯内战结束后，斯印关系继续发展。

---

① 李佳松：“一衣带水、斯印经贸关系日益密切”，中国驻斯里兰卡大使馆经商参处，2009 年 5 月 14 日，http://lk.mofcom.gov.cn/aarticle/jmxw/200905/20090506247231.html。

一、斯印都希望改善双边关系

斯内战结束后，斯里兰卡和印度都希望加强双边关系。

（一）印希望改善与斯的关系

斯内战结束后，印迫切希望能改善并密切与斯的关系。2009 年 5 月 20 日，印副外长梅农和国家安全顾问纳拉亚南同时访斯。在与斯总统拉贾帕克萨的会谈中，两名官员都重点传递了两个信息：印非常愿意帮助斯进行战后重建，更愿意长期积极帮助斯。[①]《印度时报》文章写道，过去几年来，“中国是想利用国防合作的机会来拓展自己在斯的影响力，从而得以使用该国汉班托塔海港，这个海港在印度洋上具有重要的战略价值”。当然，这只是印度方面的一面之词，中国与斯的合作是基于互利共赢与协同发展的，并不像印媒所揣测的那样具有其他意图。如今，斯百废待兴，印恰好可以通过参与战后重建来对抗中国在斯的影响力。因此，印加强与斯关系的最终目标是，希望通过加强与斯关系来抗衡中国对斯与日俱增的影响力。[②]

（二）斯希望保持与印的关系

由于在地理上非常接近，长期以来，同印保持友好关系一直是斯外交政策的重点。即使在斯内战期间，在印度连续多次进行核试验后，虽然斯主张全球范围内的核裁军，但依然不反对印成为核国家。内战结束后，为加速重建和经济恢复发展，斯也希望继续保持

---

① ［印］《印度时报》2009 年 5 月 20 日。

② 张宏、陆家成、王跃西：“印度要参与斯里兰卡战后重建　与中国抗衡”，人民网—《环球时报》，2009 年 5 月 21 日。

与印的关系。就在斯内战结束第二天，斯总统拉贾帕克萨就明确指出，要继续发展与印的关系。同年 10 月，斯内政部长也公开提出，应深化与印的全方位合作关系。

（三）斯印双方高层互访不断

继 2009 年 5 月 20 日印副外长和国家安全顾问访斯后，2010 年 3 月，印外交秘书拉奥琪访斯，这是其担任外交秘书后首次对外访问，而其也是斯总统连任后印访斯的首位高官。同年 6 月，斯总统拉贾帕克萨应邀对印进行为期 4 天的访问，印承诺为修筑斯北部铁路提供 8 亿美元优惠贷款，以及修建文化中心、体育馆、机场和港口等。8 月，斯经济发展部长巴西尔访印，双方同意加强经济贸易合作，争取到 2015 年把双边贸易额提高到 80 亿美元。印还提出推动两国全面经济伙伴协定的签署。9 月，印度陆军总参谋长库马尔·辛格访斯，希望加强与斯在安全领域的合作。2012 年 8 月，印工商部长夏尔马访斯，推动两国全面经济伙伴关系进一步发展。

二、斯印经济联系依然紧密

长期以来，斯印双方都重视经济合作，希望通过双方经济合作带动南盟合作。即使在斯内战期间，印也一直是斯的主要经贸伙伴。内战结束后，印在斯对外经济关系中的地位并未发生根本变化，斯印经济联系依然紧密，印也成为斯三大主要发展伙伴之一。

（一）斯印贸易关系非常紧密

斯内战结束时，正是国际金融危机爆发后不久。国际金融危机对印度经济造成重要影响，造成其对外贸易特别是出口贸易下降。为削弱国际金融危机对其经济发展的影响，印度加大对外商品出口的力度。斯内战结束后的重建及经济恢复和发展都需要进口大量物资商品，为印扩大对斯出口提供了重要机遇。作为斯第一大进口来源国，印也注意抓住斯重建机遇，加大对斯出口力度，促使斯印商品贸易继续发展，斯印贸易关系更加紧密。

（二）印对斯投资不断增加

长期以来，即使在斯内战期间，斯都是印对外投资的主要目的地。内战结束后，斯重建和经济发展为印扩大对斯投资创造了更多机会，为此印加大对斯投资的力度，使印成为斯最大的投资来源国。2010 年，印对斯投资总额达 1.1 亿美元，涉及电力、制造、运输、服务等诸多领域。2011 年，印最大的电力公司国家电力公司投资 7 亿卢比，在斯东北部亭可马里设立发电能力为 500 兆瓦的大型发电站。同时，印最大的轮胎制造商阿波罗公司也进入斯市场。

（三）斯印经济合作持续发展

斯内战期间，印已成为斯最大的外国游客来源地，2007 年约有 10 万印度人来斯旅游。斯则是印第五大外国游客来源地，其中宗教朝圣是其旅游的主要目的。2011 年 6 月，因斯内战而中断的斯印海上客运服务恢复，作为南亚地区主要转运枢纽，2008 年科伦坡港处理印约 70% 的转运货物。尽管航线削减，但斯航空仍是印最大的外资航空承运商。此外，由于斯政府对私有医疗卫生与教育服务业的限制及相关设施的缺乏，许多斯中等收入阶层倾向于到印进行教育深造或享受医疗服务。①

---

① 李佳松：“一衣带水、斯印关系日益密切”，中国驻斯里兰卡大使馆经商参处，2009 年 5 月 14 日，http：//lk. mofcom. gov. cn/aarticle/jmxw/200905/20090506247231. html。

（四）印继续向斯提供援助

长期以来，由于斯资金短缺，印向斯提供了大量援助。在斯内战即将结束的2009年4月22日，印度泰米尔纳德邦首席部长还向印中央政府致紧急函，要求印参与斯北部的人道主义援助，为此，印也计划帮助泰米尔人融入斯主流社会。5月20日，印副外长梅农和国家安全顾问纳拉亚南访斯期间，表示印愿意提供一切可能的援助。印计划帮助斯开展排雷工作，承诺向斯提供1.03亿美元贷款援助。

三、斯印关系出现曲折

在斯内战结束后，尽管斯印双方都有改善和加强双边关系的迫切愿望和实际行动，但是由于诸多因素的影响，斯印关系也出现过波折。

（一）印在联合国人权理事会上的投票伤害斯

在2012年3月22日召开的联合国人权理事会上，通过美国提出的谴责斯人权状况的决议，要求追究斯政府在清剿猛虎组织期间存在的“侵犯人权行为”。其间，印附和美国，投了赞成票，引起斯勃然大怒。当天，斯外长佩里斯不点名批评印，称对“战略盟友”在国内政局及他国影响下进行的投票很失望。23日，斯报刊充斥着对印的批评，称印“站到众多亚洲国家的对立面”。同日，斯国出现一系列反印、反美示威活动。[①] 4月10日，斯能源部长拉纳瓦卡表

① 葛元芬：“斯里兰卡恼火遭印度‘背叛’”，《环球时报》2012年3月24日，第3版。

示，斯将向国际原子能机构起诉印泰米尔纳德邦的核电站。[1] 斯总统马欣达·拉贾帕克萨也对印在联合国人权委员会上投票反对斯表示不满，并呼吁新德里重新审视与邻国的关系。

（二）斯与印在沿海渔业问题上的分歧与纠纷

长期以来，斯与印不时因非法捕鱼问题发生纠纷，经常发生渔民和船只遭扣押事件。斯内战结束后，这类问题依然存在。2012 年 8 月 6 日，印海岸警卫队宣布释放 11 名斯渔民，这些斯渔民及其渔船 5 月在印海域被扣押。《印度时报》6 日报道，斯政府称，这批渔民在印度安得拉邦沿海遭逮捕，在斯外交部介入及印驻科伦坡外交人员帮助下，所有渔民都已获释。

（三）印忧虑中国在斯影响力给斯添堵

为保证国家安全，促进经济发展，斯需要与世界各国发展关系，但印对中国与斯走近一直很不安。斯内战结束后，印最终的目标是希望通过加强与斯关系来抗衡中国对斯与日俱增的影响力。实际上，斯加速重建和恢复经济发展都需要得到包括中国在内的世界上各国的帮助和支持，而印在斯与中国抗衡，无疑是在给斯添堵。中国公司帮助斯修建港口和机场，对于斯经济发展都极为重要，而印却对此向斯提出质疑；斯私人把土地卖给中国公司，印也表示不满，这就使斯非常为难。[2]

---

① 王石、候涛：“斯里兰卡威胁‘报复’印度”，《环球时报》2012 年 4 月 11 日，第 2 版。

② “印度对斯里兰卡将科伦坡重要地块卖给中国感到不安”，《印度时报》网站，2012 年 8 月 20 日。

第三节　与印度关系的前景

特殊的地理位置和悠久的历史关系表明，双边关系对印度和斯里兰卡都非常重要，因此未来斯印关系仍将继续有所发展。

一、斯印关系历史悠久

斯里兰卡与印度的关系历来是其外交最重要的组成部分，这是斯印之间特殊的地缘联系、悠久的历史关系和悬殊的国力对比关系等所决定的。作为岛国，斯与其他周边国家距离都非常遥远，印是唯一与斯在地理位置上接近的国家，两国间虽没有陆地边界相连，但陆地最近距离只有几十公里。因此，在历史上，两国在人口、政治、经济、社会、文化等诸多方面相互影响，甚至斯两大主要民族——僧伽罗族和泰米尔族都来自印度。北印度民族经过几个世纪迁徙来到斯，最终形成斯主体民族——僧伽罗族。而南印度泰米尔国家在兴起和强盛后，逐渐构成对斯僧伽罗族的威胁。泰米尔国多次侵略斯，并在岛上建立泰米尔人的统治。14 世纪，泰米尔人还在斯北部建立自己的国家。僧伽罗人在反对泰米尔人侵略斗争中几度兴衰，而泰米尔人入侵后逐渐在斯形成最大的少数民族——泰米尔族。17 世纪，印和斯先后沦为英国的殖民地，并分别在 1947 年和 1948 年获得独立。独立后，两国关系虽经曲折，但仍持续不断，未来斯印关系仍将继续发展。

二、双边关系对斯印都重要

由于斯工业水平低，基础薄弱，其所需生活用品和机器设备等主要依靠进口解决；而印不仅是斯最近的进口来源地，而且作为工业发展水平较高的国家，也有能力向斯市场供应其所需生活用品和机器设备。同时，由于斯盛产茶叶、橡胶、椰子等农作物，这些农产品需要大量出口，而印不仅是斯距离最近的出口市场，而且作为人口众多的大国，市场潜力巨大，有足够的需求吸收斯生产的农产品。因此，双边经济关系对斯印都非常重要，从而将促使斯印贸易关系进一步发展。

三、斯印关系将继续发展

尽管斯印贸易中斯存在贸易赤字，但斯可从印获取某些发展优势，如获得更廉价的原料以生产出更有价格竞争力的产品，使中间阶层享受更好的医疗与教育服务等。同时，印度作为南亚地区最大的经济体，加强与其的贸易联系有助于斯印获得双赢的结果，也可增加斯应对经济危机的回旋余地。从长远来说，斯可借助印度市场，促进自身的经济发展。早在斯内战期间，印与斯就签署了第一个自由贸易协定，这使斯经济可依托更为广阔的市场，并为其实现规模经济提供可能，同时可更好地融入南亚次大陆经济圈，并吸引印资。同时，印则可通过加强与斯的合作，促进印斯经济关系快速发展，并更好地开展与周边国家的合作。[①] 可以深信，未来斯印关系将继续发展。

---

① 曹海红："印度给予斯里兰卡成衣配额零关税"，中国纺织网，2012年9月25日，http：//www. texnet. com. cn。

第十六章
内战结束后斯里兰卡与西方国家的关系

独立初期，斯里兰卡第一届政府奉行“一边倒”的亲西方、反苏、反共的外交政策；承认本国的英联邦成员国地位，与英国保持最紧密的政治经济关系，也与美国开展经济贸易合作。第一届政府总理去世后，斯调整单纯依附西方国家的外交轨道，开始奉行独立和不结盟的外交政策，支持和平共处五项原则，反对各种形式的帝国主义、殖民主义、种族主义和大国霸权主义，维护斯独立、主权和领土完整，不允许外国对斯内政和外交事务进行干涉。于是，斯与美国等西方国家的关系逐渐疏远。1977 年，统一国民党在斯执政，发起经济改革，把改善同英、美国家的关系放在重要地位，加强与美国等西方国家的经济贸易联系。但此时期斯民族矛盾的激化对斯与西方国家关系产生不利影响，招致西方国家对斯人权问题的干涉和谴责。为此，在内战期间，斯政府把争取国际社会对其民族政策的理解和支持作为外交政策的重要内容，获得国际社会广泛认同，改善了斯与西方国家的关系。当然，直到内战结束后，仍然有一些西方国家和国际组织对斯政府消灭反政府武装所采取的手段表示谴责，甚至要追究斯政府的战争罪行。斯政府对国际社会中这股反斯政府的思潮进行了坚决斗争。在今后一段时期内，斯政府仍将面临某些国际组织的指责，与西方国家的关系仍将接受重要考验。

第一节　内战期间与西方国家的关系

1983 年民族冲突爆发后，斯里兰卡对外政策的重心在于，在解决国内民族问题上寻求国际社会特别是美国等西方国家的理解和支持。经过长期艰苦努力，美国等西方国家终于理解了斯政府解决民族问题的做法，并给予斯政府必要支持，使斯与美国等西方国家保持了比较密切的关系。

一、与美国的关系

独立后，斯里兰卡与美国的关系经历从亲近到逐渐疏远再到逐渐接近的过程；斯内战爆发后，双方又逐渐疏远。

（一）独立到 20 世纪 70 年代末期，斯美关系从逐渐疏远到逐渐接近

独立前，斯与美国的接触不多。独立初期，斯首届政府实行向西方“一边倒”的对外政策，美向斯提供粮食等经济援助和少量军事援助。20 世纪 50 年代中期斯自由党联盟执政后，没收美国石油公司资产，两国关系逐渐疏远。1963 年，美停止对斯经济援助。1965 年统一国民党再次执政后，在政治上向西方靠近，美恢复对斯经济援助。

（二）20 世纪 90 年代，斯美关系迅速发展

1983 年斯民族冲突爆发后，印度不允许斯与区域外国家发展过于密切的关系，阻碍斯美关系发展。进入 20 世纪 90 年代后，印不再干涉斯事务，促使斯美两国关系迅速发展。人民联盟执政后，两国在政治、经济、军事、反恐、促进人权等方面进行广泛合作，两国政府保持频繁的高层密切。斯总统和外长等高层官员频繁访美，与美国总统和国务卿等举行会谈，讨论解决斯民族冲突等问题，促使美改变对斯民族问题的看法。美助理国务卿等高级官员也多次访斯，探讨在经济、科技等方面进行合作的可能性。随着对斯民族问题和民族政策的理解，美对猛虎组织的态度发生重大变化，支持斯政府实行民族和解，还与斯政府积极配合，在斯国内政局发展的几个重大阶段都公开表明支持斯政府的立场。1996 年，美参众两院都建议克林顿政府向斯政府提供反恐财政援助；美国务院把猛虎组织列为恐怖组织。1997 年 10 月，美官方再次将猛虎组织列为恐怖组织，禁止其在美进行战争筹款活动等。1998 年 10 月，美众议院成立斯里兰卡委员会。1999 年，美和斯谈判并签署引渡条约。“9・11”事件后，美又将猛虎组织列入恐怖组织名单，并冻结其在美财产。1995 年 4 月猛虎组织撕毁和平协议后，美一直帮助斯政府培训军事人员，派军事顾问到斯指导培训任务，还接受斯三军高级军官定期赴美培训，并对斯警察进行反恐培训。

（三）20 世纪 90 年代后，斯美关系比较密切

20 世纪 90 年代末期，斯内战进入危急时期，美派副国务卿托马斯・皮克林先后访问印和斯。皮克林向斯表示，反对猛虎组织建立独立的“泰米尔国”，支持斯政府维护国家领土完整的立场，希望斯政府和猛虎组织通过谈判结束冲突，支持挪威为促进斯政府与猛虎

组织谈判所作出的努力。2002 年 8 月，美副国务卿理查德·阿米蒂奇访斯，表示美将全力推动斯民族和解，还与斯政府领导人讨论美参与斯北部和东部重建的问题，将与斯在国防、教育、旅游、贸易、司法和人权等方面合作。2003 年 7 月，斯政府总理拉尼尔·维克勒马辛哈访美，与美总统乔治·布什举行会谈。2004 年底海啸灾难发生后，美积极向斯提供救灾和灾后重建援助。2006 年 1 月，斯外长萨马拉维拉访美，会见美国务卿赖斯等官员。6 月，美助理国务卿鲍彻访斯，会见斯总统和总理，鲍彻表示，"'猛虎'必须放弃恐怖手段"。12 月，斯陆军司令丰塞卡访美，会见美副国务卿伯恩斯及国防部官员。可见，在斯内战期间，斯美两国经贸关系非常紧密，美国依然是斯主要的援助国和最大的贸易伙伴。

二、与欧盟国家的关系

欧洲是海外泰米尔人分布最广的地区，约 50 万斯泰米尔人在欧洲各国寻求避难，这严重影响欧洲各国政府对斯政府的态度。为此，斯政府注意发展与欧盟国家的关系。

（一）与欧盟的关系

斯政府注意加强对欧洲各国的宣传，揭露猛虎组织罪行，并提醒这些国家不要相信猛虎组织的宣传，支持斯政府为和平解决民族冲突所作出的努力。欧盟和其他国家也作出积极回应，许多欧洲国家虽仍对泰米尔人抱同情态度，但对斯政府通过政治手段解决民族冲突的努力表示理解，对其维护国家统一和领土完整的立场表示支持。欧盟各国愿意为斯民族问题的解决作出自己的努力，也利用各种场合表明支持斯政府民族和解政策的立场，谴责猛虎组织的恐怖主义罪行及其在战争中使用童子军的罪行，支持挪威和北欧各国政府为促成斯政府与猛虎组织的和平谈判而进行的政治斡旋。因此，在斯内战期间，斯与欧盟等西方国家保持了密切的政治经济联系。2000 年 10 月，斯举行第 11 届议会选举，欧盟派出的观察团在选举结束后发表声明，阐述欧盟对选举和斯种族冲突的立场：一是妨碍斯发展的不仅是种族冲突造成的恶果，还有政府本身的问题；二是对选举期间出现的混乱和骚乱感到遗憾并表示谴责，认为必须对制造混乱的人缉捕归案；三是对选举结果基本符合人民意愿表示满意；四是对斯政府为恢复国家和平所做努力给予支持；五是坚决谴责猛虎组织侵犯人权和违反国际人权法的罪行；六是希望斯各政治力量能就政府的和平计划达成一致。同时，斯与欧盟各国的经济关系也稳步发展，欧盟及其成员国都对斯提供援助，且许多援助都是赠款。

（二）与英国的关系

独立时，斯作为英联邦自治领，与英签署防御协定，接受英军事保护。斯在政治上依靠英，在经济关系上保持原有对外贸易格局，而英一直控制斯重要经济部门。1956 年斯联合战线政府上台后，在 1957 年收回英在亭可马里和卡图纳亚克的军事基地，在经济上逐渐将外国银行、保险公司和种植园等收归国有，极大地触动了英利益。1972 年，斯修改宪法，宣布斯为共和国，结束斯作为英自治领的地位，虽仍留在英联邦内，但与英关系逐渐疏远。1977 年统一国民党上台后，在政治上向西方靠拢，实行私有化，与英关系迅速改善。

长期以来，在斯民族问题上，英国一直偏向泰米尔人一方。1983 年斯民族冲突爆发后，英充当斯民族冲突调解人，又容忍猛虎组织在英从事反斯政府活动。在印度不支持猛虎组织后，该组织甚至将海外活动基地转到伦敦。这引起斯社会各界强烈不满，斯政府也向英频频施加压力。1996 年 2 月，斯政府向英政府提出要求，要求英关闭猛虎组织在伦敦的办事处。但直到 20 世纪 90 年代末期，英才明确打击猛虎组织在英国的活动。2000 年，英制定反恐法，将猛虎组织列入国际恐怖组织名单。2001 年，英议会批准被取缔的恐怖组织名单，英对猛虎组织的取缔生效。英对斯民族政策逐渐理解，促使斯英关系进一步巩固，两国高层互访频繁。1998 年 2 月 8 日斯独立 50 周年，英王储查尔斯专程赴斯参加庆典；2000 年，英外交和联邦事务大臣访斯；2001 年，斯总统和外长访英，与英首相布莱尔举行会谈。进入 21 世纪以来，斯英经济合作得到顺利发展，斯成为英重要的贸易伙伴和区域性市场。英也正式对斯投资，斯许多大型服装厂都是与英合办的。同时，英也逐渐成为斯最大的旅游市场。

（三）与德国的关系

斯与德国的关系主要体现在双方经济合作方面。除双边贸易外，德国还积极参与斯投资和技术合作。早在 1963 年，斯就与德国签署了投资协定。斯内战爆发后，两国经济合作关系依然顺利发展。1998 年两国贸易额为 6.65 亿马克，斯向德出口 3.72 亿马克，从德进口 2.93 亿马克，顺差 0.79 亿马克。仅 1997—1998 年度，德国就向斯投入 8000 万马克，成为斯第二大合作伙伴。根据斯投资局统计，在斯批准的 148 个项目中，德国累计投资 2.62 亿马克，为第四大投资国。德国也曾经是斯最大的海外旅游市场，1998 年 7.4 万名德国游客到斯观光。为帮助斯医治战争创伤，德国政府和非政府组织都向斯提供了援助。德国政府通过德国农业银行向斯提供食品援助以救济难民；德国发展合作代理机构提供援助，帮助贾夫纳半岛的难民安置和重建。

（四）与挪威的关系

1981 年，一个挪威代表团访斯，斯为其准备小型手工业产品展览会。20 世纪 90 年代，斯积极支持本国出口商参加挪威等北欧国家举行的商品交易会，从而促使斯与挪威等北欧国家经济关系不断发展。除双边贸易不断发展外，挪威也不断增加对斯的援助和投资。20 世纪 90 年代末期斯内战突然升级后，挪威政府为促成斯政府与猛虎组织进行谈判进行积极斡旋。挪威和平特使恩里克·索尔海积极奔走于斯政府与猛虎组织之间，挪威政府外交大臣、副大臣和国务秘书等先后访斯，促进斯政府与猛虎组织的谈判。与此同时，挪威政府认为，冲突的解决必须建立在尊重斯领土统一、反对分裂国家的基础上，这一立场受到斯的欢迎。

三、与其他西方国家的关系

长期以来，斯里兰卡与其他西方国家保持着重要的联系，主要涉及与加拿大、澳大利亚的关系。

（一）与加拿大的关系

1950 年，加拿大通过科伦坡计划开始向斯提供食品、未加工材料和重型设备等经济援助，之后帮助斯进行基础设施建设，20 世纪 80 年代加对斯的援助转向农业和农村发展。斯内战爆发后的 20 世纪 90 年代，加对斯援助则通过双边计划、国际机构实施的多边计划和加非政府机构等三种机制实施，援助主要集中在促进人权和建立良好管理机制、加强社区机制和消除性别歧视三方面。1989 年以后，加拿大也积极参与斯北部和东部地区的人道主义援助及恢复和重建。约有 25 万泰米尔人居住在加拿大，因此加是斯境外最大的泰米尔人聚居地。2006 年加拿大将猛虎组织列为恐怖组织；2008 年加政府还宣布世界泰米尔运动为恐怖组织，原因是这一组织为斯反政府武装泰米尔伊拉姆猛虎解放组织（猛虎组织）提供资金等方面的支持，为此将没收其所有财产，并禁止任何人或组织为其提供资金或其他帮助。[1]

（二）与澳大利亚的关系

作为英联邦成员国，澳大利亚与斯里兰卡保持着比较密切的关系。早在1950年，两国就签署了双边航空服务协定。即使在斯内战期间，两国经济贸易关系也稳步发展。斯对澳出口从20世纪90年代中期的22亿斯卢比增加到2000年的33亿斯卢比。澳是斯第二大投资伙伴国。到21世纪初，在斯的澳公司有30家，投资额265亿斯卢比。澳还对斯提供了大量援助，每年约5亿斯卢比，主要用于改善斯政府管理、人力资源开发、卫生健康、社区安置和人道主义救济等。1998年，澳还向斯提供农业和农村发展援助。2000年澳提供援助，在斯发起以乡村为基础的计划，改造斯的司法方式，允许法官对罪行不严重的罪犯以惩罚代替判刑。澳还参与斯环境治理、战后重建和教育卫生等，帮助斯社会经济发展。

第二节　内战结束后与西方国家的关系

虽然西方国家已将猛虎组织列为非法及恐怖组织，并阻断了其资金输送渠道，但在内战即将结束时，美国等西方国家却要求斯里兰卡政府军停火，斯政府认为已胜券在握，对美国和欧盟的停火要求感到强烈不满。内战结束后，一直备受西方关注指责的人道主义问题、内战造成的大量难民问题，成为新的关注焦点。

---

① 赵青："加拿大政府宣布世界泰米尔运动为恐怖组织"，新华网，渥太华，2008年6月16日。

一、与联合国等国际机构的关系

2009年2月19日，应斯政府邀请对斯进行访问的联合国负责人道主义事务的副秘书长霍姆斯说，联合国对被困在斯北部冲突地区的平民深表关切，要求猛虎组织确保平民自由流动。[①] 4月3日，联合国秘书长潘基文通过发言人发表声明，猛虎组织“严重限制被困平民自由行动的行为违反国际法”，呼吁猛虎组织允许斯北部被困平民自由离开冲突地区。[②] 5月13日，联合国安理会轮值主席国俄罗斯常驻联合国代表丘尔金发表声明说，安理会强烈谴责斯反政府武装猛虎组织多年来的恐怖主义行径，并对斯政府打击猛虎组织的合法权利表示认可。[③] 但内战结束后不久，美国等西方国家提出斯政府在内战后期涉嫌存在侵犯人权和违反人道主义的行为，为此，联合国秘书长于当年6月22日任命3人专家小组，对就斯问题提出咨询和建议。斯外交部和国防部立即提出强烈抗议，认为这种行为是“对一个主权国家没有根据和没有必要的干涉”。这引起联合国严重不满，因而关闭了联合国开发计划署驻科伦坡的区域中心，斯政府则要求所有在斯国内外援助机构必须在国防部登记注册。同年，美国等西方国家在联合国人权理事会提出追究斯政府在内战期间违反国际人权和人道主义行为的罪行。为此，斯政府曾于2010年成立“和解委员会”，就有关人权问题进行调查。针对美国等西方国家的纠缠，斯政府号召民众抗议西方干涉内政。斯政府总理贾亚拉特纳

① 陈占杰：“联合国呼吁猛虎组织允许被困平民离开冲突地区”，新华网，科伦坡，2009年2月19日。

② 顾震球、白洁：“联合国呼吁猛虎组织允许被困平民离开冲突地区”，新华网，联合国，2009年4月3日。

③ 顾震球、白洁：“安理会承认斯里兰卡政府打击猛虎组织为合法行为”，新华网，联合国，2009年5月13日。

在一次公开讲话中，强烈谴责外部势力以人权问题向斯施压并干涉其内政。斯电力与能源部长拉纳瓦卡则认为，“集会传递出一个强烈的信号，即斯里兰卡人民要站出来反对部分西方国家的恶性提议和无理指责”。[①] 2013 年 3 月 21 日，联合国人权理事会在日内瓦通过的由美国提出的针对斯人权状况的决议称，斯军队在内战期间犯有滥杀平民等战争罪行，应对此进行国际调查。斯政府对此表示强烈不满，指责该决议是侮辱斯，充满政治偏见。斯驻联合国人权理事会代表称，该理事会在表决前未就决议内容与斯方进行任何磋商，决议有关内容也忽视斯国内当前的民族和解进程，这完全无法接受。[②] 斯与美国等西方国家关系趋于恶化。但是，为帮助斯战后重建和恢复发展，世界银行与国际货币基金组织仍不断向斯提供援助贷款。就在斯内战刚刚结束时，世界银行驻斯代表石井直子表示，世界银行董事会已经批准向斯战后难民安置工作及相关公路项目提供资金支持，世行将向斯政府提供一笔 7700 万美元贷款，用于帮助 10 万难民重返家园。其中，6500 万美元用于乡村道路、居民饮用水设施、灌溉工程的恢复重建，并向回迁居民提供工作机会；1200 万美元用于直接帮助包括丧偶妇女、残疾人及失去土地的家庭在内的受战争影响较大的群体。世行还批准向斯省级公路项目提供 1.05 亿美元的贷款计划。[③]

---

① 廖政军：“斯里兰卡政府号召民众抗议西方干涉内政”，人民网，2012 年 2 月 28 日，http：//world. people. com. cn/GB/17236136. html。

② 廖政军、吕鹏飞、王磊：“联合国通过涉斯里兰卡人权决议”，人民网—《人民日报》，2013 年 3 月 22 日，http：//world. people. com. cn/n/2013/0322/c1002 - 20874337. html。

③ 李佳松：“斯里兰卡战后难民安置工作将获世界银行资助”，中国驻斯里兰卡大使馆经商参处，2009 年 12 月 21 日，http：//lk. mofcom. gov. cn/aarticle/jmxw/200912/20091206685779. html。

二、与美国的关系

在斯内战即将结束时，美国国务卿希拉里和英国外交大臣米利班德在华盛顿会晤，并发表联合声明，呼吁“短期停火时期”的到来，允许伤亡人员撤离并转入避难所。为此，斯总统曾宣布4月13日和14日实行“人道停火”。[①] 但4月16日美国国务院副发言人伍德发表讲话，再次敦促斯政府军与猛虎组织实现停火，以便被围困在战区内的平民获得人道救援和逃生。面对本国国内的泰米人及其支持者对斯政府军事打击猛虎组织的行为举行抗议示威游行，美国等西方国家也要求斯政府停止对泰米尔反政府武装的围剿，通过和平手段解决斯民族问题，但遭到斯政府拒绝，认为外部干预会姑息恐怖主义。斯内战结束后，在向斯安置难民、排雷、重建和经济恢复等诸多方面提供必要的经济援助，并支持美国企业增加对斯投资的同时，美国还要求斯里兰卡加强知识产权保护，放宽对美转基因食品进口的限制。2009年9月30日，美国国务卿希拉里在联合国安理会发言时说，包括斯在内的一些国家把强奸作为一种战争武器来使用，且在很多情况下犯罪者没有被绳之以法。美国还在联合国人权理事会上提出追究斯政府在内战期间侵犯人权和违反人道主义的罪行。斯政府对希拉里的指控表示强烈谴责，认为希拉里关于斯政府军在战争中把强奸作为武器的指控是不负责任的，上述指控“怀有邪恶的政治目的”，其意图是“抹黑斯里兰卡政府”。[②] 为推动斯美关系的改善，2009年2月，美国参议院外交关系委员会报告称，

① 赵毅：“美国敦促斯里兰卡交战各方停火保护平民”，新华网，华盛顿，2009年4月16日。

② 刘咏秋、陈占杰：“斯里兰卡政府谴责希拉里对斯军方的指控”，新华网，2009年10月3日，http://news.xinhuanet.com/world/2009-10/03/content_12175313.htm。

随着南亚岛国斯里兰卡从战争中恢复，华盛顿应该加强同它的联系，否则将会面临将其“输给”中国和西方敌对国家的危险。虽然人道主义关切仍很重要，但美对斯政策不能只是“一根筋”。2010 年 5 月，斯外长佩里斯访美，以唤起美国对斯的重新认识，并扩大与美国在经济、贸易和安全等领域的合作；7 月，美南亚和中亚事务助理国务卿布莱克访斯。斯政府也于 2010 年成立“和解委员会”，就有关人权问题进行调查。美国也对斯北部重建提供了必要的援助。美助理贸易代表米其尔·德拉尼在出席斯 2012 国际博览会时表示，美国是斯成衣制品最大的进口国，美国期待加强与斯的经贸关系。2012 年 6 月 30 日，美国驻斯大使馆宣布，美政府已完成对斯劳工权利审查，决定斯可继续享受美普惠制待遇。然而，2010 年 6 月，美国再次重申对斯人权问题的立场，强调如果斯不履行关于更加人道主义和人权法的调查义务，那么美国将通过国际社会持续施压的方式寻找其他手段解决问题，同时不排除动用国际犯罪法庭的可能。美国还决定，将在 2012 年停止对斯的援助。2012 年 2 月 27 日，美国等西方国家在日内瓦召开的第 19 届联合国人权理事会会议上提交一项决议，要求斯政府履行“和解委员会”提出的所有提议，同时追究内战最后阶段存在的侵犯人权行为。为此，斯政府号召民众抗议西方干涉内政的行为。当日，该国多座城市出现大规模民众集会，抗议部分西方国家企图推动本届联合国人权理事会会议通过有关斯人权状况的决议。一批民众聚集在美国驻斯使馆前，要求美国等西方国家停止干涉斯内政。① 2013 年，美国等西方国家再次在联合国人权理事会会议上提交类似决议，并获得通过，从而使斯与美国的关系进一步恶化。

---

① 廖政军：“斯里兰卡政府号召民众抗议西方干涉内政”，人民网，2012 年 2 月 28 日，http：//world. people. com. cn/GB/17236136. html。

三、与欧盟国家的关系

内战即将结束时，欧盟及有关国家指责斯里兰卡政府在此期间存在人权问题，从而严重影响了内战结束后斯与欧盟国家的关系。

（一）与欧盟的关系

2009 年 5 月 19 日，就在斯民众享受久违的平静与欢乐气氛时，欧美各国外长当天在布鲁塞尔召开的一次会议后发表声明说，欧盟对于战争造成的平民伤亡感到震惊，要求对冲突过程中发生的违反《国际人道主义法》和《人权法》事件展开独立调查，那些负有责任的人必须受到审判。斯总统府一位高级官员表示，一旦欧盟通过正式渠道向斯政府提出上述要求，斯政府将首先考虑这种调查是否公正，是否有利于维护斯主权，是否有利于打击恐怖主义，此后才会决定是否同意进行这种调查。后来，欧盟还与美国一道在联合国人权理事会上提出对斯政府在内战中侵犯人权和违反人道主义的罪行进行独立调查的提议，斯政府表示拒绝这类调查，导致斯与欧盟国家关系恶化。由于认为斯在执行三个联合国的人权协定方面存在不足，2010 年 8 月 15 日，欧盟临时性撤销斯向欧盟市场出口的特惠进入，给斯对欧盟国家的出口造成一定的影响，但斯政府表示将坚持本国关于人权问题的主张。2013 年，欧盟继续与美国等国一起，在联合国人权理事会上提出对斯政府在内战中侵犯人权的罪行进行独立调查，从而导致斯与欧盟关系进一步恶化。

（一）与英国的关系

斯里兰卡政府一直否认在国内属于少数族群的泰米尔人遭受歧视和虐待。但在 2009 年 5 月初，英国电视台记者尼克·沃尔什、制片人贝西・杜和摄影师马特・贾斯珀采写并播出一条新闻，内容涉及泰米尔人在斯的生活处境，还包括其遭受性虐待、缺衣少食、尸体无人处理等内容。5 月 9 日，斯警方奉命逮捕并驱逐他们出境。[①]同时，英国外交大臣米利班德与美国国务卿希拉里在华盛顿会晤，并发表联合声明，呼吁“短期停火时期”的到来，允许伤亡人员撤离并转入避难所，并表示斯冲突双方都应受到战争罪的调查。因此，在斯首都科伦坡，庆祝普拉巴卡兰死亡与反英示威一起进行。斯民众在英国特派使节团驻地外面举行示威抗议，数千抗议者燃烧英国外交大臣米利德班的肖像，并将其扔进粪坑。他们还向英国人驻地扔臭鸡蛋、蔬菜及石头。抗议者手持“滚出斯里兰卡，我们不是你们的殖民地”标语，称呼吁政府军与猛虎组织停火的米利德班为“白老虎”。一名反英抗议者说：“英国假装是我们的朋友，但它却要求联合国采取行动反对斯，以帮助恐怖分子。我们不需要西方伪君子的帮助。”[②] 为此，英中止对斯承诺的 140 万英镑经济援助。斯政府官员表示，西方国家中止对斯经济援助不会使斯破产，但确实会影响到斯贫困人口的生活水平。为维持与斯的关系，英国继续向斯提供人道主义援助，到2010 年8 月，英共向斯提供1250 万英镑的人道主义援助。同时，英邀请斯总统访英，但后来为避免由此而引起在英泰米尔人的不满和抗议而取消，从而促使斯英关系大幅度降温。2011 年6 月，英国第四频道播放题为《斯里兰卡的屠宰场》的纪录片，致使斯英关系再次陷入低谷。2012 年3 月，联合国人权理事会通过关于斯人权问题的决议，更进一步恶化了斯英关系。

---

① 李汉清：“斯里兰卡将 3 名英国记者驱逐出境”，新华网，伦敦，2009 年 5 月 10 日。

② 李雪：“猛虎扬言报复　斯民众批西方暗助恐怖分子”，人民网—《环球时报》，2009 年 5 月 19 日。

（二）与瑞典的关系

就在斯内战即将结束的2009年4月底，当瑞典外交大臣卡尔·比尔特准备与英国外交大臣戴维·米利班德一同前往斯展开斡旋，呼吁斯政府与猛虎组织停火，同时允许国际组织对当地平民施以更多人道主义救援时，28日斯政府宣布，拒绝前来斡旋的瑞典外交大臣卡尔·比尔特入境。斯政府认为，眼下已同意英国和法国代表前来斡旋，这“已经足够”，斯方对那些一窝蜂赶潮流者说“不”。“一些人觉得他们抵达我们的机场，就会有红地毯相迎”，“我们不是殖民地，也不是濒临破产的国家。斯的主要援助者在亚洲，而不是欧洲”。比尔特说，斯政府的做法“十分怪异”，会对两国关系造成“不利影响”，瑞典决定召回驻斯最高使节伯耶·马特松代办。①

三、与其他西方国家的关系

内战期间，斯里兰卡注意发展与西方国家的关系，这里主要涉及与加拿大和澳大利亚等国家的关系。

（一）与加拿大的关系

在斯内战期间，加政府就宣布斯猛虎组织及世界泰米尔运动为恐怖组织。在斯内战即将结束时，加拿大国际合作事务部部长表示，将增加对斯的人道主义援助。渥太华将在已有的700万加元基础上，再追加300万加元用于“国际红十字会”、“无国界医生”、“世界粮食组织”及“联合国难民署”在斯的救援工作。斯内战结束后不久，正在斯访问的加国际合作部长表示，加向斯提供的人道主义援

① 新华社专电：“斯里兰卡拒绝瑞典外长入境”，新华网，2009年4月29日。

助将由原定的750万加元提高到2250万加元。[①] 但是，当斯被选为英联邦会谈东道主后，加拿大对此表示震惊和不满。

（二）与澳大利亚的关系

斯刚宣布内战结束，澳大利亚政府就宣布，澳联邦预算法案中通过2009年起10年内对斯提供3560万美元的援助方案。其中，700万美元将用来帮助斯加强农村社区建设及北部战乱地区重建，保护斯自然资源及加强教育部门监管与改革；2350万美元主要用于帮助斯开展人道主义救助及保护工作。[②] 澳大利亚公司也不断增加对斯的投资。2011年，澳大利亚的培斯工程技术公司宣布出资6亿斯卢比，帮助恢复斯里兰卡伊姆比里皮提亚造纸厂的运营和生产。

第三节　与西方国家关系的前景

斯内战即将结束期间及结束后，美国等西方国家一直指责斯政府在内战结束期间存在违反国际人道主义的战争罪行，致使斯与西方国家关系难以顺利发展。2013年联合国人道主义委员会还通过美国等西方国家提出对斯政府在内战结束期间存在违反国际人道主义的战争罪行进行调查的提案，从而使斯与西方国家关系进一步恶化。

---

① 孙乐东："加拿大增加对斯里兰卡人道主义援助"，中国驻斯里兰卡大使馆经商参处，2009年8月10日，http：//lk. mofcom. gov. cn/aarticle/jmxw/200908/20090806448629. html。

② 丁娜娜："澳大利亚政府将向斯里兰卡提供发展援助资金"，中国驻斯里兰卡大使馆经商参处，2009年5月21日，http：//lk. mofcom. gov. cn/aarticle/jmxw/200905/20090506265685. html。

一、人权问题决议严重影响斯与西方国家的关系

斯内战结束后不久，美国等西方国家就呼吁对斯内战当中平民伤亡的事件展开独立调查。2012 年 2 月 27 日，美国等西方国家在日内瓦召开的第 19 届联合国人权理事会会议上提交一项决议，要求斯政府履行“和解委员会”提出的所有提议，同时追究内战最后阶段存在的侵犯人权行为。2013 年 3 月 21 日，联合国人权理事会在日内瓦通过由美国提出的针对斯人权状况的决议。该决议称，斯军队在内战期间犯有滥杀平民等战争罪行，应对此进行国际调查。斯政府对此表示强烈不满，指责该决议是侮辱斯，充满政治偏见。斯驻联合国人权理事会代表称，该理事会在表决前未就决议内容与斯方面进行任何磋商，决议有关内容也忽视斯国内当前的民族和解进程，这完全无法接受。[①] 因此，联合国人权理事会针对斯人权状况的决议严重影响了斯与西方国家关系。

二、斯与西方国家都希望加强双边关系

长期以来，美国等西方国家一直是斯里兰卡的主要经济贸易伙伴。如 2011 年斯成衣出口额达 40.4 亿美元，其中 39.36% 的成衣销往美国，因此斯仍希望发展与美国的经贸关系。同时，斯服装工业也受益于欧盟的普惠制，因此斯也希望加强与欧盟的经贸关系。美国等西方国家也是斯外国投资的主要来源地。尽管斯与西方国家的关系因为人权问题而受到严重影响，然而双方还是希望加强双边关

---

① 廖政军、吕鹏飞、王磊：“联合国通过涉斯里兰卡人权决议”，人民网，2013 年 3 月 22 日，http：//world. people. com. cn/n/2013/0322/c1002 – 20874337. html。

系。其实，美国等西方国家也希望发展与斯的关系，因为他们都曾经是斯的主要贸易伙伴和外国投资来源国。同时，美国等西方国家也注意到斯在印度洋的重要战略地位，因此不希望因为人权问题而继续恶化与斯的关系。

三、斯与西方国家的关系仍将有所发展

如果美国等西方国家坚持按照联合国人权理事会在日内瓦通过的关于对斯人权状况的决议，对斯军队在内战期间滥杀平民等战争罪行进行国际调查，而斯政府又坚决反对这种调查，则斯与美国等西方国家的关系就可能出现紧张。但是，由于斯希望继续发展和加强与美国等西方国家的经贸关系，美国等西方国家也希望继续保持和发展与斯的关系，因此未来斯与美国等西方国家的关系仍将有所发展。实际上，美在与斯拉近关系问题上早已开始实质性行动，如美宣布将继续对斯实行普惠制，并期待加强与斯的经贸关系。

第十七章 内战结束后斯里兰卡与亚洲国家的关系

独立初期，斯第一届政府奉行“一边倒”的亲西方、反苏、反共的外交政策；承认本国的英联邦成员国地位，与英国保持最紧密的政治经济关系，同时也与美国开展经济贸易合作。但西方国家忽视斯的经济利益，第一届政府总理去世后，斯出现严重经济困难，迫使斯调整单纯依附西方国家的外交轨道，开始遵循“加入亚洲”的外交思想，寻求与亚洲国家建立更广泛的外交关系。通过参加在印度尼西亚万隆召开的亚非会议及不结盟运动国家首脑会议等，斯开始奉行独立和不结盟的外交政策，支持和平共处五项原则，反对各种形式的帝国主义、殖民主义、种族主义和大国霸权主义，维护斯独立、主权和领土完整，不允许外国干涉斯内政和外交事务。斯与中国等亚洲国家关系逐渐紧密。1977 年，统一国民党在斯执政，恢复和发展与美国等西方国家的经济贸易联系。但 1983 年斯国内民族矛盾激化，却招致西方国家对斯人权问题的干涉和谴责。为此，在内战期间，斯政府把争取国际社会对本国民族政策的理解和支持作为外交政策的重要内容，获得了包括亚洲国家在内的国际社会的广泛认同。内战结束后，面对美国等西方国家的不友好态度，斯积极发展与亚洲国家的关系，以促进战后重建和经济发展。展望未来，为了维护国家主权和领土完整，斯仍将积极发展与亚洲国家的关系。

第一节　内战期间与亚洲国家的关系

1983 年斯里兰卡民族冲突爆发后，斯对外政策的重心在于，在解决国内民族问题上寻求包括亚洲国家在内的国际社会的理解和支持。许多亚洲国家理解斯政府解决民族问题的做法，并给予斯政府各种必要的支持，使斯在内战期间与亚洲国家保持了比较密切的关系，经济贸易关系稳定发展。

一、与南盟国家的关系

（一）与南盟的关系

20 世纪 50 年代中期斯自由党联盟执政后，斯内外政策发生重大变化，政府强调发展民族经济，积极发展与亚洲国家的关系，特别注意发展与包括印度在内的南亚地区国家的关系。

1983 年斯里兰卡民族冲突爆发后，印度不允许斯与区域外国家发展过于密切的关系，严重阻碍了斯与其他南亚国家关系的发展。当孟加拉国总统艾尔沙德提出建立南亚区域合作联盟后，斯政府积极响应。1985 年南亚区域合作联盟成立后，斯积极参加南盟活动，努力推动南盟发展。在 1991—1995 年期间和 1998 年，斯还担任了南亚区域合作联盟的主席。斯内阁批准贸易、市场开发、合作与消费者事务部部长班杜拉·古纳瓦德纳关于设立南盟地区“食品银行”的备忘录。该“食品银行”提议已在第14届南盟峰会上经各国原则同意。经过斯里兰卡等南亚其他国家的共同努力，2004年首脑会议上南盟终于通过自由贸易协议，并于2005年设立“南盟发展基金”，从而促使南盟获得实质性进展。斯努力发展与南盟各国的关系，其中最为重要的是与巴基斯坦的关系。

（二）与巴基斯坦的关系

巴基斯坦在南亚地区与斯里兰卡的关系最为紧密，也最为牢固，这在斯内战期间表现得最为突出。1983年斯种族冲突发生后，印度同情和支持泰米尔人，对斯政府施加了巨大压力；西方国家也严厉谴责斯侵犯人权，甚至联合国人权理事会也准备采取行动谴责斯；许多国家也拒绝向斯出售武器。此时，只有巴基斯坦和以色列继续向斯出口武器，帮助斯政府镇压反政府武装组织。2000年中期，猛虎组织向斯政府军发起猛烈攻击，把数万名斯政府军围困在贾夫纳半岛。在印度拒绝出兵干预，斯政府军十分危急之际，又是巴基斯坦和以色列及时送来了武器装备，使斯政府渡过了危机，并为2009年最终消灭猛虎组织创造了条件。在斯内战期间，斯与巴高层互访不断。1997年，斯总统库马拉通加访巴。1999年6月，巴议会上院主席阿西姆·萨贾德率巴上议院代表团访斯。2002年8月，巴总统穆沙拉夫访斯，两国还签署了自由贸易协定。2004年11月，巴总理阿齐兹访斯，双方承诺遵守在早期缔结的自由贸易协定的建议。良好的政治关系有力地促进了两国经贸关系的发展。2005—2008年间，斯巴双边贸易额由1.58亿美元增加到2.65亿美元，增长69%。目前，巴已成为斯在南亚地区除印度之外的第二大贸易伙伴。两国在经济领域联系紧密，斯是最早与巴签署自由贸易协定的国家之一。斯内战即将结束的2009年3月，虽发生了斯板球运动员在巴遇袭事件，但并未影响斯与巴的关系。①

二、与东亚国家的关系

独立后，特别是1983年内战爆发后，斯里兰卡积极发展与东亚地区和国家的关系，促使斯与东亚地区和国家关系不断发展。

（一）东盟国家的关系

与斯里兰卡地理位置最近的东亚国家就是东盟地区国家。在内战期间，为了加强与东盟国家的关系，斯与孟加拉国、印度、缅甸、泰国签订了五国经济合作协定，该协定涉及贸易、工业、投资、运输、渔业、航空和旅游等领域。1997年12月，五国经济合作协定特别部长会议在曼谷举行，斯郑重重申对区域经济合作的承诺。通过参与五国经济合作协定，斯与东盟国家的政治经济关系逐渐密切起来。

（二）与日本的关系

早在1952年斯里兰卡就与日本建立了外交关系。长期以来，特别是随着日本经济迅速发展，日本逐渐成为世界第二大经济体，斯与日的关系逐渐紧密。即使在斯内战期间，两国关系也一直较为平稳地发展。1994年，斯总统库马拉通加夫人访日。2000年8月，日本首相森喜郎的特使访斯。2000年10月，斯外交部长卡迪尔加马访日，日本首相森喜郎重申日本将对斯恢复和重建作出贡献。长期以来，日本对斯政局发展极为关注。2000年底，当斯民族和解出现转

① 刘咏秋、陈占杰：“斯里兰卡总统谴责板球队员遇袭事件”，新华网，2009年3月3日。

机时，日本驻斯大使发表文章，表明日本希望斯和平解决民族冲突的态度。政治关系稳定促使经济关系不断发展。早在 1954 年，两国就已开始发展经济关系。到 1986 年，日本成为斯最大的投资伙伴国。1994 年，日本投资占外国对斯投资总额的 40%。日本还通过官方援助对斯提供日元贷款。到 1999 年，日共向斯提供贷款 5130 亿日元，赠款 1540 亿日元，技术合作项目款 57 亿日元。2000 年，日本向斯提供一揽子日元贷款，总额为 251.16 亿日元。长期以来，日本还向斯提供包括设备在内的技术援助。

（三）与韩国的关系

自 1977 年以来，随着韩国经济迅速发展，斯与韩的关系获得重要发展。即使在斯内战期间，斯与韩也一直保持着良好的政治与经济关系。1996 年斯总统库马拉通加夫人访韩，韩向斯提供 1.5 亿美元援助。1997 年斯总统库马拉通加夫人再次访韩，韩向斯提供可用于联合投资的 1 亿美元的贷款和 500 万美元的赠款。1991—1999 年期间，韩国还向斯萨普加斯坎德职业技术培训学院提供 1100 万美元的赠款。同时，两国之间的贸易投资也获得迅速发展：1998 年两国贸易额就达到 4.8 亿美元；到 20 世纪 90 年代末期，韩国对斯投资总额达 2 亿多美元，成为对斯投资最多的国家之一。韩国还积极为斯工人和农民进行技术培训。

三、与中东国家的关系

1983 年斯种族冲突爆发后，随着冲突不断加剧，移居中东的斯里兰卡移民越来越多，导致在许多中东国家出现领事要求，从而促使斯与中东国家的外交关系不断发展。1995 年，科威特和沙特阿拉伯在科伦坡建立外交使团。1996 年，斯在约旦开设大使馆。1997

年，斯在卡塔尔和黎巴嫩开设大使馆，并在沙特阿拉伯的吉达开设领事馆。从此，斯与中东国家高层互访也频繁起来。1996 年，斯外交部长卡迪尔加马访问阿联酋、阿曼和科威特。1997 年，斯总统库马拉通加夫人访问科威特。同年，巴勒斯坦总统阿拉法特对斯进行国事访问。斯与中东国家政治关系的加强，也推动了双方经济合作不断发展。2000 年 3 月，石油输出国组织向斯提供贷款，帮助斯改善职业培训。在斯与中东国家的关系中，与以色列的关系较为特殊。早在 1958 年斯就与以色列建立了外交关系，20 世纪 70 年代两国外交关系曾经一度中断。斯内战爆发后，两国于 1984 年恢复外交关系。1989 年，两国外交关系再度中断。2000 年 5 月，两国再度复交。在 2000 年底斯政府军被困于贾夫纳而急需武器装备时，以色列向斯政府提供了大量武器。2002 年，当斯政府与猛虎组织在泰国准备进行和平谈判时，以色列支持斯政府实现民族和解的努力，同时警告猛虎组织，以色列随时会向斯政府提供武器装备方面的援助，以向猛虎组织施压。此外，以色列也对斯农业发展提供援助。因此，进入 21 世纪以来，斯与以色列的关系获得重要进展。值得一提的是，斯也积极发展与伊朗的关系。在斯内战期间，伊朗也积极向斯提供经济援助和政治支持。伊朗积极在斯能源领域投资，以优惠价格向斯提供石油，帮助斯解决能源问题。2008 年 4 月，伊朗总统艾哈迈迪·内贾德访斯，与斯总统拉贾帕克萨举行会谈，双方达成伊朗资助斯灌溉工程等 6 项协议，包括伊朗政府承担 70% 建设资金的萨普伽斯坎达石油精炼项目，从而把斯伊两国关系推向一个崭新的阶段。[①]

① 陈占杰：“斯里兰卡和伊朗签署援助合作协议　促进两国关系”，中国网，2008 年 4 月 29 日，http://www.china.com.cn/international/txt/2008-04/29/content_15035742.htm。

第二节 内战结束后与亚洲国家的关系

由于长达几个世纪殖民统治的缘故，斯与西方国家渊源颇深，并长期接受西方国家的经济援助。但由于西方对其北部战事的批评，内战结束后，面对美国等西方国家对斯政府的不友好态度，斯政府转而更多地向东方国家求援，积极发展与亚洲国家的关系，促使斯与亚洲国家关系不断发展。①

一、与南盟国家的关系

在内战期间，斯积极发展与南盟国家特别是巴基斯坦的关系。内战结束后，斯继续积极发展与南盟的关系。2009 年，斯政府正式批准南盟发展基金宪章，并决定注资 35.64 亿斯卢比，其中 2009 年先期注资 5 亿斯卢比。除积极发展与印度的关系外，斯还努力发展与南盟其他国家的关系。就在内战即将结束的 2009 年 3 月，斯与尼泊尔签署并开通了直航及建立部长级联络机制的双边文件。

（一）与巴基斯坦的关系

内战结束后，斯与内战期间积极支持斯打击反政府武装猛虎组织的巴基斯坦的关系获得重要发展。特别是两国自贸协定的签订，促进双边贸易进一步发展。卡拉奇工商联主席与斯驻卡拉奇总领事都表示，两国应当进一步扩展有潜力的商品，并且充分利用自贸协

① 李佳松：“与西方龃龉频生，斯转向东方寻求援助”，中国驻斯里兰卡大使馆经商参处，2009 年 5 月 8 日，http：//lk. mofcom. gov. cn/aarticle/jmxw/200905/20090506231593. html。

定优势进一步发展双边贸易。[①] 2010 年 5 月，斯与巴两国领导人在南盟首脑峰会期间会晤，双方就加强国防和贸易方面互利合作进行了深入会谈，两国将加强在国防和贸易等领域的合作，巴表示将与斯积极开展反恐经验交流，并为斯提供军事人才培训；两国还就设立合资企业、积极应对南亚地区能源和饮用水短缺等问题展开磋商。[②] 11 月，巴总统扎尔达里对斯进行国事访问，两国发表联合声明，认为两国合作是建立在共同价值观、考虑彼此关切和利益的基础上，一致同意今后将增加两国高层互访和人员往来，并在水泥、糖和珠宝等的制造、打击恐怖主义及毒品犯罪、安全防务等方面加强合作；两国还签署了持公务和外交护照的两国人员互免签证、农业合作谅解备忘录、海关管理与合作及国家艺术学院合作协议等。[③] 密切的政治关系有效地加强了斯与巴的经贸关系。2010 年，两国贸易额超过 3 亿美元。但斯和巴都认为，两国间贸易远远低于潜在水平，两国应加紧努力至少实现 10 亿美元的双边贸易额。为此，斯计划建立一个制药业工业园区，吸引巴制药投资者探索在斯建立合资企业的可能性，探索互利合作的新领域。2010 年，斯与巴双边贸易额达 3.42 亿美元。2011 年 8 月，斯与巴关于双边自由贸易协定审议的副部长级会议在科伦坡结束，完成双边自由贸易协定审议。双方还讨论了进一步拓展两国之间在投资、服务、海关等领域的合作，以加强双边经贸关系。2012 年 2 月，斯总统拉贾帕克萨访巴，双方一致认为应加强两国之间在经贸、教育、技术等领域的交流与合作，

---

① 丁娜娜："巴基斯坦与斯里兰卡期待进一步发展双边贸易"，中国驻斯里兰卡大使馆经商参处，2009 年 7 月 14 日，http://lk.mofcom.gov.cn/aarticle/jmxw/200907/20090706397105.html。

② 丁娜娜："斯里兰卡和巴基斯坦将加强国防和贸易事务互利合作"，中国驻斯里兰卡大使馆经商参处，2010 年 5 月 6 日，http://lk.mofcom.gov.cn/aarticle/jmxw/201005/20100506901078.html。

③ 车宏亮、陈占杰："巴基斯坦总统访问斯里兰卡"，新华网，2010 年 11 月 28 日。

还签署了价值 2 亿美元的信贷协议，用于支持巴向斯扩大出口。①

（二）与孟加拉国的关系

斯与孟加拉国关系的基础不断增强。目前，斯已经成为孟加拉国第三大投资伙伴国，主要涉及皮革、成衣和化学制品等领域。两国投资贸易逐渐发展，促进了两国人员往来的不断增多。进入 21 世纪以来，孟加拉国每月向斯公民发放 400 多份签证，他们在孟加拉国主要从事成衣生产。同时，许多斯学生也对到孟加拉国留学感兴趣。2011 年 4 月 16 日，斯总统拉贾帕克萨访问孟加拉国，双方在会谈中讨论了反恐、粮食安全等问题，强调双方要加强在各领域的互访。拉贾帕克萨表示，斯将考虑孟加拉国作为联合国安理会非常任理事国的候选资格，并希望与孟建立更为密切的政治关系。双方签订了包括农业、教育合作等在内的 5 个谅解备忘录。②

（三）与尼泊尔的关系

就在斯内战即将结束的 2009 年 3 月，斯总统拉贾帕克萨访尼，与尼总理普拉昌达举行会谈，双方决定加强双边关系，开通两国间直达国际航线，促进各自旅游业发展。斯内战结束后，斯尼两国依然保持着良好关系。

---

① 王建峰："巴基斯坦与斯里兰卡将加强经贸合作"，中国驻斯里兰卡大使馆经商参处，2012 年 2 月 20 日，http：//lk. mofcom. gov. cn/aarticle/jmxw/201202/20120207974190. html。

② 黄亚男："斯里兰卡希望与孟加拉国建立更为密切的政治关系"，新华网，2011 年 4 月 19 日，http：//news. xinhuanet. com/world/2011 －04/19/c_ 121319806. htm。

二、与东亚国家的关系

（一）与东盟国家的关系

内战结束后，斯继续努力发展与东盟国家的关系，通过与缅甸、越南、泰国等东盟国家的高层互访，双边关系进一步增强。

1. 与越南和缅甸的关系

2009 年 8 月，斯里兰卡与越南合作委员会第二次会议在科伦坡召开，两国表示争取在年内实现双边贸易额达 1 亿美元；双方将按照 2003 年签定的合作条约，继续扩大贸易、投资、政治关系、食品安全、人文领域方面的合作与交流；越南将尽快在科伦坡设立使馆，以进一步促进双边贸易和发展。[①] 2009 年 10 月，斯总统拉贾帕克萨访问越南，表示斯政府愿积极与越南加强沟通协作。斯驻越大使表示，斯与越将在相关经贸领域开展互补合作。斯有望借鉴越的水稻种植技术与经验，越则可以从斯较为成熟的服务业市场获得发展经验。2010 年，斯越双方签署一系列协议，内容涉及投资促进和保护、预防和打击犯罪、2010—2011 年农业合作计划等，并决定加强在农业、渔业、油气和旅游等领域的合作。2011 年，斯越两国元首会晤，希望能进一步推动双边贸易额达到每年 10 亿美元的规模。2012 年 4 月，斯国有锡兰石油公司与越南石油公司签署合约，将在未来 6 个月内进口 5 亿美元的石油精炼制品。[②] 斯内战结束后，斯里兰卡与缅甸的关系继续发展。2010 年，缅甸企业家聚会斯首都科伦坡，探讨

---

① 丁娜娜："斯越将扩大经贸合作"，中国驻斯里兰卡大使馆经商参处，2009 年 8 月 13 日，http：//lk. mofcom. gov. cn/aarticle/jmxw/200908/20090806456456. html。

② 李佳松："斯里兰卡将从越南进口 5 亿美元石油制品"，中国驻斯里兰卡大使馆经商参处，2012 年 4 月 12 日，http：//lk. mofcom. gov. cn/aarticle/jmxw/201204/20120408064808. html。

双方在经济贸易和旅游等方面的合作，并表达在对方国家投资的愿望。

2. 与新加坡的关系

长期以来，斯被誉为南亚的新加坡，因此其希望仿效新加坡模式，发展大规模转口贸易。内战结束后，斯政府把更多注意力放在发展经济方面，为斯大力发展转口贸易创造了条件，为此，斯政府积极加强与新加坡的沟通与协作。新加坡在贾夫纳地区援建图书馆，并在信息技术和软件外包领域加强与斯的合作。斯希望其政府官员能到新加坡接受基础设施和城市管理方面的培训，也欢迎新加坡到斯举办此类学校。2010 年初，斯外长访新，表示斯将进一步深化与新加坡经贸关系，并加强在信息科技、旅游、工程建设等领域的合作。①

3. 与泰国的关系

即使在斯内战期间，斯与泰通过孟、斯、缅、印、泰经济合作协定，也保持着密切的经济贸易关系。斯内战结束后，两国关系进一步密切。2013 年 6 月，泰总理英拉访斯，在与斯总统拉贾帕克萨展开会谈后，两国签署了有关旅游、科学及技术等 4 项双边合作协议，从而进一步强化了两国间关系。②

4. 与印度尼西亚的关系

斯内战结束后，斯里兰卡与印度尼西亚的关系获得重要发展。在 2012 年斯里兰卡与印尼两国外长举行的合作委员会会议上，两国政府计划将 2015 年双边贸易额提高至 10 亿美元。两国将在防务、贸易、投资、旅游、农业、水产等方面加强合作，还将建立一个工

① 李佳松：“斯里兰卡与新加坡深化经贸合作”，中国驻斯里兰卡大使馆经商参处，2010 年 6 月 14 日。

② “泰国总理英拉访斯里兰卡拟签署 4 协议”，中国驻泰国经商处，2013 年 6 月 2 日。

作小组推动贸易及投资的增长。

（二）与日本的关系

在亚洲国家中，日本从一开始就积极参与美国等西方国家关于对斯在内战后期侵犯人权和违反国际人道主义进行独立调查的提议，这在很大程度上影响了斯与日关系的发展。但是，为了加速战后重建，斯也希望改善与日本的关系。2009 年 5 月 20 日，日本首相麻生太郎应约与斯总统拉贾帕克萨通电话，他表示贫穷是恐怖主义存在的土壤，日本愿意为斯重建提供积极帮助。6 月，日本政府向斯提供总额为 1300 万斯卢比的援款，用于斯政府民生项目建设。7 月，日本经贸代表团访斯，拜会斯总理维克勒马纳亚克及斯投资局、公路发展委员会官员，旨在加强日与斯之间的经贸联系，扩大在贸易、旅游、渔业、农业和水上运动等领域的经贸合作。8 月，日本希望斯投资主管部门给予日资公司更多支持。11 月，斯里兰卡与日本在第 15 届双边经济混委会上签署多项双边经济合作协议，斯里兰卡—日本合作商会会长说，协议的签署将促进和加强斯与日在工业产品组装、农业技术、旅游业领域的双边合作；斯高质量的劳动力资源及对南亚国家出口的零关税优势，有助于斯成为日本企业界开拓南亚市场的生产基地。2010 年 3 月，日本政府向斯提供 389 亿日元年度优惠贷款，用于对斯援建项目，这是日本政府连续第 40 次向斯提供日元年度援助资金。其中，366 亿日元为息率 0.65%—1.4% 的优惠贷款，23 亿日元为无偿援助。同月，日本国际合作组织承诺将为斯水电开发提供 5000 万美元贷款，用于支持斯科提马里水电开发项目。该项目实施以来，日本已提供超过 330 亿日元优惠贷款。全球物价上涨导致工程成本超支，日本国际合作组织考虑追加 5000 美元贷款以保障工程进度。5 月，日本协力银行承诺将向斯提供 30 亿斯卢比（约合 2600 万美元）的优惠贷款，用于在新近解放的斯北部地区兴建一座发电能力为1.2兆瓦的燃煤电站。2011年11月27日，由日本国际协力机构出资援建的科伦坡—高尔高速公路项目E1（66公里）路段启用。12月1日，日本特使访斯，在拜会斯总统时表示将继续支持斯战后重建；日本政府还将提供54.2万美元援助用于斯亭可马里地区学前教育和发展项目，帮助其加强与社区和当地机构的联系，提高师资水平，修建学校等，预计将有超过千个家庭受益。2012年3月16日，日本政府与斯政府签署协议，将通过世界粮食计划署向斯提供1.8亿斯卢比（约合140万美元）的粮食援助，用于改善斯北部省学校的伙食，改善学生的营养状况。4月，日本政府向斯政府提供第42笔年度政府贷款，总额424.77亿日元（约合660亿斯卢比），用于斯经济社会发展项目，援助项目包括：耗资450亿斯卢比的班达拉奈克国际机场二期扩建项目；耗资60亿斯卢比的国家制药公司维修改造项目及地区医疗机构基础设施改造项目；耗资150亿斯卢比的国家电网输变电项目等。[①] 2013年3月，斯总统拉贾帕克萨正式访日，表示斯愿加强同日本的关系；而日本希望在确保印度洋海上通道安全方面推进与斯的合作。日本首相安倍与斯总统拉贾帕克萨举行会谈，一致同意加强两国在海上安全保障领域的防卫合作和经济合作。双方同意进一步发展两国关系，并就亚洲地区形势交换了意见，会谈在一定程度上改善了两国关系。日本政府将向斯提供411亿日元贷款和约27亿日元的无偿资金合作，用于斯基础设施建设和防灾工作。两国还将加强政府间的磋商，以扩大双边贸易和投资。实际上，安倍希望通过发展与斯里兰卡的合作来达到

---

① 李佳松："日本政府向斯里兰卡提供贷款用于斯经济社会发展项目"，中国驻斯里兰卡大使馆经商参处，2012年4月11日，http://lk.mofcom.gov.cn/aarticle/jmxw/201204/20120408061609.html。

牵制中国的目的。① 2013 年5 月2 日，日本副首相兼财务相麻生太郎访斯，意在进一步加深日本政府与斯的关系。麻生与斯总统拉贾帕克萨进行了会谈，并就加强经济合作等两国关系达成一致。② 麻生希望斯推进民族和解，同时也承诺日本作为海洋国家，将帮助同是海洋国家的斯里兰卡提高海岸警卫队实力等。

三、与中东国家的关系

（一）与伊朗的关系

斯内战结束后，伊朗加大对斯援助力度。2009 年6 月17 日，伊朗政府表示将向斯提供1650 万美元无息贷款，用以帮助斯政府开展电力项目、水利灌溉以及石油炼化项目建设。8 月，伊朗与斯就2008 年4 月伊总统艾内贾德与斯总统拉贾帕克萨敲定的萨普伽斯坎达炼油厂项目协议达成共识，伊朗放宽斯的资金支付条件，允许其分期付款。③ 9 月，伊朗政府表示，将继续向斯政府提供优惠贷款，以用于其进口伊朗的石油。2010 年4 月，伊朗政府决定，今后每年从斯购买的茶叶从目前的3000 万公斤增加到5000 万公斤。伊朗驻斯大使还表示，将继续支持促进赴斯旅游，加强伊斯两国合作，在全球经济下滑的背景下，共建平台克服经济困难。④ 2010 年9 月21

---

① “日本为‘牵制中国’拉拢斯里兰卡”，新华网，2013 年3 月16 日，http：//www. dzwww. com/xinwen/xinwenzhuanti/2008/ggkf30zn/201303/t20130316_ 8267854. htm。

② “日本副首相麻生太郎与斯里兰卡总统会谈”，中国新闻网，2013 年5 月2 日，http：//www. chinanews. com/gj/2013/05 －02/4782179. shtml。

③ 李佳松：“伊朗推进与南亚国家的能源合作项目”，中国驻斯里兰卡大使馆经商参处，2009 年8 月14 日，http：//lk. mofcom. gov. cn/aarticle/jmxw/200908/20090806459144. html。

④ 高炜红：“伊朗将增加2000 万公斤自斯茶叶购买量”，中国驻斯里兰卡大使馆经商参处，2010 年4 月16 日，http：//lk. mofcom. gov. cn/aarticle/jmxw/201004/20100406871419. html。

日联合国会议期间，斯总统拉贾帕克萨与伊朗总统内贾德举行会谈，两国还签署优惠贸易协定，伊朗欢迎斯制药企业到伊投资设厂，斯增加从伊进口液化天然气等。2011 年 5 月，斯工商部长巴蒂尤丁访问伊朗，双方讨论了涉及水泥生产、机械制造、建筑工程等领域的合作，并表示将继续保持已有的良好合作关系。双方希望将双边贸易额由目前的 1.2 亿美元扩大到 4 亿美元。①

（二）与沙特阿拉伯的关系

2009 年 10 月，由沙特阿拉伯出资修建、位于斯首都科伦坡东北约 350 公里处、斯当时最长的大桥（全长 398 米）基尼亚大桥通车。斯总统拉贾帕克萨亲自主持该桥通车仪式。2010 年 2 月，沙特发展基金决定斥资 4600 万美元为斯兴建水坝，以解决旱季时东部地区农业灌溉问题，这已是沙特发展基金会第 7 次为斯基础设施建设项目提供资金支持。2012 年 3 月，沙特发展基金会副主席尤素福与斯财政部常秘贾亚桑德拉签署有关沙特向斯提供援助资金进行路网建设的协议草案，沙特将向斯政府提供 2.25 亿里亚尔的援助资金用于相关道路的修缮和更新。截至 2012 年，沙特发展基金会已为斯道路、供水、桥梁、水利等基础建设项目提供约 12 亿里亚尔（约合 3.2 亿美元）的援助资金。②

（三）与其他中东国家的关系

内战结束后，斯里兰卡继续发展与其他中东国家的关系。2009

---

① 李佳松：“斯里兰卡与伊朗积极加强双边经贸关系”，中国商务部网，2011 年 5 月 20 日。

② 李佳松：“沙特拟为斯里兰卡公路网更新提供援助资金”，中国驻斯里兰卡大使馆经商参处，2012 年 3 月 26 日，http://lk.mofcom.gov.cn/aarticle/jmxw/201203/20120308035735.html。

年8月，巴林王国总理访斯，推动巴林向斯直接投资，双方经贸合作进一步加强。11月，斯与科威特签署《投资促进与保护协议》，斯政府将向科威特投资者提供税收减免等系列优惠政策，为其投资提供安全保障；科威特希望成为斯社会经济发展的重要合作伙伴，将在旅游、建筑、基础设施建设、农业等行业进行投资。2010年，斯政府与石油输出国组织基金达成协议，该基金将向斯政府提供总额约为1600万美元的优惠贷款，用于斯建设两座水库。由于美国将在2012年6月28日以后制裁伊朗石油的买家，斯正在积极寻找新的石油供应国。斯政府此前已与卡塔尔达成进口精炼石油的协议，其还将考虑从沙特、越南等国进口石油。2012年2月，阿曼高级官员表示，阿曼已准备好为斯提供石油和天然气，以帮助斯应对因时局紧张而可能出现的中东石油危机。[①] 为了促进对中东地区劳务输出，斯政府已与阿联酋、卡塔尔、巴林和约旦就保护当地斯籍劳工权益签署协议。2012年，斯与科威特签署了类似谅解备忘录。

第三节　与亚洲国家关系的前景

无论斯与西方国家的关系是否从根本上得到改善，为了加速重建和经济发展，斯都将继续积极发展与亚洲国家的关系，从而促使斯与亚洲国家的关系得到进一步发展。

---

① 李佳松："阿曼将为斯里兰卡提供石油和天然气"，中国驻斯里兰卡大使馆经商参处，2012年2月15日，http://lk.mofcom.gov.cn/aarticle/jmxw/201202/20120207966650.html。

一、斯希望加强与亚洲国家的关系

经过持续26年的内战，斯里兰卡经济遭到沉重打击，人均国民收入从南亚地区最高跌落到较低水平。内战结束后，斯政府面临的首要任务是加速重建和经济发展，而这些都需要大量资金。作为经过长期内战的发展中国家，斯在短期内难以筹集巨额的重建和经济发展资金，为此急需寻求外部资金和技术。在美国等西方国家威胁要减少甚至停止对斯援助的情况下，斯只有积极发展与亚洲国家的关系，争取从亚洲国家获得更多的资金和技术。如果美国等西方国家坚持执行联合国人权理事会通过斯内战后期人权和人道主义问题决议，斯与美国等西方国家关系难以改善，那么斯与亚洲国家的关系将更加紧密。

二、亚洲国家需要发展与斯的关系

首先，从能源输出角度来说，由于美国等西方国家经济衰退，对中东石油的需求难以增加，迫使中东石油输出国保持和扩大在亚洲的石油市场，因此这些亚洲国家需要发展与斯的关系。其次，从经济发展角度来说，在美国等西方国家经济衰退的情况下，亚洲特别是东亚和南亚印度等国家经济依然保持较高的增长速度。为保持和促进经济发展，亚洲国家需要不断扩大对外商品贸易，不断增加对外投资，因此也需要发展与斯的关系。第三，从对外贸易通道来说，中东国家输往东亚地区的货物和东亚地区输往中东、非洲和欧洲的货物往往需经过印度洋，而斯里兰卡在印度洋占有重要的战略地位，因此无论是中东国家还是东亚国家，都需要发展与斯的关系。重要的是，为了保证战略通道的安全，斯内战结束后，日本、印度和中国等亚洲地区主要国家已经竞相发展与斯的关系。日本希望通过发展与斯的合作来达到牵制中国的目的，[①] 因此正在不断扩大对斯的经济援助。

三、斯与亚洲国家的关系将进一步发展

正是由于美国等西方国家利用人权等问题刁难斯里兰卡，斯在重建和经济发展进程中迫切希望发展与亚洲国家的关系，而诸多亚洲国家在社会经济发展中也需要发展与斯的关系，有些甚至还急需发展与斯的关系，因此未来斯里兰卡与亚洲国家的关系仍将获得进一步发展。

① “日本为‘牵制中国’拉拢斯里兰卡”，新华网，2013 年 3 月 16 日，http：//www. dzwww. com/xinwen/xinwenzhuanti/2008/ggkf30zn/201303/t20130316_ 8267854. htm。

参考文献

1. 刘心武：《斯里兰卡》，上海辞书出版社 1985 年版。

2. 孙培钧等：《南亚国家经济发展战略》，北京大学出版社 1990 年版。

3. 王宏伟主编：《南亚区域合作的现状与未来》，四川大学出版社 1993 年版。

4. 高鲲、张敏秋：《南亚政治经济发展研究》，北京大学出版社 1995 年版。

5. 金涛、孙运来主编：《世界民族关系概论》，中央民族大学出版社 1996 年版。

6. 何道隆：《当代斯里兰卡》，四川人民出版社 2000 年版。

7. 文富德：《走向南亚》，电子科技大学出版社 2005 年版。

8. 宋立道：《暴力的诱惑：佛教与斯里兰卡政治变迁》，中国社会科学出版社 2009 年版。

9. G. C. 受迪斯：《锡兰：昨天和今天》，锡兰报纸有限公司 1963 年版。

10. 米查尔・罗伯茨：《现代斯里兰卡的集团民族主义和抗争》，科伦坡道德研究所 1974 年版。

11. 乌尔米拉・法德尼斯：《斯里兰卡的宗教和政治》，伦敦，

1976 年。

12. B. 班·科奇涅夫：《斯里兰卡二十世纪前的民族历史和社会经济关系》，莫斯科科学出版社 1976 年版。

13. 塔尔木德：《近代斯里兰卡的社会政治思想》，莫斯科科学出版社 1982 年版。

14. P. V. J. 贾亚斯克拉："1976 年的斯里兰卡：变化的策略和对抗"，《亚洲调查》1977 年第 2 期，第 17 卷。

15. 维斯瓦·瓦尔纳派拉："1978 年的斯里兰卡：政策和策略的逆转"，《亚洲调查》1979 年第 2 期，第 19 卷。

16. 布·斯·马修斯："斯里兰卡的地区发展委员会"，《亚洲调查》1982 年第 11 期，第 22 卷。

17. 文富德："贾亚瓦德纳执政以来的斯里兰卡经济"，《南亚研究资料》1983 年第 6 期。

18. 文富德："斯里兰卡自由贸易区浅析"，《南亚研究资料》1983 年第 8 期。

19. 文富德："1984 年斯里兰卡经济有所回升"，《南亚研究季刊》1985 年第 4 期。

20. 文富德："1985 年斯里兰卡经济概况"，《南亚研究季刊》1986 年第 4 期。

21. 罗祖栋："一九八七年的斯里兰卡形势"，《南亚研究季刊》1988 年第 2 期。

22. 文富德："近年来的斯里兰卡经济"，《南亚研究季刊》1989 年第 1 期。

23. 陈树培："印度撤军与斯里兰卡局势"，《瞭望周刊》1990 年第 15 期。

24. 梅竹："斯里兰卡：种族战争再起"，《世界知识》1990 年第 19 期。

25. 吴闻：“浅谈斯里兰卡的旅游业”，《当代亚太》1993 年第 3 期。

26. 李友龙：“斯里兰卡政府与泰虎签署临时停火协议”，《国际资料信息》1995 年第 4 期。

27. 刘秀英：“斯里兰卡战火缘何再起”，《现代国际关系》1995 年第 9 期。

28. 蒋恺：“斯里兰卡的民族冲突为何长期难以平息”，《和平与发展》1996 年第 2 期。

29. 王兰：“斯里兰卡经济格局的变化”，《南亚研究》1999 年第 1 期。

30. 胡仕胜：“斯里兰卡民族冲突的渊源及现状”，《国际资料信息》2000 年第 8 期。

31. 穆罕默德·伊姆提亚兹、王勇：“斯里兰卡民族冲突析论”，《南京大学学报（哲学、人文科学、社会科学版）》2000 年第 5 期。

32. 李文云：“斯里兰卡呼唤和平”，《人民日报》2000 年 7 月 13 日。

33. 紫藤：“分析：泰米尔猛虎组织为何凶猛”，《北京青年报》2001 年 4 月 26 日。

34. 章亚东：“斯里兰卡战争何时休”，《瞭望周刊》2002 年第 6 期。

35. 琅讪：“斯里兰卡和谈迈出关键一步”，《人民日报》（海外版）2002 年 11 月 26 日。

36. 文富德：“斯里兰卡走上和平之路”，《南亚研究季刊》2003 年第 2 期。

37. 沐杰：“斯里兰卡总理‘有点硬’”，《广州日报》2005 年 11 月 30 日。

38. 陈占杰：“斯多党委员会提交政治解决民族问题方案”，新华网，2008 年 1 月 24 日。

39. 张赟：“斯里兰卡每年投入 40 亿卢比发展电力行业”，《人民日报》2008 年 9 月 19 日。

40. 杨恕、李捷：“斯里兰卡的民族冲突与多党制下的政党民族化”，《太平洋学报》2008 年第 4 期。

41. 王宏彬：“‘猛虎’高呼空袭成功　斯军坚称‘伏虎’指日可待”，新华网，2009 年 2 月 22 日。

42. 郑文浩：“斯 25 年内战落幕　新华军事专家解析成败得失”，新华网，2009 年 5 月 19 日。

43. 李秋恒：“联合国称斯里兰卡近 30 年内战致 10 万人死亡”，《环球时报》2009 年 5 月 20 日。

44. 韩建军：“斯里兰卡扩军 10 万防猛虎‘复生’”，《新闻晨报》2009 年 5 月 27 日。

45. “猛虎扬言报复　斯民众批西方暗助恐怖分子”，人民网—《环球时报》，2009 年 5 月 19 日。

46. 李雪猛：“虎首领筹建三军被尊为神　30 多年恐怖生涯终结”，《环球时报》2009 年 5 月 20 日。

47. 周戎：“猛虎放下武器　斯里兰卡 25 年内战即将结束”，《光明日报》2009 年 5 月 18 日。

48. 刘咏秋、陈占杰：“斯里兰卡：歼灭猛虎组织之后”，新华网，2009 年 5 月 18 日。

49. 杨子岩：“‘猛虎’剿灭日　国家重建时”，《人民日报》（海外版）2009 年 5 月 23 日。

50. 徐超：“‘猛虎’无视最后通牒　数万平民逃离”，新华网，2009 年 4 月 22 日。

51. 赵毅：“美国敦促斯里兰卡交战各方停火保护平民”，新华网，2009 年 4 月 17 日。

52. 梁文道："斯里兰卡，停战不等于和平"，凤凰网，2009 年 5 月 22 日。

53. 陈占杰、刘咏秋："军事胜利难消斯里兰卡民族矛盾"，新华网，2009 年 1 月 8 日。

54. 徐超："绝望'猛虎'提单方面停火"，新华网，2009 年 4 月 28 日。

55. 陈占杰："距斯里兰卡内战前线 500 米"，新华网，2009 年 4 月 26 日。

56. "近年来斯里兰卡发生的爆炸袭击事件"，新华网，2009 年 3 月 10 日。

57. 陈占杰："斯里兰卡两万多军警死于内战"，新华网，2009 年 5 月 22 日。

58. 何亮亮："斯里兰卡内战结束　猛虎组织为何失败?"，凤凰网，2009 年 5 月 21 日。

59. 邓景："猛虎组织走向穷途末路的启示"，《上海商报》2009 年 5 月 21 日。

60. 韩墨："斯军击毙'虎首'，战事宣告结束　欢庆伴隐忧"，新华网，2009 年 5 月 19 日。

61. 吴琪："斯里兰卡消灭猛虎组织后面临重建考验"，《三联生活周刊》2009 年 6 月 4 日。

62. "韩建军斯里兰卡'打虎'将领辞呈"，新华网，2009 年 11 月 14 日。

63. 廖政军："斯里兰卡：战争难民重获自由"，人民网，2009 年 12 月 2 日。

64. 陈占杰："斯里兰卡：半壁江山战又重?"，《世界知识》2007 年 4 月 29 日。

65. 党建军："斯里兰卡：打'虎'成功离和平还有多远"，《广州日报》2009年5月22日。

66. 赵青："加拿大政府宣布世界泰米尔运动为恐怖组织"，新华网，渥太华，2008年6月16日。

67. 顾震球、白洁："联合国呼吁猛虎组织允许被困平民离开冲突地区"，新华网，联合国，2009年4月3日。

68. 顾震球、白洁："安理会承认斯里兰卡政府打击猛虎组织为合法行为"，新华网，联合国，2009年5月13日。

69. 刘咏秋："斯里兰卡军队从'安全区'内解救出所有平民"，新华网，2009年5月17日。

70. 任彦："斯里兰卡旷日持久内战后的新任务"，《人民日报》2009年5月21日。

71. 任彦："持续内战不堪回首"，《人民日报》2009年6月26日。

72. 杜秉文："斯里兰卡陆军司令被关起来了"，《环球人物》2010年第4期。

73. 刘咏秋、陈占杰："斯里兰卡前陆军司令正式确认参选总统"，《人民日报》2009年11月30日。

74. 杜鹃："斯里兰卡总统解散议会'打虎司令'被秘密囚禁"，《北京青年报》2010年2月11日。

75. 周戎："拉贾帕克萨总统连任成功"，《光明日报》2010年1月28日。

76. 毛凤娇："斯里兰卡迎来30年来首次和平时期大选"，《第一财经日报》2010年1月26日。

77. 王磊："斯里兰卡打算放弃总统制"，《人民日报》2010年7月14日。

78. 吴成良："中国动力注入斯里兰卡建设进程"，《人民日报》2011年12月7日。

79. 马骋、张晓满：“中国公司承建的斯里兰卡 A09 公路竣工打通南北动脉”，《中国航空报》2013 年 6 月 20 日。

80. 中国驻斯里兰卡大使馆经商参处：“斯里兰卡政府推动北部地区医院设施的建设”，2012 年 2 月 15 日。

81. 廖崇喜：“斯里兰卡解决内战问题的经验与教训”，《中国民族报》2011 年 3 月 11 日。

82. 蒋茂霞：“云南与斯里兰卡、马尔代夫开展旅游合作的障碍及前景”，《保山学院学报》2011 年第 3 期。

83. 刘咏秋、陈占杰：“斯里兰卡艰难踏上和解重建之路”，《半月谈》2009 年第 11 期。

84. 陈占杰：“斯里兰卡总统表示支持中国在涉藏问题上的立场”，新华网，科伦坡，2009 年 3 月 9 日。

85. 刘咏秋、陈占杰：“中国公司向斯里兰卡交付用于北部重建的设备”，新华网，2009 年 10 月 28 日。

86. 冯彦强：“斯里兰卡政府表彰新华网为斯中友谊作出的贡献”，新华网，2009 年 2 月 26 日。

87. 孙伶俐：“斯里兰卡经济社会稳步发展，中国企业贡献突出”，国际在线，2010 年 10 月 21 日。

88. 刘咏秋、陈占杰：“斯里兰卡第二个国际机场项目启动”，新华网，2009 年 11 月 27 日。

89. 甄翔、李源：“中国扩建斯港口引争议”，《环球时报》2012 年 2 月 6 日，第 3 版。

90. 廖雷、苑坚：“温家宝会见斯里兰卡总理维克勒马纳亚克”，新华网，2009 年 10 月 16 日。

91. 廖政军：“斯里兰卡央行批准境内人民币结算国际交易”，人民网—国际频道，2011 年 6 月 30 日。

92. 李佳松：“一衣带水、斯印经贸关系日益密切”，中国驻斯里兰卡大使馆经商参处，2009 年 5 月 14 日。

93. 张宏、陆家成、王跃西：“印度要参与斯里兰卡战后重建与中国抗衡”，人民网—《环球时报》，2009 年 5 月 21 日。

94. 葛元芬：“斯里兰卡恼火遭印度‘背叛’”，《环球时报》2012 年 3 月 24 日。

95. 王石、候涛：“斯里兰卡威胁‘报复’印度”，《环球时报》2012 年 4 月 11 日。

96. 廖政军：“斯里兰卡政府号召民众抗议西方干涉内政”，人民网，2012 年 2 月 28 日。

97. 廖政军、吕鹏飞、王磊：“联合国通过涉斯里兰卡人权决议”，人民网—《人民日报》，2013 年 3 月 22 日。

98. 李佳松：“斯里兰卡战后难民安置工作将获世界银行资助”，中国驻斯里兰卡大使馆经商参处，2009 年 12 月 21 日。

99. 刘咏秋、陈占杰：“斯里兰卡政府谴责希拉里对斯军方的指控”，新华网，2009 年 10 月 3 日。

100. 李雪：“猛虎扬言报复斯民众批西方暗助恐怖分子”，人民网—《环球时报》，2009 年 5 月 19 日。

101. 丁娜娜：“澳大利亚政府将向斯里兰卡提供发展援助资金”，中国驻斯里兰卡大使馆经商参处，2009 年 5 月 21 日。

102. 孙乐东：“加拿大增加对斯里兰卡人道主义援助”，中国驻斯里兰卡大使馆经商参处，2009 年 8 月 10 日。

103. 李佳松：“与西方龃龉频生，斯转向东方寻求援助”，中国驻斯里兰卡大使馆经商参处，2009 年 5 月 8 日。

104. 丁娜娜：“斯里兰卡和巴基斯坦将加强国防和贸易事务互利合作”，中国驻斯里兰卡大使馆经商参处，2010 年 5 月 6 日。

105. 黄亚男：“斯里兰卡希望与孟加拉国建立更为密切的政治关系”，新华网，2011 年 4 月 19 日。

106. 李佳松：“斯里兰卡与伊朗积极加强双边经贸关系”，中国商务部网，2011 年 5 月 20 日。

107. 李佳松：“沙特拟为斯里兰卡公路网更新提供援助资金”，中国驻斯里兰卡大使馆经商参处，2012 年 3 月 26 日。

108. 李佳松：“日本政府向斯里兰卡提供贷款用于斯经济社会发展项目”，中国驻斯里兰卡大使馆经商参处，2012 年 4 月 11 日。

109. 斯里兰卡旅游发展局：《斯里兰卡旅游年度统计报告(2008—2011)》。

110. 斯里兰卡旅游发展局：《2012 年度斯里兰卡旅游月度统计报告》。

111. 斯里兰卡中央银行：《2012 年回顾与 2013 展望报告》。

112. 斯里兰卡中央银行：《斯里兰卡中央银行年度报告》，2012 年，2013 年。

113. 斯里兰卡中央银行：《斯里兰卡经济与社会统计报告》。

114. 中国商务部：《对外投资合作国别（地区）指南——斯里兰卡（2010 版）》。